U0525602

两次世界大战之间的比亚韦斯托克（亨里克·波德斯基摄）

18 岁的利奥

利奥的父亲艾萨克·梅拉梅德维奇和母亲费格尔·梅拉梅德维奇（1982 年）

1969年，芝商所董事会，利奥（左九）就座于上首

利奥宣布创立国际货币市场（1971年）

在猪腩期货交易池中的利奥（1970年）

国际货币市场启动日（1972年5月16日）

米尔顿·弗里德曼教授，短期国库券期货上市日（1976年1月6日）

利奥（左）和米尔顿·弗里德曼，国际货币市场创立10周年（1982年）

西杰克逊大道444号芝商所交易大厅关闭（1983年11月23日）

全美桥牌锦标赛（1975年，伊利诺伊州芝加哥）
一等奖得主：兰迪·麦凯、布赖恩·莫尼森、詹姆斯·科德斯、利奥·梅拉梅德（后排右一）、伯特·诺顿、戴维·乔伊斯

利奥和希拉里·克林顿（1994年）

芝商所交易员，标普指数期货上市前夜的流动性宣传照（1986年）

利奥率团访问克里姆林宫(1990年),从左到右:威廉·布罗德斯基、汤姆·多诺万、利奥·梅拉梅德、威廉·奥康纳和约翰·格尔德曼

利奥(左)和苏联前总统米哈伊尔·戈尔巴乔夫(1992年5月8日)

1992年Globex上线，从左到右：芝商所董事长杰克·桑德纳、利奥·梅拉梅德和芝商所总裁威廉·布罗德斯基

利奥（右）和美联储主席艾伦·格林斯潘（2005年）

利奥(右)和诺贝尔经济学奖得主迈伦·斯科尔斯(2007年5月25日)

利奥(右)和诺贝尔经济学奖得主默顿·米勒(2007年5月25日)

利奥(右)和美联储主席本·伯南克(2009年7月10日)

利奥（右）和美国总统罗纳德·里根（1980年3月17日）

利奥（右）和美国总统比尔·克林顿（2000年）

利奥（左）和美国总统乔治·W.布什（2001年3月6日）

日本外交官杉原千亩,向逃离纳粹的犹太难民发放了2 000余张日本过境签证,挽救犹太难民生命(1940年)

利奥和贝蒂在日本敦贺港悼念杉原千亩(2014年5月)

利奥获日本天皇颁授旭日章(2017年11月3日)

利奥（右）和美联储主席杰罗姆·鲍威尔（2019年）

最后一块拼图：位于瓦克尔大道和门罗街交会处的芝商所大楼（伊利诺伊州芝加哥）

应期而生

[美]利奥·梅拉梅德
(Leo Melamed) 著

中国金融期货交易所 译

MAN
of the
FUTURES

利奥·梅拉梅德与现代金融的诞生

The Story of Leo Melamed
and the Birth of Modern Finance

中信出版集团|北京

图书在版编目（CIP）数据

应期而生：利奥·梅拉梅德与现代金融的诞生 / （美）利奥·梅拉梅德著；中国金融期货交易所译. -- 北京：中信出版社，2025.6. -- ISBN 978-7-5217 -7423-8

Ⅰ. K837.125.34

中国国家版本馆 CIP 数据核字第 2025M8T614 号

MAN OF THE FUTURES by Leo Melamed
Copyright © Leo Melamed
Originally published in the UK by Harriman House Ltd in 2022, http://www.harriman-house.com.
Simplified Chinese translation copyright © 2025 by CITIC Press Corporation
Simplified Chinese language edition published in agreement with
Harriman House Ltd., through The Artemis Agency.
ALL RIGHTS RESERVED
本书仅限中国大陆地区发行销售

应期而生：利奥·梅拉梅德与现代金融的诞生
著者：　[美]利奥·梅拉梅德
译者：　中国金融期货交易所
出版发行：中信出版集团股份有限公司
　　　　（北京市朝阳区东三环北路 27 号嘉铭中心　邮编　100020）
承印者：　北京联兴盛业印刷股份有限公司

开本：787mm×1092mm 1/16　　插页：6
印张：23.5　　字数：355 千字
版次：2025 年 6 月第 1 版　　印次：2025 年 6 月第 1 次印刷
京权图字：01-2025-0583　　书号：ISBN 978-7-5217-7423-8
定价：79.00 元

版权所有·侵权必究
如有印刷、装订问题，本公司负责调换。
服务热线：400-600-8099
投稿邮箱：author@citicpub.com

利奥·梅拉梅德是一位成功的投机者、一位公认的学者、一位目光长远又能脚踏实地的现实主义者、一位熟练的意第绪语使用者——致力于留存这种正在消亡的语言、一位科幻小说作者、一位推动者和革新者。他对私营机构和公共政策都产生了重大的影响。

梅拉梅德具有独立的思想和远见卓识，预见了外汇期货公开交易市场的必要性。他有足够的想象力去创造相关机制，使这一市场具备可行性，他还有充足的勇气和领导能力，去说服他在芝加哥商品交易所的同事们，共同建立了芝加哥国际货币市场。

—

米尔顿·弗里德曼

目录

推荐序　　V
自序　　VII

第 1 章　逃亡之路　　001
第 2 章　高级金融学　　006
第 3 章　人道主义　　010
第 4 章　莫斯科　　015
第 5 章　西伯利亚　　020
第 6 章　三种文化　　024
第 7 章　走进命运　　032
第 8 章　意第绪语　　036
第 9 章　良知委员会　　042
第 10 章　自由市场　　049
第 11 章　芝商所　　055
第 12 章　懦夫才讲规则　　061
第 13 章　经纪商俱乐部　　067
第 14 章　投票权　　071
第 15 章　积习难改　　076
第 16 章　构思　　081
第 17 章　创世记　　088
第 18 章　酝酿　　096
第 19 章　诞生　　103
第 20 章　堂吉诃德　　116
第 21 章　墨西哥帽子戏法　　125

第 22 章	纪念芝加哥风云市长	131
第 23 章	梦幻的 80 年代	136
第 24 章	1981 年：美元帝国	143
第 25 章	1981 年：美国全国期货协会	148
第 26 章	1982 年：新加坡国际金融交易所	157
第 27 章	1982 年：Libor 溃败	164
第 28 章	学术，还是学术	170
第 29 章	1982 年："五月花号"	176
第 30 章	1982 年：最后一块拼图	186
第 31 章	1982 年：卡尔·桑德堡·梅拉梅德	194
第 32 章	1983 年：普彻	199
第 33 章	1984 年：骆驼鼻子	205
第 34 章	弘树	211
第 35 章	1985 年：与中国结缘	214
第 36 章	1986 年：Globex 革命	217
第 37 章	1987 年：股灾（上）	229
第 38 章	1987 年：股灾（下）	245
第 39 章	1989 年：良莠不分的"篱笆修剪机"	259
第 40 章	真正的"黑天鹅"	265
第 41 章	"第一夫人"的活牛期货交易	269
第 42 章	反叛	274
第 43 章	电子迷你合约	283
第 44 章	多样、强大且重要	293
第 45 章	生存还是毁灭	303
第 46 章	上市路演	318
第 47 章	全力以赴	322
第 48 章	大功告成	331
第 49 章	我们从中学到了什么	338

后记	349
致谢	351

推荐序

克里斯托弗·吉安卡洛
时任美国商品期货交易委员会主席

早上好！我很高兴能来参加美国期货行业协会第43届国际期货行业会议，这无疑是一年一度汇集全球金融衍生产品市场所有参与者的盛会。

我也很高兴能借此机会向各位介绍我们在美国商品期货交易委员会（即美国联邦期货和衍生品监管机构）所做的工作，感谢您的出席。

艾萨克·牛顿曾说，如果说他看得比别人远，那是因为他站在巨人的肩膀上。

今天，我不禁想起金融衍生产品市场的巨人——利奥·梅拉梅德。因为利奥，我们得以看得更远。在座的很多人都认识他，他的一些同事和朋友也在现场。我们都直接或间接地受到了他的影响。

利奥是芝加哥商品交易所集团荣誉主席，也是美国商界和贸易界的核心人物之一。他刚刚宣布退休。在金融衍生产品领域，他一直是塑造和引导我们思想的领袖。在电子化交易方面，他实际上带我们进入了一个新的世界。他常被称为"金融期货之父"。

利奥·梅拉梅德的远见、才华和成就已从芝加哥传播到全世界。对他来说，世界在他与家人从遭受纳粹入侵的波兰逃出后变得分外清晰。接下来就是传奇故事了：他在战时乘坐火车穿越西伯利亚，然后乘船到日本，又在珍珠港事件爆发前几个月乘船跨越太平洋，他和家人最终在美国安顿下来。在美国，利奥误打误撞进入了金融世界，通过勇敢拼搏和不懈努力站稳脚跟，并在交易和商业领域实现了伟大的创新。他创立了美国全国期货协会，并在1982—1989年任会长。他引领着芝加哥商品交易所，使其最终成为美国金融界极其伟大的机构之一。

利奥是跨越世界金融版图的伟人、博识多通的专业人士，也是富有创造力的远见者。最令我钦佩的是：他对明天充满信心，无所畏惧。

利奥敢于定义自己的未来，而不是任由未来定义自己。70年前，当他在芝加哥开始工作时，他发现市场很小、以商品为基础且局限于国内。他离开时，留下了一个庞大的、多样化且国际化的市场。我们今天在这里——站在利奥的肩膀上——参与全球金融衍生产品市场，这是一个不畏设想更光明、更繁荣未来的人留下的财富。我将今天的讲话献给利奥·梅拉梅德。

在美国期货行业协会年会上的演讲

佛罗里达州博卡拉顿

2019年3月14日

自序

金融期货获得了极大的成功，这体现了当时机成熟时，一个好点子能发挥多么惊人的力量。我所描述的这场金融革命为后来全球资本市场的发展开辟了道路。它明确了一个主题：为响应投资应用和现代电信的发展，必须有新的风险管理工具。它使得金融机构基础设施接受并整合了期货与期权，并成为全球金融期货及其他衍生产品发展的催化剂。根据诺贝尔经济学奖获得者默顿·米勒（Merton Miller）的说法，它开创了现代金融时代。

随着时间的推移，我的观点代表了一类独到的声音，即有远见地认识到未来技术的巨大力量，以及它拥有的踏平一切障碍的能力。正如我在1987年勇敢地告诉会员们的那样：

> 没有看到这一征兆的人都是对我们所处时代的现实情况视而不见。没人能否认科技已经并将继续席卷金融市场的方方面面，正如任何人都无法限制期货在风险管理中的应用一样。未来的市场将是自动化的，未来的交易者将通过屏幕进行交易。胆敢无视这一现实的人将被

淘汰。[1]

我决定彻底改变已有千年历史的公开喊价交易流程，代之以Globex——芝加哥商品交易所富有魔力的电子交易系统。

我并没有打算赚大钱。不要误会我的意思，作为一名交易员，我一直希望交易是赢利的，但这从来不是我的首要任务。最重要的是有动力去留下印记、有所作为、在历史上写下一两笔。芝加哥商品交易所曾经是黄油和鸡蛋交易所，后来靠猪腩建起了大楼，今天则被视为由创新建立的交易所，或者如大多数人所说，是利奥建造的交易所。必须强调的是，和大多数伟大的奋斗者一样，如果我身边没有这么多忠诚的、才华横溢的人，这样的成就是不可能实现的。我永远感激他们，并会尽可能地提及他们的名字。

当然，金融衍生产品也伴随着风险和危机，它们是高度复杂的工具。如果用于非法目的或在使用时疏忽大意，有可能导致灾难性的后果，正如2008年金融危机所表明的那样。尽管如此，成功的应用和出众的效率使它们依然在当今的交易和风险管理生态系统中发挥着不可或缺的作用。

我承认本书中的一些回忆已经在我其他的书中描述过——《利奥·梅拉梅德论市场》、《逃向期货》和《向传统呐喊》[2]——那为什么还要再写一本书呢？答案很简单，我之前的回忆录出版于1996年，当时对我取得的成就进行深入评估还为时过早。自那时起，市场又经历了太多变化，本书可以从历史的角度更深刻地理解我所做的一切。

此外，本书包含许多我以前从未分享过的大事小事，也包含了过去50年陆续拍摄的独一无二的照片。本书让我有机会深入审视过去发生的事，并利用后见之明评估每件事。因此这代表了一个难得的机会，以此来评估

---

[1] 利奥·梅拉梅德在1987年面向会员的揭幕仪式上的讲话，发表于1988年芝加哥商品交易所会员年度报告中。

[2] *Leo Melamed on the Markets*, Wiley & Sons Inc., 1993; *Escape to the Futures*, Wiley & Sons, Inc, 1996; *For Crying Out Loud*, Wiley & Sons, Inc., 2009.

我最初的理念，审视我过去的预测并一窥未来。

最后，我必须承认很久以前我就采用了萨姆·泽尔[1]的座右铭："要是不好玩，就别做了。"萨姆和我是朋友，我们在芝加哥相会纯属巧合。虽然萨姆出生在美国，我出生在波兰，但芝加哥是我们双方父母的落脚地。他们在二战爆发时都逃离了波兰，萨姆的父母来自索斯诺维茨，我父母则来自比亚韦斯托克。他们都从立陶宛维尔纽斯出发，从世界上最正义的人之一、日本驻立陶宛总领事杉原千亩那里获得了过境签证。萨姆曾经写道，由于那次奇迹般的逃脱，他"带着一切皆有可能的信念成长起来"。

我也一样。

---

[1] 萨姆·泽尔（Sam Zell）是著名的房地产大亨。

第 1 章

逃亡之路

在乘坐跨西伯利亚快车前往苏联最东边的港口符拉迪沃斯托克（海参崴）的途中，父亲让我坐下来，给我解释华氏度和摄氏度的区别。当时我才8岁，第二次世界大战刚爆发。我们并不是在假期旅行，而是处于逃离正在欧洲蔓延的恐怖统治的危急时刻。[1]

在轰炸开始前，父亲已将我们转移到家族的砖石大楼里。它位于波兰比亚韦斯托克（我出生的城市）郊区附近，父亲认为这里相对安全一些。为保护我们免遭轰炸，他还把窗户都漆成了黑色。

当我坐在理发椅上时，听到门外有人用意第绪语大喊："Lost arop di zaluzjan, der gast is do."（关上栅栏，有人来了！）

回到家后，我偷偷用钥匙在墙上抠出了一个小小的窥视孔。透过小孔，我看到了首批德国坦克开进比亚韦斯托克，占领了这座城市并俘获了所有居民。对7岁的孩童来说，坦克就像来自外星世界的巨大怪物，我永远记得这个场景。

坦克驶来前，母亲在深夜将我唤醒，让我与父亲告别。据说纳粹会将知名人士绑为人质，而我父亲是比亚韦斯托克当地20余名议员之一，所以他的处境非常危险。在议会会议上，市长说已经安排一辆卡车将所有议

---

[1] 众所周知，1939年9月1日德国对波兰宣战，世界陷入了人类历史上最致命的军事冲突。战争延续了6年，将世界大部分民族卷入其中，其间600万犹太人、150万儿童，以及数以百万计的其他民族人士遭到大屠杀。波兰在27天内即告陷落，在我出生和成长的比亚韦斯托克，其市民成为纳粹大屠杀最早的受害群体之一。

员送走。

由于市政厅已被炸毁,这场会议是在犹太教大会堂举行的。市长请求比亚韦斯托克的首席拉比杰达利亚·罗森曼(Gedalja Rozenman)允许他主持会议。拉比同意了这一请求,前提是所有人都须按照宗教传统戴上犹太圆顶小帽或帽子。所有人都同意了,除了我父亲。他是议会中唯一的犹太人,却也是崩得(the Bund,犹太工人总联盟)的活跃分子。因此,他是不可知论者,戴上犹太圆顶小帽与他奉行的原则存在冲突。拉比选择对此视而不见。

我记得当我们穿越无尽的黑暗时,母亲紧紧地握住我的手。黑暗中只有炸弹落下的闪光和持续不断的咔咔声,后来我才知道那是机枪发出的声音。含泪告别父亲后,四周空荡荡的,只有一辆卡车孤独远去。

一周后,盖世太保来了,但我父亲已经离开,我们也确实对他的去向一无所知。此后的煎熬是我人生中第一段恐怖的记忆,并萦绕了我一生。一共有三名盖世太保,我记得他们的皮靴。他们将我们的房子翻了个底朝天,将母亲推来搡去。我永远记得的是,母亲没有哭泣,也从未放开我的手。

几周后,作为《苏德互不侵犯条约》的一部分,比亚韦斯托克被转交给苏联人。

在德国占领期间逃离的城市官员们都回来了。许多人认为被苏联占领相比被纳粹占领要安全一些,对于犹太人尤其如此。这似乎是个悲哀的、关乎生死的错误——幸好父亲没有犯这个错。后来他对母亲解释道,他不回来是因为他觉得布尔什维克们不可信任。"此外,"他补充道,"苏德之间的阴谋诡计只属于疯子们。"

确实,几天后,我们就必须面对苏联内务人民委员部(NKVD,克格勃的前身)。当时我唯一能看出他们与盖世太保的区别是,他们着便衣、不穿靴子。所有回到比亚韦斯托克的人都被逮捕了,从此杳无音信。奇怪的是,尽管父亲在崩得中的级别并不是很高,但他还是被苏联共产党列为"国家敌人"。也许是因为他曾在比亚韦斯托克与一小群崩得的忠实成员共事，试图将犹太贸易联盟从共产党手中夺回，重新置于崩得领导的犹太社会主义影响下。

是何种想法驱使父亲逃离比亚韦斯托克，一去不回？又是何种想法驱使他在几周后打电话给一位邻居，指示母亲坐上当晚的最后一列火车，离开比亚韦斯托克前往维尔纽斯？他怎么知道第二天维尔纽斯将被交给立陶宛人，因而相对安全？他是怎么知道的？为什么去立陶宛？是何种想法驱使父母放弃他们的房屋、教师职业、亲戚、好友及所有的财产，并去往——不知何处？他们并没有目的地。而这一切都发生在犹太人大屠杀为世人所知之前。

后来，我问父亲："你为何会那样做？"他耸耸肩，说那只是本能反应。"有些事情，你就是确信它是正确的选择。"

第一个不眠之夜

那一夜是我们逃离比亚韦斯托克之路的开端，也是灾难降临在留下来的人们头上的开端。母亲带上我和极少的必需品，与大家道别，似乎我们没几天就会回来。

火车站内一片混乱，人们喊叫着跑来跑去。每个人都步履匆匆，却漫无目的。我们勉强赶上火车，接下来的12个小时是一场噩梦。母亲和我整晚都与其他人挤在一起，就像罐头中的沙丁鱼。母亲想方设法从一位头发灰白的老人那里搞来一只纸板箱，让我可以坐在上面。老人时而对我面露笑容，时而怒目相向以防我偷东西。

火车停了无数次，车一停下，所有人就惊慌地冲出车厢，担心会遭到轰炸。哨子吹响就代表一切无恙，所有人又冲进车厢，回到各自的位置。没人抱怨，人们出奇地礼貌，但车上有婴儿一直在哭闹。平时只需几个小时的路程耗费了整夜，那是我人生的第一个不眠之夜。

比亚韦斯托克的犹太人

犹太人在比亚韦斯托克的历史可追溯至16世纪。他们的活动范围逐渐扩张，18世纪，扬·布兰尼基伯爵（Count Jan Branicki）授予犹太人完全的市民地位，这是历史性的事件。但是，比亚韦斯托克的犹太人族群仍然面临一波又一波反犹太主义和集体迫害的浪潮。其中最著名的事件发生在1906年6月1日，200多名犹太人遭屠杀，伤者数以百计，家园和生意被毁。1906年6月1日至3日，整整三天，沙皇领导的屠杀者蹂躏了犹太社区的居民并洗劫了财产。讽刺的是，警察局长是自由主义者，此后他宣称"比亚韦斯托克不会再出现集体迫害"。（干得好，布兰尼基伯爵。）

比亚韦斯托克走出了许多值得它自豪的名人，例如以色列前总理伊扎克·沙米尔（Icchok Shamir），以及世界语的创始人路德维克·L.柴门霍夫（Ludwik L. Zamenhof）博士。世界语由比亚韦斯托克的犹太人发明，这很合理，因为犹太人在这里与诸多种族和语言交会，包括波兰语、俄语、德语、立陶宛语、白俄罗斯语、意第绪语和希伯来语。阿尔伯特·B.萨宾（Albert B. Sabin）博士作为微生物学家，将索尔克脊髓灰质炎疫苗改进为口服药，他也是比亚韦斯托克人。当然还有俄亥俄州克利夫兰的马克斯·拉特纳（Max Ratner），他是出色的美籍犹太裔实业家和慈善家；在奥斯威辛集中营度过青少年时期的巴黎知名律师塞缪尔·皮萨（Samuel Pisar），他也是比亚韦斯托克人。

比亚韦斯托克还作为犹太劳工运动的中心地而兴盛，在这项革命性的活动中诞生了许多名人和作家。早在1882年，70位崩得的犹太织布工就对工厂主发起了罢工，这次罢工为此后其他由工资争端引发的劳工运动开了先河。除了织布工、政客和杰出市民，比亚韦斯托克更为人熟知的是比亚利碎洋葱面包卷。

残酷的真相

1939年，德国入侵波兰之前，比亚韦斯托克生活着11万犹太人，占市民数量的60%。这意味着比亚韦斯托克有着全球城市中最高的犹太市民比例，以及最多的人均犹太教堂数量。

战争结束很久后，我们全家在2000年重返比亚韦斯托克。市长理查德·图尔（Richard Tur）告诉我们，比亚韦斯托克已经没有犹太人。这并不奇怪！比亚韦斯托克附近是特雷布林卡灭绝营，西南方向是格罗斯-罗森集中营，东南方向是马伊达内克集中营，更往南一点儿过了华沙是奥斯威辛集中营。用作家埃利·威塞尔（Elie Wiesel）的话来说："人类的怒吼指向这片诅咒之地。这是夜之国度，上帝的面容隐匿不见，只有一片燃烧的天空，成为消失民族的墓地。"[1]

希特勒将波兰化为死亡工厂。本应和我成为同学的孩子们都被残杀，他们本该学习地理，却被拉上运牛的火车送往死亡营；他们本该书写文字，却被塞进毒气室，或是被迫饿着肚子干苦力。人们被挨个处决，或被投入医药试验。

世界永远不会忘记纳粹在阿道夫·希特勒、海因里希·希姆莱和约瑟夫·门格勒的命令下犯下的暴行，这只是第三帝国所有恶棍中的三个，他们犯下了世界上最令人发指的屠杀罪行——犹太人大屠杀。

后来发生的事情并不能改变或掩盖真相。就像德怀特·戴维·艾森豪威尔将军质问的："对于无法用语言描述的恶魔行径，谈何公正对待？"[2] 唉，当魔鬼般的恶行被施加于犹太民族时，全世界都闭上了眼睛，捂住了耳朵，而人类历史上留下了无法抹去的污点。

---

[1] *Pilgrimage to the Kingdom of Night*, Elie Wiesel. *The New York Times*, November 4, 1979.

[2] 1945年4月12日，德怀特·戴维·艾森豪威尔将军作为盟军在欧洲战场上的指挥官，参观了奥尔德鲁夫集中营。看完关于暴行的证据后，他于1945年4月15日致信乔治·C. 马歇尔将军："我所看到的一切都无法用语言描述……关于饥饿、残暴和兽行的可视证据和口头证词……是压倒性的……我有意安排了这次参观，以给出对于上述事实的第一手证据，以防将来出现将这些指控仅仅归因于'宣传需要'的倾向。"资料来源：美国大屠杀纪念博物馆。

第 2 章

高级金融学

苏醒的噩梦

在父母和一位日本外交官的努力下,我们历经两年时间,跨过三个大洲,经过六种语言区,完成了奇迹般的脱逃。我们沿着跨西伯利亚大铁路穿越广漠的西伯利亚,前往符拉迪沃斯托克,随后又辗转日本敦贺,最终抵达美国。通过这种迂回曲折的方式,我成为极少数逃离欧洲不可言说的恐怖事件的幸运儿。

在旅途中,父母需要做出无数关乎生死的决定,但他们作为职业教师的主要担忧是我的学习被打断了,于是他们做了两件事。首先,只要我们在某地逗留一段时日,他们就让我在当地登记入学。这对我来说一点儿都不好玩,因为我每次都必须结识新朋友,学习新语言,其中大部分语言,我现在已经忘记。其次,父母成了我的私人家教。例如在跨西伯利亚大铁路上,父亲解释了将华氏度转换为摄氏度时需要先减去 32 度,然后乘 5 再除以 9。

对父母而言,那些年犹如一场噩梦,这或许是我难以充分表达的。他们不知将去往何处,也不知未来会怎样,下一个瞬间可能就是一切的终结,这使他们陷入无尽的焦虑。他们为陌生人可能无意间泄露我们的处境而害怕,为警察和特勤机关而害怕,为我们的犹太身份而害怕,为没有足够的资金维生而害怕,为必须依赖于陌生人而害怕,为分离而害怕,更为了我而害怕。我可以感受到父母的焦虑,但作为孩童,我可以连续数小时躲进我的幻想世界。我父母却没有这样的避难所。

波兰维尔纽斯

维尔纽斯[1]是我们离开比亚韦斯托克后的第一站，我父母在这里的处境十分困窘。母亲的境遇稍好一些，因为她毕业于著名的维尔纽斯女子师范学院，在这里有一些朋友。曼一家是她亲密的教师朋友，为她找了份代课教师的工作。曼家7岁的女儿埃丝特成了我的第一位女性好友，她的陪伴让我的流亡生活显得没那么难以忍受。

母亲的日子还算充实，父亲的情况则相当艰难。抵达维尔纽斯后，父亲有时会投身于几个维尔纽斯犹太组织的活动。但是在苏联人占领立陶宛后，他的生活就非常悲惨了。每当传来苏联正追捕外国人和持不同政见者的谣言，他都会和其他支持者去附近的森林里躲几天。

我父母设法在犹太人聚集区搞到了一个位于二楼的一居室公寓。房内有一张父母睡的床、一张我的儿童床和一个煤气炉，在走廊尽头有一间小盥洗室，还有一个勉强能容纳一人的柱廊。我有时会爬到柱廊上，观察下方新奇的世界。我们住在斯特拉苏纳大街，就是肉店所在的那一区。那里到处都是提着购物袋、步履匆匆的购物者，所有人都在试图躲开马车，以及给肉店送来新鲜牛肉的摇摇晃晃的卡车。肉店橱窗里悬挂着一块块牛肉，还有鹅和鸡。屠夫们穿着溅满鲜血的围裙，挥舞着砍肉刀，处理这些食材。鲜血源源不断地流过排水道。

8个月后，希特勒撕毁了《苏德互不侵犯条约》，这导致苏联占领了立陶宛和其他波罗的海国家，以及乌克兰、爱沙尼亚、拉脱维亚和罗马尼亚。对父亲来说，陷入苏联的统治不是件好事。作为崩得成员和公开的反共产主义分子，他的名字很可能在苏联内务人民委员部准备流放到西伯利亚的名单上，甚至更糟。于是父亲再次选择出去躲避，只有当母亲在柱廊栏杆上绑上一块洗碗布示意安全时，他才会回来。

维尔纽斯和比亚韦斯托克最终都落入纳粹之手。犹太人全都被赶入集中营，几乎无人逃脱。

---

[1] 维尔纽斯现为立陶宛的首都。

原本可能发生的未来

如父亲所预见的,希特勒和斯大林之间的协议并未维持多久。希特勒于 1941 年 6 月 22 日发起巴巴罗萨行动,下令入侵苏联。拿破仑·波拿巴在 1812 年犯过同样的错误。纳粹重新占领比亚韦斯托克后,那些回到此处的人陷入绝境,遭遇了惨无人道的对待。

父母从未认真考虑过返回比亚韦斯托克,即使在纳粹短暂离开期间也是如此。父亲对布尔什维克的不信任再次拯救了我们。1941 年 6 月 27 日周五,纳粹回到比亚韦斯托克 5 天后,为庆祝对这座城市的重新占领,他们用枪逼着 2 000 余名犹太居民进入著名的犹太大教堂[1],包括我们家族所有留在那儿的成员。这本该是犹太家庭点起蜡烛迎接安息日到来的时刻。教堂所有的门窗都被锁了起来,浇上汽油,然后被付之一炬。

教堂里的所有人都被烧死了。父母和我必须带着这段回忆活下去。今天还剩下的只有一座纪念碑,以及教堂著名的拜占庭圆顶的钢铁框架。

关于市场的课程

父亲教我的第一门私人课程是高级金融学。在维尔纽斯滞留初期,父亲让我坐下,告诉我每个国家都有自己的货币。他递给我一张纸币,问我知不知道这是什么。我认出这是波兰的货币,于是答道:"兹罗提。"他点点头,又递给我另一张纸币。这张的样子有所不同,我不认识。父亲解释说这是立特——立陶宛的货币。

"它们价值如何?"父亲继续问道。"一样?"我试着回答。"政府是这么说的,"父亲答道,"但我们可以验证一下。"我们去附近的一家面包房,父亲询问一条面包的价格。"1 立特。"面包师答道。"我们买了。"父亲说道。面包师将面包裹好后,父亲递给他 1 兹罗提,面包师不愿接受。

---

[1] 犹太大教堂的圆顶在 1908 年由著名建筑师希洛姆·雅科·拉比诺维奇(Shlome Jakow Rabinowicz)设计,呈现了拜占庭-穆斯林风格,闻名欧洲。教堂仅在周六和节日开放,女性与男性均可在此祈祷,不过是在不同的厅。在两次世界大战之间,人们在此庆祝全国性节日,市长和地区首长等官员都会参加活动。

"不，不，"他摇头道，"1 立特，或 2 兹罗提。"[1]

父亲解释说，两种货币的真正价值取决于它们能在市场上买到的商品。虽然兹罗提和立特的官方汇率可能是 1∶1，但事实是只需要 1 立特就能买到的面包，需要 2 兹罗提才能买到，两者的购买力存在很大的差异。

后来，父亲在莫斯科用卢布、在东京用日元重复讲授了这一课。只有通过市场确定的价值才是可信的，他讲解道。尽管当时我还不知道这一点，但我的第一门私人金融课程事实上阐述了市场机制的基本真理之一。

这些教诲一直伴随着我。30 年后，尽管我不是芝加哥大学的在册学生，我仍忍不住溜进米尔顿·弗里德曼的讲座，听他解释我孩提时从父亲那里学到的东西是真的：自由市场是决定物品价值的最佳场所。1976 年，弗里德曼获得了诺贝尔经济学奖，那时他于 1962 年撰写的开创性著作《资本主义与自由》（Capitalism and Freedom）已成为我的经济学指南。

---

[1] 我不记得 1939 年兹罗提和立特真正的官方汇率是多少，但我永远不会忘记这一课。

第 3 章

人道主义

我对亚洲充满感情，其缘由是很好理解的。一切都始于杉原千亩先生，他在1940年任日本驻立陶宛考纳斯[1]总领事。

超过1万名犹太人成功逃脱了他们本可能遭受的悲惨命运，来到维尔纽斯。许多是犹太精英知识分子，包括演员、作家、朋得和犹太复国主义组织领导者，以及数以千计的犹太法典学生。虽然维尔纽斯提供了一线生机，但我们仍然能感受到危险就在身边。全世界都深陷战火之中，毫无疑问，火焰很快会波及维尔纽斯那脆弱的安全防线。因此，在维尔纽斯生存下来是暂时的，也是有条件的，毕竟历史已多次证明犹太人可以沦为牺牲品。

意料之外的盟友

维尔纽斯特尔舍犹太学院[2]的荷兰学生内森·格特沃思（Nathan Gutwirth）和钱姆·努斯鲍姆（Chaim Nussbaum）构思了我们的脱逃计划。作为考纳斯的荷兰籍市民，他们是荷兰人扬·兹瓦滕迪克（Jan Zwartendijk）的朋友。在荷兰驻立陶宛前大使被驱逐后，兹瓦滕迪克留下来照管荷兰领事馆。

他们的计划是前往荷属安的列斯群岛中的库拉索岛，此地当时还未被德国的猛攻占领。他们揣测，若能说服兹瓦滕迪克在他们的护照上盖上

---

[1] 考纳斯是立陶宛当时的首都。
[2] 特尔舍犹太学院（Telshe Yeshiva），Yeshiva 是正统犹太学院或犹太神学院。

"许可前往库拉索岛"的章,那就能发挥官方签证的效力。兹瓦滕迪克愿意这么做,并询问了荷兰驻拉脱维亚大使 L. P. 德·戴克(L. P. De Decke)的意见,后者也同意了。于是兹瓦滕迪克忽略了签发此类签证所需的其他要求,发放了数百张前往荷属圭亚那(今苏里南)、库拉索岛及其他荷兰殖民地的签证——这些地方当时都还在荷兰的官方管辖下。

但这只是计划的第一步,接下来的事更困难。鉴于没有从立陶宛直达库拉索岛的交通方式,格特沃思和努斯鲍姆四处奔走,寻求途经其他国家去往最终目的地的过境签证。这一牵强的方案被包括美国和瑞士在内的几乎所有大使馆拒绝了。但当他们求助于日本总领事杉原千亩时,他们发现知悉兹瓦滕迪克方案的杉原先生可能愿意考虑为他们签发去往日本的 10 天签证。

高尚的举动

尽管有点儿仓促,杉原还是向东京的外务省请求发放签证的许可。出乎意料且令他愤怒的是,这一请求被拒绝了。杉原不愿接受否定的答复,他继续提出申请。"这些人不是罪犯,"他解释道,"他们唯一的罪就是身为犹太人。"在第二次被拒后,他又尝试了第三次,并再次被严令不得这么做。他被告知"这与我们无关,服从命令"。

杉原的天性给出了不同的看法。他曾为这样的抉择感到纠结,但最终人性占了上风。杉原当时已成为基督徒,他庄重地对妻子说:"如果我遵循我的政府的命令,那我就违反了神的敕令。"他决定签发不附带条件的签证。

格特沃思大喜过望,去找了他的朋友、米尔犹太学院[1]的拉比伊利叶·波特努伊(Elieaer Portnoy),催促他也申请签证。但波特努伊拉比对杉原说,在他离开之前,他要确保自己的全部 300 名学生获得个人过境签证。杉原默许了。没过多久,整个犹太社区都知道了这项计划。数千名犹太难

---

[1] 米尔犹太学院(Mir Yeshiva)是位于立陶宛米尔镇的犹太学院,1815 年由富豪谢内尔·蒂克廷斯基(Shenel Tiktinski)创建。

民，包括我父母和我，在日本领事馆外排起长队，申请相似的过境签证。

据报道，杉原和他的夫人幸子在1940年8月共签发了2 139张签证。这事实上拯救了6 000余人，因为每张签证是授予一家之长的，对整个家庭都有效力。如今，杉原千亩已成为世界史上备受赞扬的人道主义者，他充分证明了每个人都有能力改变世界。我们在1940年8月31日收到了过境日本的签证。

整项计划还有第三个要点。虽然日本过境签证犹如天使的礼物，但逃脱的机会还未掌握在自己手中。不经苏联外交人民委员部许可，没人能够离开。申请离开本身就非常危险，因为只要你申请了，你就会被认定为对国家构成风险——"只有不良分子会想离开乐土"。在难民间流传着一则颇为讽刺的笑话，那些自愿申请通过西伯利亚前往日本的人，很可能永远留在西伯利亚。这就像在没有保护网的情况下走钢丝。但是对我们来说，要么接受这样的风险，要么永远当难民，最终再次被纳粹逮捕。

父亲面临的风险高于大多数人，他是知名的崩得分子。但是在经过一番深思熟虑，甚至征求了我的意见后，我父母还是决定赌一把。我们要跟随所有持过境签证前往日本的难民，尝试逃离。[1] 如果布尔什维克在混乱的世界格局中，未能发现我父亲就是艾萨克·梅拉梅德维奇、崩得分子、反共产主义的煽动者，那或许我们能侥幸逃脱。父母对我解释道，如果真相被发现，我们仨都会被作为政治犯逮捕，然后要么被送往西伯利亚的古拉格劳改营，要么被德国人杀死。

除了危险，钱也是个问题。苏联的腐败尽人皆知，车票的价格包括官方票价和见不得光的费用。外交人民委员部官员和负责售票事宜的苏联国际旅行社之间的勾当，无疑让大部分钱进了苏联官员的腰包。

对于犹太人，经由跨西伯利亚大铁路从莫斯科前往符拉迪沃斯托克，10天行程的单程票价为每人120美元——这是对于非犹太人的官方票价的

---

[1] 比亚韦斯托克当时处于苏联的统治下（依据《苏德互不侵犯条约》），理论上我们可以回去，但所有人都知道那里的情况极不稳定。父亲确定只要回到比亚韦斯托克，他很快就会被逮捕，因为他在苏联内务人民委员部的通缉名单上。无论如何，不久以后德国人就重新占领了比亚韦斯托克。

5倍,还不包括饮食等额外费用。我们该从哪里筹集这笔钱呢?这在当时可是一笔巨款。比亚韦斯托克两所意第绪语教师会的犹太委员和朋友们再次资助了我们。

痛苦的等待

还有一个问题是钱款必须用美元支付——没人手里有美元,因为持有外汇是违法的。通常来说,存在暗地里的特殊机制。有人悄悄告诉我们,只要去莫妮卡咖啡店,就可以通过黑市按照离谱的汇率将卢布换成美元。当然,整个安排可能只是"赚犹太人的钱"的骗局,这是苏联的一句俗语。如果被骗,也没处说理。

以防万一,父亲再次躲了起来。每周五,母亲都会带我去苏联外交人民委员部,那里会公布获得许可者的名单。每过去一周,我们对最糟情况的担忧就会增加一分。这样的折磨延续了4个月,最终我们的名字出现在获批名单上。

我们最初离开比亚韦斯托克时,事发突然,夜深人静,正是边境关闭前的最后关头。我们当时以为只是暂时离开。这次,我们明白很可能永远不会回来了。我们和比亚韦斯托克之间所有的联络方式都中断了,因此我们留了信件给比亚韦斯托克的家人们,向他们致以祝福和爱意。我们无从得知他们的生死。

我们也与维尔纽斯的朋友们道别,尤其是曼一家。我记得自己告诉埃丝特,等长大了,我们还会聚在一起。但纳粹并未让她活到成年。另一位年轻的朋友玛莎·伯恩斯坦(Masha Bernstein)和她全家也获得了杉原的签证,准备和我们一起离开,但在最后时刻,她父亲马特维(Matvey)被苏联内务人民委员部发现是反叛的崩得成员并被逮捕,从此杳无音信。伯恩斯坦一家需要决定是留在维尔纽斯等马特维被释放,还是抛下他开始逃亡。最后他们选择了逃亡,这是他们不得不做出的选择。在纽约,玛莎因给意第绪语报纸《前进日报》(*Daily Forward*)撰写八卦专栏而闻名。我们一直是好友,经常一同参加杉原先生的纪念会。玛莎过世后,她的女儿凯伦·利昂（Karen Leon）为人们讲述了她母亲的经历。

由于签发过境签证一事，杉原及其家人受到日本外务省的处罚，被调到了东普鲁士、捷克斯洛伐克及罗马尼亚的危险岗位上。苏联军队进入罗马尼亚后，杉原一家被关押在战争营地的监狱里长达18个月。

杉原的人道主义行为在很多年里都不为人知，但当世人最终知晓一切后，他获得了应有的认可及多项奖励。1985年，以色列授予他"国际义人"称号。在美国大屠杀纪念博物馆，他也受到了同样的尊重。我也一直尽己所能地宣扬他的人道主义行为。随着时间的流逝，我在芝加哥的办公室成为杉原家人和日本官员常来的地方。杉原于1986年7月31日去世。

第 4 章

莫斯科

前往莫斯科的旅程是一次奇特的经历。受形势所迫，列车上几乎所有人都装作安逸的游客。我们就像一群演员，演着没有剧本的戏，希望重获自由，但那飘摇的一线生机仿佛很快就会被吹熄。

虽然父母总在身边，我却感觉逃亡之路是孤独的，伴随孤独而来的是一种流离失所和失去纯真的感觉。这些黯淡时刻像血液一样流经我身体的各个部位，我挣扎着试图理解这个看起来注定坠入地狱的世界。

战火尚未波及莫斯科，因此当我走下列车并步出车站时，我感觉像是进入了另一个世界。街道上挤满了莫斯科人，车流如织。城里有高塔、尖塔、金色穹顶、花园、广场，以及一片片红色的衣裳和旗帜。到处都是士兵——和我见过的那些正步走过比亚韦斯托克的士兵一模一样。

历史课

我对尼古拉二世或布尔什维克的红色卫士一无所知，也不知道托尔斯泰、柴可夫斯基和约翰·里德。里德是极左翼作家，也是唯一一位被葬在克里姆林宫红场墓园的美国人。当然，父母尽可能地向我讲解这一切，但需要吸收的东西太多了。

我甚至不知道弗拉基米尔·伊里奇·列宁，直到我们静静走过他经过防腐处理的遗体。遗体穿着制服，躺在为纪念他而修建的建筑中。看守的士兵脸色凝重，让我想起我玩过的铅制玩具士兵。父亲竭尽全力地向我解释了 1917 年的十月革命，以及列宁为何人、干过何种事业。为更好地说明,他补充了这些事件后续的发展方向,以及苏联共产主义和约瑟夫·斯大林的上台。

父亲也试着让我了解莫斯科的历史脉络。他讲解了莫斯科在历史上曾挺过暴动、瘟疫、叛乱、围攻和外族占领,还告诉我鞑靼人及1812年拿破仑大军的事迹,我却忙着东张西望。

观光

莫斯科的面积很大。可以肯定地说,这座城市抓住了我的眼睛和心灵。城市中的建筑配有宏伟的木门、堆砌的巨石、高耸的柱子和高挑的天花板,我的敬畏之心油然而生。我还记得有一座大钟和一门巨炮,我可以将整个身体挤入炮管。还有克里姆林宫那让人望而生畏的红墙。这些给一个8岁的难民小孩留下了不可磨灭的印象。在此后的夜晚,我经常梦见那堵红墙。

谁能想到大约50年后,我会再次来到莫斯科——这次是作为征服自由市场的英雄,米哈伊尔·戈尔巴乔夫在克里姆林宫那令人生畏的红墙内接待了我。

1940年12月,我们在莫斯科待了三天,其间我们或多或少了解了城市的运行。我们的钱勉强够住莫斯科卡亚酒店——一家三流旅馆(按今天的标准算五流)。在当时的我看来,它的镜子、吊灯、铺着地毯的长廊和填充得鼓胀的椅子犹如皇宫。我印象最深的是有一天晚上,父亲带我们去了酒店里那浮夸的舞厅,其特色是衣着暴露的吉卜赛舞娘,她们一边唱歌一边在舞台上旋转表演令人赞叹的肚皮舞。

当然,我们不是买小摆件作为旅游纪念的观光客。我们是逃亡者,正等着登上东向的西伯利亚列车去往符拉迪沃斯托克,从那里我们可能走向自由。

母亲从未停止焦虑,她确信父亲会被逮捕并从此消失。父亲也很恐慌,他相信我们不论去哪里,都会被跟踪。对我来说,莫斯科是消遣之地,但对父母来说这是一个潜在的陷坑。恐惧时刻伴随着他们。我在轻松地旅行,带着孩童的好奇心,父亲则带着逃犯的疑惧。像游客那样表现当然好过像罪犯一样躲藏。因此,虽然我们装得和其他游客一样在大街上闲逛,但我们从未忘记危险就在身后不远处。

终于到了启程的时刻。我们整理行囊,小心地前往火车站。离火车站越近,士兵就越多。虽然苏联尚未卷入与德国的战争,但它已经和北方邻国芬兰开战并占领了后者。斯大林在零下60摄氏度的严寒中发动了一场闪电战,轰炸了芬兰首都赫尔辛基。至此,我还未在莫斯科见到比亚韦斯托克那种战争迹象,但这也只是暴风雨前的宁静。

零下40摄氏度[1]

我们在12月一个酷寒的早晨离开莫斯科。我记得列车员叫喊着,我猜喊的是"全部登车",行道员摇着信号灯。列车喷出白色汽浪,然后开始提速,并发出轰鸣声。雪覆盖了乡间的土地,几分钟后窗上便结满了霜花。机车充满能量,牵引着一串摇摇晃晃的木制车厢在狭窄的轨道上呼啸而过。

我们有一间非常小、非常简陋的包厢,可以变成卧铺。列车中有一节是餐车,每餐供应两次,但我们只负担得起晚餐票。在不同的站点,父亲会下车买牛奶、面包或是其他食物,当早餐和午餐。母亲则在每个站点都惊慌不已,害怕父亲一去不返。

整个旅程充满了未知和危险。当我们沿着西伯利亚大动脉前行时,列车只是刺进莽莽漠野中的一根细针。除此之外,这片荒野无人踏足。1891年,全长5 800英里[2]的西伯利亚大铁路开始动工修建,它联结了莫斯科和符拉迪沃斯托克及其他亚洲港口。旅客有可能乘火车驶过数千英里,却不见任何人烟或动物。

列车匀速前行,可能是为了节省燃料,也可能是考虑到天气原因,又或者是因为我们正途经险恶的地形。列车的节奏让我们产生了虚假的安全感。这趟旅程没有捷径,因为只有一条铁道,我们经常在指定的切换点,

---

1 我接下来的大部分叙述均首次写作于1996年威利父子出版公司出版的《逃向期货》一书。
2 1英里≈1.6千米。——编者注

例如鄂木斯克、新西伯利亚、伊尔库茨克等待好几个小时，等西向列车通过后，才继续前往西伯利亚铁路的最东端——符拉迪沃斯托克港。

这片寒冷的边境地区自有其壮美，但那是一种粗犷而强硬的美。熊、老虎、黑貂、驯鹿和狼在地球上最伟大的宝藏间自由漫步。对我来说，这里就像一个令人眼花缭乱的万花筒，由布满沼泽的平原、茂密的森林、荒凉的高原和崎岖的山脉组成。这片景象让人忘记了时间和空间。

许多人将西伯利亚描述为摇钱树，这里拥有全球1/5的金矿和银矿、1/3的铁矿和木材，还有无法估量的天然气、石油和煤炭资源。最终，寡头们发现了这一点。此外，西伯利亚面积达400万平方英里[1]，和整个美国差不多大，是世界最大国家的最广阔地区。

由于气候恶劣，几乎没有人会选择住在那里。然而，战争爆发时，数以百万计的工人和大量的工厂像龟壳保护下的乌龟一样撤退，从易受攻击的地区迁到西伯利亚。这里也是罪犯、犹太知识分子和政治犯的流放之地，他们在劳改营中开矿、建造工事。就这样，战争前后，无数人在这里丧生。我们乘坐的在单轨上行驶的火车就是这里无处不在的运输机，就像西伯利亚交通系统的驮马。

比罗比詹

父亲关于华氏度和摄氏度的讲解没有白费：他是为我们造访比罗比詹做准备。比罗比詹实际位于西伯利亚中部，在满洲里以北约300英里处，传说此地气温低于零下40摄氏度——冷到呼出的气会瞬间变成冰柱，极寒的风可能会冻住你的眼皮，让人时刻处于冻伤的危险中。

我猜父亲想让我体验一下冰冻的虚空是什么感觉。父母将我裹得严严实实，只在我的眼睛和嘴巴处留有小洞。当我踏上冰冻的草原时，我第一口呼出的气便冻住了，像冰雹一样掉在地上。父亲的讲解得到了证明，华氏度和摄氏度在冰冻的地狱中确实会趋于一致。

---

[1] 1平方英里≈2.59平方千米。——编者注

这座冰城是苏联政府给犹太居民的礼物。他们被告知，在这里他们可以创造自己的零下天堂。事实上，被流放到比罗比詹的犹太诗人、作家、记者组成的社区正在日益扩大。不过这些受难的人大多认为，来这里比死在古拉格劳改营的冰窟中要好得多，古拉格已几乎成为西伯利亚的同义词。从 1928 年到 1953 年他去世为止，斯大林将 1 700 万～2 500 万人送往古拉格。但这一系统的恐怖直到 20 世纪 70 年代才通过亚历山大·索尔仁尼琴（Aleksandr Solzhenitsyn）的《古拉格群岛》（*Gulag Archipelago*）传到西方。

第 5 章

西伯利亚

从莫斯科到符拉迪沃斯托克的行程原定10天，实际上耗费了近3周。每过1英里，我们就愈加感到可能再也见不到我们离开的那个世界了。母亲经常对我说，她永远不会原谅自己没有带走我的巴巴，也就是她的母亲。不过在那时，谁能知道我们要去哪里，或者我们的命运会如何呢？尽管如此，我们永远无法想象，更糟糕的噩梦将在我们身后降临。

当然，有一些传言。关于纳粹暴行的信息就像西伯利亚的寒风一样快速传播。我也曾目睹他们的邪恶举动，透过我在墙上挖的窥视孔，我含着泪水，沉默地看着两个德国士兵强奸一个尖叫的少女。这幅画面永远无法从我的记忆中抹去。

不过那时欧洲还没有像后来那样，变成犹太人屠杀场。大约195 000名立陶宛犹太人在1941—1944年德国占领期间被杀害，而这只是最终的600万死者中的一小部分。后来人们发现，1943年年末，纳粹党卫军首领海因里希·希姆莱致信盖世太保首领海因里希·缪勒，强调要焚烧和摧毁他们残杀的人类的遗骸，确保不会留下种族灭绝的证据。[1]

我们是幸运的，得以持过境签证逃离，甚至在深陷被发现的恐惧中时，我们依然充满希望。起初，我们乘坐的火车在每个村庄站点都会停靠，但随着我们渐渐深入西伯利亚（当地人所说的沉睡之地），停靠站就越来越

---

[1] "种族灭绝"这个词是拉斐尔·莱姆金（Raphael Lemkin）担任联合国律师期间创造的。巧合的是，莱姆金以和我们一样的方式逃离了大屠杀，并与我们在"平安丸号"上相遇，这艘船载着我们去往华盛顿州西雅图。

少。西伯利亚人知道莫斯科人显然不感兴趣的一点，即只要你不介意与永久冻土、自然因素和无尽的空旷做斗争，那么即使在这令人震惊的地方，你也能找到快乐。

通向符拉迪沃斯托克的旅程

西伯利亚可以将旅行者的身体和精神都冻结。它的广阔绵延和遗世独立，再加上冬季短暂的白昼，让人忘记了时间的流逝。就像人类的祖先那样，我们开始生活在无时间概念的当下，对过去或未来的感知逐渐消退。尽管事实上我们正在快速通过从乌拉尔山脉到太平洋的八个时区，但周遭的环境迫使我们活在当下。

在大部分时间里，我都盯着车窗外不断变化的风景。最吸引人的是，当我们穿过高耸的乌拉尔山脉，前往斯维尔德洛夫斯克、鄂木斯克、克拉斯诺亚尔斯克和哈巴罗夫斯克（伯力）——我当时还不会这些城市名称的发音——时，我看到了在秋天慢慢转为橙色的白桦树，它们的叶子缓缓飘落，天空变成了淡紫色。刚过鄂木斯克，经过一片冰冻的荒地时，西伯利亚快车上的难民们迎来了新的一年。大家默默举杯，以水代酒祈求更好的明天。

不看风景时，我会专注于父亲与其他乘客的国际象棋棋局。令父亲大吃一惊的是，当我们抵达日本时，我已经学会下国际象棋。其他时间，他会辅导我，主要教我数学。[1]

夜里，我经常在火车的急刹车声中惊醒。我会在铺位上凝视车厢，看着人们，他们都像木乃伊一样裹得严严实实，以抵御严寒。西伯利亚人是一群顽强的人，他们自己种植蔬菜，在森林里采摘浆果，在冰上钓鱼。许多苏联爱国作家称赞西伯利亚生活方式与自然的紧密联系。

符拉迪沃斯托克由俄国水手于19世纪建立，整个城市建在一系列俯瞰海湾的山丘上。这座城市的生活区主要集中在港口周围，这也是苏联东

---

1 此段叙述同样首次写作于1996年威利父子出版公司出版的《逃向期货》一书。

部最大的港口。我觉得戏剧性的是，如今符拉迪沃斯托克有一家国际证券交易所，拥有全俄罗斯最现代化的交易大厅，而这个大厅原本是为存放苏联共产党地区档案而建的。

我们在一个酷寒难忍、狂风呼啸的早晨抵达符拉迪沃斯托克。我们仨提着装有全部家当的三个手提箱，还带着一些小箱子和包裹，沿着火车走到了站厅。在这个混乱的地方，我们将与所有难民一起接受检查。

从这里出发，我们将启航前往日本。此后，我们的目的地就不确定了。它取决于多重因素，它可能是任何愿意接纳我们的地方。

东海岸的动荡

因其靠近日本本土的战略地位，符拉迪沃斯托克已经被恐慌氛围和政治宣传占据。日本强行入侵中国东北地区进一步加剧了这种情绪。此外，自1905年日本在战争中彻底击败俄国以来，日本和苏联的关系就持续紧张。毫不奇怪的是，苏联秘密警察无处不在，对港口的控制极其严格。

到目前为止，我们仍在前行，但意外随时可能发生。我父母总相信灾难并不遥远。父亲的一位政治伙伴同样来自比亚韦斯托克，他也在逃犯名单上，在我们前面几英尺处，他被警察抓住并拖走了。我们只能在石化般的沉默中看着。已经走到这一步却被抓走，那真是一场噩梦。

移民官员彻底搜查了每个包，寻找贵重物品，然后以安全为由没收。约赛夫和洛拉·布伦伯格是我们家的朋友，也是崩得成员。他们问我父母，是否可以让我戴上他们儿子的金表。他们确信刚满13岁的阿米克会被搜查，但更年幼的孩子有可能免于搜查。父亲默许了，我自豪地戴了几个小时的手表，与此同时，家里微薄的财产正被仔细翻查。对父母来说，只要我们还在苏联的土地上，被腐败的官员拿走一块手表就不算什么。直至今日，布伦伯格一家仍然是我们家的朋友，阿米克则成为美国国务院的一名官员——一位俄罗斯事务专家，恰如其分。

队伍似乎漫无尽头，但是轮到我们时，我们顺利通过了询问和搜查。不管出于什么原因，总之我父亲的名字没有出现在任何名单上。

当我们被允许走上跳板，登上将载我们去日本的航船时，已经是凌晨2点。母亲用一只手抓着我的手，另一只手提着一个手提箱和一个包裹。父亲默默地跟在后面，拖着剩下的箱子，紧握着允许登船的文件。海天都是黑色，海浪拍打着船的侧面，船剧烈地晃动。这是一艘日本的驳船，又小又暗，而且有异味。我们和其他几十名乘客一起躺在货舱里的稻草垫上，这就是公用卧室了，我甚至不知道船是什么时候开的。

起航

父亲说，那船像个简陋的木浴桶，原本不是用来载人的。在接下来的三天里，船发出吱吱嘎嘎的呻吟声，颠簸从未停止。我们任由大海摆布，就像我们曾任由寒冷摆布一样。我醒来时，发现有几十名乘客因晕船而把头埋进水桶里呕吐，恶臭令人作呕。母亲带我到狭窄的甲板上透气，无情的海浪在船头前方高高跃起，浸透了每一寸甲板。不知道为什么，我一直没有晕船。

第三天结束时，地平线上出现了一个轮廓——那是陆地。所有人都挤至船舷。难民们早已学会不发出声响，但喜悦和解脱之情显露无遗，人们握手并拥抱在一起。很快，山脉的轮廓清晰可见，那是日本的小海港敦贺——景致犹如田园诗一般。我们抵达后，受到了身着日本传统服饰的市民们的迎接，这是我第一次接触和服。他们戴着草帽，脸上洋溢着温暖的笑容，为我们送上鲜花和水果。我想，也许这里真的是天堂？

所有人都被迅速护送下船并被带到火车站，我们将从那里前往神户。一切都已经由日本的犹太居民组成的犹太难民委员会打点好。

母亲握着我的手小声说，这是两年来她第一次可以自由呼吸，不用担心将会发生可怕的事情。她的恐惧深植在我往后的人生中，我称之为比亚韦斯托克综合征。

第 6 章

三种文化

在日本的逗留与之前的一切几乎完全不同,只有一个例外,那就是令我懊恼的——我父母又为我注册入学,我不得不再次承受努力学习另一种语言的痛苦。

更重要的是,我接触到了完全不同的文化。我们在日本的逗留是在战争爆发前。根据道格拉斯·麦克阿瑟将军的说法,也是在其受到西方影响之前。母亲解释说,这是一个非常自豪、同质化很强的民族,其传统可以追溯到几千年前。当然,最明显的区别是他们的着装,尤其是女性的和服。我了解到和服代表长寿和好运,但更令我着迷的是它夺目的色彩。事实上,我意识到色彩似乎在日本人所做的每件事中都扮演着重要的角色。

我们逗留期间恰逢樱花季。很明显,色彩缤纷的鲜花和花园非常重要。了解日本礼仪也是有趣的探索,对我们这些外国人来说尤其如此。我猜想这种礼仪延续到了他们见面时互相鞠躬的习俗中。他们彬彬有礼到甚至愿意放下自己的事,像母亲一样帮我指路或帮忙购买食物。

父亲曾坚持带我们去一家日本餐馆,结果证明这是一个错误,因为他们的饮食与我们的欧洲习惯完全不同,那些食物令我们难以下咽。不过我们学到了另一种礼仪,就是必须在进屋时脱掉鞋子,换上特定样式的拖鞋。店主送给我一双筷子作为礼物。父亲还带我去了一家公共澡堂,在那里,我震惊地发现日本人几乎没有男女之防,毫不避讳地一块儿脱下衣服。总的来说,我学到了很多,并且由衷地欣赏他们的善良、传统和文化。

我们的过境签证理论上有效期仅有 10 天,实际上,我们可以一直待到政府勒令我们离开。我们抵达后，被要求向另一个国家提交正式入境申请。普遍的选择当然是美国，但难民们都知道的：你必须向许多地方提出申请——以防万一。加拿大、澳大利亚和南美洲的一些国家也在申请名单上。

事实上，许多人确实去了加拿大，而大约一半来自符拉迪沃斯托克的难民最终抵达了上海——他们在随后的太平洋战争期间一直停留在那里。我们一家人属于少数例外者，在抵达日本的数千人中，只有250人被美国政府接纳。

父亲相信是他在申请时的诚实回答发挥了作用。父亲说，"如果被批准了，你打算如何在美国维持生计"这个问题是个陷阱，如果你回答说你会找一份工作，那就意味着你会取代一名美国工人；如果你回答说你什么都不做，那就意味着你准备依赖政府——这也不是好答案。父亲说，他如实回答自己会成为一名意第绪语教师——那样他就不会威胁到别人的工作了吧？

直到50年后，美国国务院公布历史文件时，我们才知道为什么我们家会被美国接纳。我们的名字被列在纳粹盖世太保和苏联内务人民委员部同时追捕的犹太人名单上，换句话说，我们危在旦夕。这份名单被提交给美国国务院，提请美国劳工联合会、产业工会联合会特别注意。这两个在政治上具有强大影响力的美国劳工组织都知道我父亲是崩得（世界劳工运动中的姐妹组织）的成员。

资金问题

我经常被问到我们家从哪里获得的逃生钱，因为我父母和大多数难民一样，无法获取他们的个人财产，或者手头只有少得可怜的资金。答案是，这笔钱来自希伯来移民援助协会和犹太联合分配委员会等长期存在的委员会，以及朋友们的慷慨解囊。后来，犹太难民委员会在日本制订了一项利用黑市的计划。对我来说，这又是一堂关于货币的课。

在日本，任何人持有外币都是违法的。但是，一旦有人获准离开日本，就需要将一定数量的日元兑换成目的地国家的货币。事实上，如果没有所需的外币，就没法离开日本。就美国而言，其要求至少持有 50 美元，相当于如今的 1 000 美元。

当然，几乎没有哪个难民有这么一大笔钱。因此，一旦获准离开，犹太难民委员会就会以该难民的名义开设一个银行账户，并存入必要的金额（以日元计）。出发当天，难民会和朋友（其实是委员会的代表）一起去银行提取资金，并根据当前的日元/美元汇率将其兑换为美元。难民在朋友的陪同下（出于告别的目的）上船，在乘务长那里登记，并记录该难民持有进入美国所必需的美元金额。做完这件事，朋友就会离开——偷偷带走美元，然后去黑市换汇。1941 年，假设美元兑日元的官方汇率是 1 美元兑 300 日元，在黑市上，1 美元可以兑到双倍甚至更多的日元。犹太难民委员会将这项利润用于资助难民。

后续旅程

载我们横渡太平洋的船叫作"平安丸号"，它于 1930 年作为日本远洋和货运班轮下水，从横滨港出发。在战争期间，这艘船被改装成潜艇供应舰，但被美国飞机击沉，躺在特鲁克潟湖底部。我们到华盛顿州西雅图的旅程耗时 10 天，于 1941 年 4 月 16 日登陆。我结识了一个和我年龄相仿的印度男孩，虽然我不会说英语，但我们也想方设法地交流。

这是一段平静的旅程，但有两个小插曲。一是不同寻常的巧合，同样逃离纳粹迫害的律师拉斐尔·莱姆金也在船上。莱姆金后来成为联合国官员，并创造了"种族灭绝"这个词，"种族灭绝"在 1944 年被采纳为描述大规模屠杀行为的官方词语。今天，莱姆金峰会成为全球活动家推动终结种族灭绝的年度聚会。另一件引起我兴趣的事是，正如父亲所解释的那样，我们穿越了国际日期变更线，经历了两个 1941 年 4 月 10 日。

我们从西雅图出发，乘了 4 天火车抵达纽约，母亲的姐姐萨拉（她十几岁时来到美国）和她的孩子诺曼与珍妮特在那里等着我们。我们聚在一起，恍如隔世。我无法用言语来描述纽约对一个从未见过超过五层楼高的建筑物的 9 岁孩子的影响。

那种震撼终生难忘。周遭的建筑所展现的力量和规模、街道上的人潮，一切都处于匆忙和喧嚣中，时至今日，我仍记得。我一时间难以消化一切事物的庞大规模。这显然是一种陌生的体验，需要数年时间才能接受并习惯，此后一生，我仍活在这种震撼的余震中。我从一开始就爱上了这种感觉，现在仍旧热爱。

我们在纽约逗留的时间很短，但足以让父母送我去参加为期四周的夏令营。他们借此"诡计"迫使我经受浴火般的洗礼，学会在生死存亡的关头求得生存。我要么努力学习语言和文化，要么无路可走。第一周我每天晚上都哭着入睡，发誓永远不会原谅他们。这就是严厉的爱吧。不过正如我父母确信的那样，此举奏效了。四周后，我说英语几乎已经不带口音。

芝加哥，伊利诺伊州

我们在芝加哥定居是因为父母受聘于公立犹太教育组织肖洛姆·阿莱赫姆民俗学院（Sholem Aleichem Folks Institute），担任课后意第绪语教师。芝加哥并不是了解世界市场运行方式的最佳学术场所，并且与金融中心城市——纽约、伦敦、苏黎世、东京或布鲁塞尔——没有任何联系，虽然这些城市后来都受到我引入的金融期货的影响。然而，我在芝加哥受到的教育为我未来要走的路做好了铺垫。

作为 9 岁的孩子，我很快就沉浸在所谓的美国生活大熔炉中，其中包括各种各样的意大利人、波兰人和犹太人。在我还没有很好地掌握英语之时，我进入了洛厄尔文法学校读四年级，并且很快就了解到"肮脏的犹太佬"（Dirty Kike）这一称呼并不仅限于国外。这让我越发坚强，我学会用言语和拳头来捍卫自己的存在。

唉，我也是那些寸步不让的青少年之一，所以这样的遭遇变得司空见惯。对像我这样的外国人来说，吸收和学习美国的那些文化，例如棒球，要困难得多，因为我以前从未握过球棒。在棒球比赛选球员时，我总是最后一个被选中。当然，最终我学会了这项运动，并成为棒球和芝加哥小熊队的铁杆粉丝。

由于父母在公立学校下课后才去上班,所以我常常一个人待着,直到他们在晚餐时回来。这4个小时左右的时间由我自己安排,我因此有更多机会发挥想象力、收听广播节目。这产生了不寻常的结果——我爱上了意大利美食。我们三楼的走廊边上住着卡彭一家[1],他家有5个孩子,从某种意义上说,我成了他们家的第6个孩子,并且喜欢上了卡彭夫人的意大利菜。

我对洪堡公园附近也留有美好的回忆,在那里,我遇到了一些人,与他们的友谊持续了一生。我们会在迪维辛大街和凯兹大街拐角处的佐伯药店坐上几个小时,啜饮巧克力味汽水并谈论女孩,或者在迪维辛大街和加利福尼亚大街公园对面的聚点餐厅待着,如果发现我没有乖乖在家睡觉,父亲会在凌晨2点到那里找我。最后是无处不在的伊茨科维茨熟食店,它的咸牛肉黑麦三明治配一片莳萝泡菜无疑是全球最佳。

成为真正的美国人

我有幸进入芝加哥北部的罗斯福高中。进入高中意味着每个人都必须适应新的学校环境,于是我就变得和其他学生一样了。在这里,篮球——而非棒球——是最风靡的运动,但我这种体型的人几乎没几个能打好篮球。没有人知道我的移民历史,我也没有透露。我穿着牛仔裤,抽烟,拥有一件皮夹克——当时青少年的必备品。那时,我的口音早已消失,所以从各个方面来看,我与在美国出生的人没有什么不同。

终于,我可以展翅翱翔了。尽管成绩已足以让我登上荣誉榜,但我还是竭尽所能地利用其他才能让自己更受欢迎。在三年级时,我成为班长,并一直担任至毕业。为了能当选,母亲帮我制作了竞选牌,我将它挂在学校礼堂,上面绘着狮头并写有标语:"投票给狮子利奥!"我还逐渐成为狂热的阅读爱好者。进入罗斯福高中后,我请求图书管理员列出我应该阅

---

[1] 和臭名昭著的阿尔·卡彭(Al Capone)没有关系。

读的 100 本重要的图书。我相信她此前从未做过这类事情，但她还是提供了清单。印象中，我在毕业前就读完了其中的大部分，还成了科幻迷。我还承担了储物柜管理员的工作，显然我是为了利用职权将漂亮女孩的储物柜分配到我的旁边。此外，我是兄弟会 Phi Kappa Tau 的成员，后来甚至当选为主席。

我交了许多朋友，这里我想提几位一直保持朋友关系的人：迈耶·塞尔策（Meyer Seltzer）、杰里·斯佩思里（Jerry Specthrie）、利比和杰里·罗森霍尔兹（Libbie and Jerry Rosenholtez）、艾伦·瑟加尔（Alan Surgal）、罗斯·格林（Rose Green）、菲尔·西格尔（Phil Siegel）、扎夫·古辛（Zave Gussin）、鲍勃·谢伊（Bob Schey）、杰克和妮娜·贝尔（Jack and Nina Bell）、赛和玛丽莲·戈尔登（Sy and Marilyn Golden）、埃米尔和黛比·沙夫兰（Emil and Debbie Shafran）、卡伦和艾拉·马库斯（Karen and Ira Marcus）、海伦和威利·鲍里斯（Helen and Willie Boris），以及谢尔登和乔安妮·曼特尔曼（Sheldon and Joanne Mantelmann）。这段时间，我也第一次尝到了创业的滋味。伊利诺伊州有一项禁止销售鞭炮的法律，但我了解到随着 7 月 4 日[1]的临近，鞭炮很有市场。由于任何人都可以开车到没有这类法律的印第安纳州购买鞭炮，我很快断定这一法律实际上无法奏效，我可以通过向芝加哥的孩子们卖鞭炮赢利。于是我做起了生意，并且干得很好——直到我被两个执法人员抓住，他们把我带到了严厉的父母面前接受审判。这么说吧，我父母并不欣赏我的冒险精神。

然而，那次经历并没有阻止我再次与好友迈耶·塞尔策合作，我们成为罗斯福高中主要的安全套供应商。严格来说这项业务并不是非法的，但也不受监管部门欢迎。我们再次到印第安纳州批量购买安全套，然后高价倒卖给同学。在那时，拥有安全套绝对是男子气概的标志——尽管大部分最终都"烂"在了钱包里。

我无法忘记在犹太儿童夏令营担任辅导员的那个夏天，这个营地被称

1　7 月 4 日是美国独立日。——译者注

为"儿童仙境"可谓名副其实。那些围着篝火和其他辅导员一起唱意第绪语歌曲的夜晚，包括谢尔登·曼特尔曼和他的未婚妻乔安妮、珍妮特·费伯、赛·戈尔登、杰克·贝尔，当然还有塞塞·西加洛斯基（Cece Sigalowsky），是我告别青少年时期前最美好的时光之一。我和塞塞的恋情成就了我那个夏天的巅峰，这是众所周知的秘密。

高中期间，我和很多女孩约会过，但没有一个比我在高三时认识的可爱的高二学生、金发的贝蒂·萨特勒（Betty Sattler）更打动我。贝蒂不仅充满魅力，而且非常聪明、友善。我后来还了解到，她有着过目不忘的记忆力。巧合的是，她是来自德国的移民，在战前仅3岁时就来到了芝加哥。一段恋情开花了，尽管也曾分分合合，但在她毕业后，我们走进了婚姻，并且一直持续到今天。同样持续至今的还有我对复式桥牌的热情，我经常和贝蒂搭档参加周锦标赛。

岩石上的哈佛

我永远感谢国际知名的芝加哥市长理查德·J.戴利（Richard J. Daley），他作为州参议员提出立法案，呼吁在芝加哥建立大学。戴利依据的是《退伍军人权利法案》中的一段话，该法案旨在通过提供教育资金等方式奖励退伍军人。因此，伊利诺伊大学在1946年开设了一所临时分校，位于海军码头（前海军基地）的芝加哥本科生部，后来被称为"岩石上的哈佛"。它成为伊利诺伊大学芝加哥分校的前身，目前拥有3万多名学生，是当今美国最大的城市大学。

和二战退伍军人一样，像我这样的第一代大学生可以以每学期50美元的学费注册。那符合我的经济实力，尽管杰里·斯佩思里和我都被哈佛大学录取了，但芝加哥较低的学费更具吸引力。这也意味着我们这些靠兼职工作养活自己的人能够开始攀登教育阶梯。

我在海军码头的同学中有一些后来的名人，比如伊利诺伊州州长吉姆·汤普森（Jim Thompson）、国家评论员和美国有线电视新闻网前首席新闻主播伯尼·肖（Bernie Shaw），以及比尔·克林顿总统的白宫幕僚长约翰·波德斯塔（John Podesta）。就兼职工作而言，我几乎什么都做过：报纸投递员、杂志推销员、电话簿送货员、实得购物超市柜台营业员、马歇尔·菲尔德百货公司理货员、富勒刷子公司推销员、热狗摊店员、贺卡机操作员、儿童辅导员和出租车司机，不一而足。

高中时，我学会了驾驶真正的吉普车（带变速杆的），那是阿尼·沃肖斯基（Arnie Warshawsky）的父亲在战后购买的。阿尼每节课算上油费向我收取50美分。事实上，我所有就读于海军码头的伙伴，无论男女，都知道如果他们要搭乘我那辆漂亮的1941年产的庞蒂亚克去上学，需要支付25美分的油费，我是在这辆车上市9年后以125美元的价格购买的。

拥有一辆汽车是每个高中男生的目标。我是和好友迈耶·塞尔策合伙拥有了第一辆车，我们第一次购买的是1920年产的福特T型车，价格为20美元，然后是1928年产的凯迪拉克LaSalle敞篷车，我们需要两个人才能将它开起来（一个握方向盘，另一个拉电线，因为它没有油门踏板）。后来，我自豪地购买并独自拥有了一辆1936年产的克莱斯勒（这车实际上只能在夏季开），以及一辆很棒的1941年产的庞蒂亚克。

大学期间，我们还学会了喝啤酒和咖啡，玩红心大战赌钱（这是我热爱桥牌锦标赛的前兆）。对了，我们也去上课。令我们惊讶的是，海军码头的课程并非小菜一碟，但也没有难倒我们。

在获得学士学位后，我取消了与好友艾伦·瑟加尔的暑期计划，转而在一艘开往欧洲的挪威远洋班轮上担任水手，并于1952年夏进入了约翰·马歇尔法学院。这是一所学业艰苦却也备受推崇的法学院。在我的正规教育生涯中，我第一次必须认真学习。1955年毕业时，我获得了法学博士学位[1]。

---

[1] 我的法学博士学位是由伊利诺伊州州长奥托·克纳（Otto Kerner）授予的。

第7章

走进命运

那是一场意外，往好了说是一场巧遇。那时我以为自己正在申请一家律师事务所的文员工作，但我走进了一个我一无所知的世界——一个永远改变了我和无数人生活方向的奇幻世界。

其实，发生的事情也没什么神秘的，像许多市中心的大学生一样，我不得不工作以养活自己，供自己上学。所以，当我被法学院录取后，我立即开始寻找法律文员的工作，这是成为成功律师的最佳阶梯。好似命运的安排，我在周日早上接到了好友迈耶·塞尔策的电话，他让我注意美林、皮尔斯、芬纳与史密斯公司在《芝加哥论坛报》上登的招聘广告（多年后，在合并中，史密斯先生的名字被比恩先生取代）。毫无疑问，在20多岁未经世事的年轻人看来，拥有如此长名字的公司一定是一家律师事务所。

他们在招一名跑腿员，工作时间是上午9点到下午1点。我猜测跑腿员是指跑着将案卷递送给出庭律师的人，鉴于我秋季学期的第一堂课是在下午2点15分开始，所以这份工作非常理想。你可能已经猜到，我最终成为美国杰出的投资经纪商美林证券而不是律师事务所的跑腿员，在芝加哥商品交易所（芝商所）的交易大厅工作，每周总收入为25美元。

是的，从我进入期货交易市场，推开充满呼喊和手势的魔法世界之门的那一刻起，我就被迷住了。这可能不是通向成功的法律职业生涯的最可靠途径，但没人能阻挡天意。我自己也深深爱上了这个世界。

那里充满喧嚣、五彩斑斓、热闹非凡，穿梭的人流，鼎沸的人声，每个人都扯开了嗓子呼喊，比画着神秘的咒语，它瞬间点燃了我年轻而未经世事的灵魂，唤醒了我内心深处一些未知又无法控制的激情，让我毅然决然地得出结论：无论这是什么地方，这就是我的归宿。

如历史记录的那样，我不仅成为芝商所的一员，还掌控并改造了它。这是一个很长的故事，我不可能在这些书页中完全记录我的努力和成就，但我会挑出一些我遇到的代表性事件，以及在领导芝商所董事会的40多年中做出的多个关键决定。

担任领导

有句古老的格言说，跟随比领导更容易。对我来说，情况正好相反，我毫不怀疑我可以继续担任芝商所董事长数十年。然而，我认为由我长期、连续地担任董事长是有害的。

首先，我认为不让他人获得这个头衔会引发敌意，也会削弱我的领导能力；其次，我觉得在芝商所的其他高级董事间轮转董事长头衔会更公平[1]；最后，也是最重要的一点，我从来不迷信头衔，相反，我直到今天都一直认为，领导力是一种任何头衔都无法提供的内在能力：你要么是领导者，要么不是。我想起了一个有关温斯顿·丘吉尔的故事，他在参加私人晚宴时准备坐在长桌侧边，女主人注意到，连忙挽起他的手臂说："丘吉尔先生，您的位置在桌子的最前端。"丘吉尔立即回应："女士，我坐在哪里，哪里就是桌子的最前端。"这有点儿浮夸，但完全是事实。同样，无论我的头衔如何，我都是芝商所的老大——它的首席执行官。

直至今天，我一直坚信我的理念是正确的。我确保董事长的头衔差不多每两年轮转一次，当然每次都是轮转给我选择的董事会成员，这是为了确保芝商所的利益最大化，也是为了避免争吵和嫉妒。我们始终团结一致。在任何时候，董事会或世界上的任何人都不会怀疑我一直是事实上的董事长。这很可能是芝商所持续成长的因素之一。相比之下，芝加哥期货交易所董事会内部几乎每年都会发生激烈的斗争。正如芝加哥期货交易所长期

---

[1] 每一次都由我选择董事长候选人，并确保其获得支持。

以来的总裁、能力出众的首席执行官汤姆·多诺万（Tom Donovan）曾指出的："利奥·梅拉梅德持续掌舵芝商所，这是我们两家交易所最大的不同之处，也是芝商所成功的原因。"

是后退，还是前进

我在芝商所的管理工作始于 1967 年，在时任董事长罗伯特·奥布赖恩（Robert O'Brien）的手下担任董事会秘书。1969 年，我当选为董事长，此后虽然头衔几经变化，但我事实上一直履行董事长职责，直至芝商所与芝加哥期货交易所合并。此后，我扮演的角色自然轻松了许多。

1969 年成为董事长后，我试图向董事会成员明确，我不想停滞不前。

> 我不知是谁提出了以下警句，然而我敢肯定，你们以前都听过这句话或类似的话：逆水行舟，不进则退。
>
> 这句话的内在含义是指没有所谓的中间立场。在商业上，原地踏步相当于败退。我当然知道，任何大型企业、公司或机构，一旦做好充分的准备，就可以持续运转多年，并一直保持良好的状态。但是，事实上是当你开始裹足不前时，你就会落后。当利用惯性向前滑行的阶段结束，对成长和进步的需求再次显现时，你会发现自己已经动弹不得。在最好的情况下，你也会发现需要花费大量时间和精力来重新积蓄动能。简单地说，我相信大型企业本质上遵循运动和惯性的物理定律。重启肯定比延续更难。[1]

事情就这样发生了。虽然我完成了法学院的学业，甚至成功地从事法律工作大约 6 年，但我的心、思想和灵魂从未离开过期货的世界，也从未离开过芝商所的交易大厅。所以，不管是因为我的高中老师惠洛克女士让经济学这门学科看起来很迷人，还是因为我很轻松就能理解支配供需关系

---

1 利奥·梅拉梅德于 1969 年成为董事长时致董事会成员的信。

的经济学原理，甚至只是因为我产生了学习所有关于市场的论著的新爱好，总之我被迷住了。

我很快理解了期货对资本市场发展的内在贡献、其特有的风险管理功能对提升现货市场流动性的独到作用、其在价格发现中的内在价值，以及它对国民经济的整体贡献。总之，我就是悟到了。

此外，我有很多恩师——那些芝商所场内身经百战的老一辈专业人士。虽然其中许多人的外表和举止更像是19世纪50年代狄更斯小说里的角色，而不像一个世纪后金融机构中的人物，但他们还挺欣赏我这位年轻的法学院学生，有些人甚至对我关照有加。

第 8 章

意第绪语

MAMME LOSHN[1]，也就是意第绪语，是全世界犹太人的通用语言。然而对我来说，意第绪语不仅是一种交流工具。如前所述，我父母都是忠实的崩得成员——崩得运动将意第绪语视为建立有凝聚力的社会的基础。崩得敦促犹太人接受世俗民族主义，鼓励他们成为所在国家的公民，而不是作为与世隔绝的、宗教性的群体。

正如其领导人之一莫特尔·泽尔马诺维茨所定义的那样："崩得是民主和自由社会主义的愿景，不是作为教条，而是作为一种生活方式——一种如花环般融合了社会公正、国际主义和民族兄弟情谊的价值观。"[2]

崩得在比亚韦斯托克存在了很长时间，它的根基深厚，有着辉煌的历史。当波兰还从属于尼古拉二世统治下的俄罗斯帝国时，比亚韦斯托克是当时被取缔的崩得中央委员会的总部所在地。

我父亲是一个知识分子，也是一个不可知论者（请原谅我）。他和所有犹太孩子一样上了 chedar（传统的初等学校，教授犹太教和希伯来语的基础知识），但被崩得吸引，那是二战前在波兰和立陶宛各地发展的意第绪社会主义运动。他们是犹太生活方式开明的新卫士，为犹太人争取自由和平等并以意第绪语和文化为基础。

他们的导师是有史以来最有影响力的意第绪语作家艾萨克·雷布什·佩雷茨（Isaac Leibush Peretz），他从 1890 年定居波兰首都华沙起开始写作，

---

[1] MAMME LOSHN 是意第绪语，意为母语。
[2] Motl Zelmanowitcz, *Memories of the Bund, In Love and in Struggle*, New York, 1998.

第一次世界大战爆发初期去世。佩雷茨将意第绪文学塑造成打造民族凝聚力的工具。正如历史学家鲁思·R.威斯所描述的那样，佩雷茨带领犹太人"离开宗教，迈向世俗的犹太人生活，但不会陷入被同化的沼泽"[1]。佩雷茨通过文化、共同的历史记忆、崇高的道德标准、节日、音乐、文学、戏剧和歌曲定义了犹太人的身份——所有这些都以意第绪语表达。他宣扬犹太人必须告别"犹太村落"，也就是排他的犹太社区的生活方式，主动融入更广阔的社会。

不断成长的文化

我父母那一代人将佩雷茨的理想视为圣谕。在佩雷茨的影响下，华沙成为以意第绪语为基础的快速发展的现代文化中心。佩雷茨吸引了像我父母这样的知识分子，也吸引了数以百万计的追随者。因此，华沙演变成了充满热情与活力的世俗犹太人生活中心。

我父母所在的比亚韦斯托克意第绪语学校被命名为格罗瑟犹太学校，以崩得作家和理论家布罗尼斯拉夫·格罗瑟（Bronislaw Grosser）的名字命名。格罗瑟学校享有第一个获得波兰政府认可的殊荣，这意味着它的毕业生可以进入波兰高中。这是波兰历史上的决定性时刻，表明人们在很大程度上接受了犹太文化和波兰文化的融合。作为一名数学家，父亲发表的作品获得了认可，并被波兰一些意第绪语学校采用。尽管反犹太主义仍然盛行，在波兰和俄国各地都发生了邪恶的大屠杀，但比亚韦斯托克在推动文化平等方面遥遥领先。父亲也是一个专制者——他定的规矩一定要遵守。神奇的是，几乎家里所有坏了的东西，他都会修。值得炫耀的是，我们家的室内管道系统就是父亲自己安装的。

然而，他的世俗主义观念根深蒂固。多年后在我女儿的婚礼上，父亲再次拒绝了戴圆顶小帽的仪式习俗，就像他曾经在比亚韦斯托克所做的那样。我一度努力尝试说服他暂时抛开原则，为了他唯一的孙女。同时，我

---

[1] Ruth R. Wisse, *I. L. Peretz and the Making of Modern Jewish Culture*, University of Washington Press, 1991.

母亲又是一个敏感且富有同情心的人。俗话说，扫地不伤蝼蚁命。但作为家里为生计做出同样多贡献的人，她从不掩饰自己的意见，她也是平等理念和妇女选举权最早的支持者之一。母亲还是一位才华横溢的教师，对人们的感受和问题有着非凡的感知力。她去世多年后，她曾经的学生会在街上拦住我，告诉我他们有多爱她。

作为犹太孩子的童年

二战前，我会说意第绪语和波兰语。由于父母的信念，我们在家里从不说意第绪语之外的其他语言。我13岁生日那天，父母没有在犹太教堂为我举行传统的犹太成人礼，而是策划了一个庆祝活动，要求我用意第绪语写下自传，然后大声为受邀的宾客们朗诵。该事件还登上了犹太报纸。

我用意第绪语朗诵的天赋没有因混入英语单词而折损，这促使父母鼓励我表演犹太诗歌朗诵。他们安排我出席宴会、庆典等犹太文化活动。在父母的指导下，我花了大量精力准备诗歌朗诵，并练习正确地表达诗人们的词句与内涵。

这些公开活动让我在当地小有名气，我还以演员的身份登上芝加哥合法的犹太舞台，并参演犹太广播电台的肥皂剧节目。随后，当芝加哥意第绪语戏剧组织在迪娜·霍尔珀林[1]的指导下成立时，我骄傲地成为其终身成员。这使我成为一名业余意第绪语演员，并得以与莫里斯·施瓦茨（Maurice Schwartz）、莫莉·皮肯（Molly Picon）和迪娜·霍尔珀林等知名的犹太演员一起在芝加哥戏院的作品中扮演角色。

多年来，我一直在周五晚上的犹太广播肥皂剧中扮演固定角色。在犹太人的圈子里，我从10岁起就被认为是神童——天才演员利奥。我甚至半认真地考虑过去好莱坞发展。我最难忘的时刻之一是参加由意第绪科学研究所赞助的纽约大型音乐会，西奥·比凯尔（Theo Bikel）是主要表演者，他演唱了几首意第绪语歌曲。在我朗诵了著名犹太诗人卡迪亚·莫洛多斯

1　迪娜·霍尔珀林（Dina Halperin）于20世纪20年代在著名电影《恶灵》（The Dybbuk）中首次亮相。

基（Kadya Molodowsky）的意第绪语诗歌后，台下掌声雷动，比凯尔走上舞台，在观众面前拥抱我，大声说道："太不可思议了，为什么之前我没认识你。"

我知道我已非常擅长公开演讲。观众越多，我的情绪越高涨。许多人告诉我，我和他们见过的专业演讲者一样出色。在许多犹太人大屠杀纪念活动中，我是指定的诗歌朗诵者——全美有无数此类纪念活动。

造访以色列

我完全继承了父母对意第绪语的热爱，这一点在1974年年初我第一次去以色列时就很好地被证明了，当时第四次中东战争刚结束。我为犹太联合基金筹款时产生了去以色列的想法，随后不久，就带领一个代表团前往。

这次旅行的亮点是参观军事掩体，还有由总理果尔达·梅厄（Golda Meir）亲自主持的以色列议会举办的午餐会。由于以色列政府更偏好使用希伯来语，而压抑了意第绪语的使用，所以我父母坚持要我问总理怎么能允许这种情况发生，何况她自己就精通意第绪语。这是一项艰巨的任务，但我答应如果情况允许的话，我会询问一下。后来午餐会被取消了，但我有机会和果尔达一起待大约20分钟，这个时间足够提问了。我提问后，她愤怒地回答道："告诉你父母，那是本·古里安[1]干的，不是我。"

随着时间的推移，我们家成为犹太知识分子的聚会地，经常还有访问芝加哥的文学界知名人士参加。最令人难忘的活动之一是欢迎伟大的犹太诗人、维尔纽斯犹太人社区的大屠杀幸存者阿夫罗姆·苏兹凯维尔（Avrom Sutzkever），父母坚持让我在聚会上朗诵他最震撼人心的大屠杀诗歌——《钢铁男孩》（The Boy of Steel），并花了很多时间和我一起准备。

我朗诵完之后，坐在我正对面的苏兹凯维尔起身抱住我，低声说这首诗的故事是根据真实事件改编的。它发生在战争结束几个月后，当时苏兹

---

[1] 本·古里安（Ben Gurion）是以色列的第一任总理。——译者注

凯维尔正走在维尔纽斯郊外一条饱经战火摧残的荒凉小路上,突然,他看到一个十三四岁的小男孩从远处向他跑来[1]:

> 额头烧灼着所罗门封印,
> 头发缠结如荆棘丛生,
> 眼睛像春日未化的寒冰,
> 破布下裸露蜡黄的肋骨,
> 男孩支撑着扭曲的手杖踽踽独行,
> 沿着柯林斯堡小道匆匆赶路。
>
> 高大的柳树倒映在水中,
> 矢车菊在茎秆丛里摇曳,
> 男孩拄着手杖,快步向前,
> 绿树红花不属于他……
>
> 时不时地
> 他把头转向身后,
> 像鸟儿在寻找——风暴还有多远……
> 他仍然想象着——他正在被追赶。
>
> 我们相遇了,
> "告诉我,孩子,你为何如此匆忙?
> 谁在家中等你,爸爸还是妈妈?"
>
> 他愣了一下,
> 仿佛世界突然陷入日食。

---

[1] 对于不懂意第绪语的听众,我将自己最喜欢的几首诗翻译成英文,并在我朗诵前将译文分发给大家。

"没有人，"他回答，
"听说维尔纽斯有一所儿童学校。
我要去那里。
它离这儿远吗？"

我们一起登上山丘，
我为他指明前行的方向。

他把他的一切装进袋子，
穿过枝条和石块匆匆离去。

我远远地对他喊：
"年轻人！年轻人！
那你，你自己呢——
你从哪里来？来自哪里？"

像余烬再次炽热，
他的皱纹出乎意料地亮了起来，
唇角浮现一抹微笑，
他的眼睛闪耀着蓝金色，
声音中突然涌现出无畏：
"您问我从哪里来？来自哪里？
先生，我生于钢铁。"

第 9 章

良知委员会

我父亲于 1990 年 10 月 15 日去世,母亲则逝于 1993 年 2 月 22 日。在父亲的七日丧期[1],许多人从美国各地赶来表达他们的敬意,其中有很多我不记得的人。一位绅士握了握我的手,并自我介绍名叫本杰明·米德(Benjamin Meed)。我不记得我认识他,直到他解释说他曾是一名华沙犹太区抵抗运动战士,原名贝尼明·迈济尔采基(Benyomin Miedzyrzecki),是瓦拉德卡(Vladka)的丈夫。

瓦拉德卡·米德原名费格尔·佩尔特(Feigele Peltel),在华沙犹太区的犹太地下组织建立之初就是其少年成员。在我们家,她的名字有着近乎神圣的地位。瓦拉德卡的书《墙的两边:华沙犹太区回忆录》[2]已被翻译成 12 种语言。在书中,她描述了自己如何通过成为一名基督徒来抵抗纳粹统治。由于她具有典型的雅利安人外表、熟练掌握波兰语且足智多谋,她成为英勇的地下战士。

瓦拉德卡不仅越墙将武器走私给犹太抵抗组织 ZOB,还帮助犹太儿童逃离犹太人社区,到基督教家庭中避难。此外,她还帮助了躲藏在城市中的犹太人,并与劳改营中的犹太人建立联系。她甚至与森林中的游击队员交流。瓦拉德卡的功绩和英勇已成为犹太历史上的传奇。瓦拉德卡·米德于 2012 年 11 月 21 日在亚利桑那州菲尼克斯去世。

---

1 七日丧期(Shiva)是犹太教中为最近一级亲属的哀悼期。
2 *On Both Sides of the Wall: Memoirs from the Warsaw Ghetto*, Vladka Meed, Schocken Books Inc. (first published 1948). Published November 1, 1999.

恰当的纪念

当本杰明·米德问我会如何纪念父亲时,我告诉他我帮助出版了父亲在崩得的导师艾萨克·雷布什·佩雷茨的一套书,还向以色列的巴伊兰大学捐款,以我父母的名义开设了意第绪语课程。然而,米德先生说这还不够。当我问他有什么想法时,他建议我加入正在进行的在华盛顿特区建造美国大屠杀纪念博物馆的工作。

美国大屠杀纪念博物馆是吉米·卡特总统于1978年11月1日设立的委员会努力的成果,该委员会旨在为犹太人大屠杀中遇难的人们建立恰当的纪念建筑。出生在罗马尼亚的美国作家、政治活动家、诺贝尔奖获得者和犹太人大屠杀幸存者埃利·威塞尔被任命为主席(后来成为博物馆的创始主席)。该委员会于1979年9月27日发布了一份报告,提出纪念工作由三个部分组成:纪念博物馆、教育基金会和良知委员会。此外,它还呼吁设立官方纪念日。

乔治·布什总统给了我必要的提名,后来比尔·克林顿总统又对我重新任命,于是我很快被任命为博物馆执行委员会成员,并在此后15年间为其服务。

克林顿总统于1993年4月22日正式宣布博物馆开放,馆址位于国家广场上多处国家纪念建筑之间。如其网站信息所述,美国大屠杀纪念博物馆"提供了关于自由的脆弱性、进步的神话及在维护民主价值观方面保持警惕的必要性的深刻教训。凭借其独特的力量和真实性,博物馆每年教导数百万人了解不受约束的仇恨的危险性,以及防止种族灭绝行为的必要性"。

自开馆以来,博物馆接待了近4 000万名参观者,其中包括1 000多万名学生、99位国家领导人和来自211个国家或地区的3 500余名官员。博物馆的参观者来自世界各地,犹太人仅占不到10%。

在美国首都建立的大屠杀纪念博物馆,掀起了在全美和世界各地建立类似博物馆的浪潮。我参观过其中的许多个,并且特别为在芝加哥郊区斯科基创建的博物馆感到自豪,它被命名为伊利诺伊州大屠杀博物馆和教育中心。创建博物馆的大部分初始资金来自现任伊利诺伊州州长 J. B. 普里茨克（J. B. Pritzker）。和其他博物馆一样，它展示了描绘欧洲犹太人恐怖遭遇的图片和纪念物。正如其名称所示，它是作为警示仇恨、歧视和反犹太主义的教育设施而被创建的。

筹建委员会

除了成立良知委员会，威塞尔的大部分建议都已落实，良知委员会的任务是唤醒国家良知、影响决策者，并努力制止种族灭绝行为和其他反人类犯罪。阻碍其成立的关键原因是，有些人认为这样一个委员会可能会违反美国国务院与被博物馆指控犯有种族灭绝罪的国家之间的秘密协议。有人认为，这种情况对博物馆和所有犹太人来说都不是好事。我不接受这样的逻辑，并向埃利·威塞尔表达了我的观点——他鼓励我去实现这一想法。

同时，我私下向威塞尔解释说，我不愿将自己视为幸存者，因为我的小臂没有被文上号码。威塞尔先生只是笑着说："你被纳粹俘虏并逃脱了，所以你就是幸存者。"

博物馆开馆后不久，我创立了一个特别委员会，仔细研究建立永久性的良知委员会所遇到的障碍。我不能接受全职职位，所以我成为委员会的副主席，罗格斯大学伊格尔顿政治研究所主任鲁思·B. 曼德尔（Ruth B. Mandel）教授成为委员会主席。

世界上没有哪个组织比美国大屠杀纪念博物馆更有资格充当反对种族灭绝的前哨，我对此抱有坚定不移的信念。这种信念的另一个强烈支持者是埃默里大学现代犹太历史和大屠杀研究教授德博拉·埃丝特·利普斯塔特（Deborah Esther Lipstadt）。利普斯塔特教授因创作了《否认大屠杀》（*Denying the Holocaust*）和《艾希曼审判》（*The Eichmann Trial*）这两本书为人所知。好莱坞电影《否认》（*Denial*）也是根据利普斯塔特的《审判的历史》（*History on Trial*）一书改编并于 2016 年上映，该书戏剧化地展现了她在英国的一起诽谤诉讼中战胜大屠杀否认者戴维·欧文（David Irving）的事。

虽然耗费了数年之久，但我最终成功了。在对抗反对意见的最终努力中，我邀请了一位美国国务院官员参加委员会会议。我不记得那位官员的名字，但她的爱尔兰口音很明显。她说话直截了当，猛烈抨击那些害怕触犯国务院的人。"我们希望有人来得罪我们，"她大声说，"我们需要有人这样做。我们必须防止种族灭绝再次出现，世界上没有谁比美国大屠杀纪念博物馆更有资格担此责任！"

良知委员会成立于 1996 年，是美国大屠杀纪念博物馆的常设委员会，现已成为博物馆的主要支柱之一。

比亚韦斯托克的烈士

我很快接受了美国文化和全新的生活方式，但这对我父母来说很困难。在很多层面上，他们仿佛从未真正抵达美国。相反，他们与生活在美国版犹太文化中的人们结交并形成圈子，说意第绪语是他们共同的标志。战后，我提出安排一次家庭寻根之旅，回我们的故乡比亚韦斯托克，但父亲拒绝了，他悲伤地说："我们在那里已经什么都没有了。"他是对的。

欧洲犹太人需要一段时间才能理解那野蛮的真相。理解已经很难，更不用说接受了。那些被普遍认为是文明人类的德国人，竟然谋杀了整个种族。这个概念是疯狂的。

华沙犹太人起义发生于 1943 年 4 月 19 日，并一直持续到 1943 年 5 月 16 日。对犹太人来说，这次起义被赋予了崇高的地位，与《圣经》历史上其他著名的犹太战争具有同等重要的意义。犹太战士们已做好战死沙场的准备，在胜机渺茫的情况下，没有接受过任何军事训练的他们给德国人造成了重大伤亡，成功迫使入侵者撤离犹太区重新集结。但是结局早已注定，德国国防军经过了 28 天的激烈战斗，投入全部力量，使用坦克、大炮和战斗机对犹太区进行了轰炸，最终镇压了抵抗者。

华沙犹太人起义前 6 个月，即 1942 年 11 月，26 岁的政治活动家莫迪凯·特南鲍姆（Mordechai Tenenbaum）根据华沙方面的计划，被华沙犹太战斗组织派遣到比亚韦斯托克犹太区，组织抵抗运动。特南鲍姆抵达后，说服比亚韦斯托克的领导人相信了令人难以置信的事实,即德国人打算谋杀他们所有人。同时,他提出一条强有力的、带有预言性质的口号:

让我们如英雄那样倒下,即使我们死去,我们仍将长存。

然而,有两个棘手的问题:队伍不团结和缺少武器。犹太区的斗争陷入孤军奋战,无法指望波兰地下力量提供任何帮助。在华沙,武器要么得从德国军械库中偷取,要么得在犹太区外高价购买,只有手榴弹可以自制。特南鲍姆通过努力,成功地统一了各种地下派系,其中包括崩得分子、犹太复国主义宗教派别和其他一些组织。随后他们成立了比亚韦斯托克犹太自卫组织,新组织发布了如下宣言:

不要成为待宰的羔羊!为你的生命战斗至最后一息……记住历代犹太战士、烈士、思想家、建设者、先驱和创造者的榜样和传统。上街投入战斗吧!

1943年8月15日周日晚上,这一号召得到了人们的响应。两天后,比亚韦斯托克陷入围城战。这是纳粹占领下的波兰爆发的第二大犹太起义。

比亚韦斯托克起义

在莫迪凯·特南鲍姆和丹尼尔·莫斯科维茨(Daniel Moszkowicz)的率领下,三五百名起义者装备25支步枪、100支手枪、自制手榴弹和装满酸液的瓶子袭击了德军。起义的主要目标是阻止犹太人被大规模放逐到死亡集中营,并让尽可能多的犹太人逃到邻近的克内申森林。战斗持续了6天,德国人使用坦克、大炮和飞机镇压了起义。非官方数据和目击者的说法表明,纳粹死伤约100名士兵。

一位起义英雄的名字与我父亲的名字非常相似,他叫伊乔克·马尔梅德(Icchok Malmed)。在向一些特别野蛮的纳粹士兵脸上泼酸后,马尔梅德束手就擒了，因为德国人以射杀 1 000 名犹太人作为报复相要挟。他被处以绞刑，在以他的名字命名的马尔梅德大街设有纪念他的牌匾。

关于比亚韦斯托克起义的消息很快就传到了我父母和他们的崩得分子朋友那里。事实证明，那既令他们骄傲又让他们哀伤。那几周，人们没有讨论其他事情。华沙犹太人起义让人产生了一种无比自豪的感觉，比亚韦斯托克起义则让人沉浸在巨大的悲痛之中。我父母认识一些阵亡战士的双亲。

华沙犹太战斗组织的领导人莫迪凯·阿涅莱维奇（Mordechai Anielewicz）无法预见华沙犹太人起义和比亚韦斯托克起义的全部意义，但他感觉到其影响将远远超出几份军事报告和伤亡统计。在一次反抗行动中，阿涅莱维奇和其他几位英勇的同僚拒绝被活捉，在华沙米拉街的掩体中结束了自己的生命，这让人想起近两千年前犹太抵抗者在梅察达的英雄事迹。牺牲前两周，阿涅莱维奇在 1943 年 5 月 8 日的最后一封信中写道："我觉得伟大的事情正在发生，我们勇敢采取的行动具有重大意义。"[1]

关于起义的消息激励犹太人在其他地方也展开地下抵抗。60 多个犹太区和大约 100 个地区发生了起义，例如科夫诺[2]、维尔纽斯、明斯克、比亚韦斯托克、拉赫瓦、新格鲁多克、卢布林和克拉科夫。[3] 在包括特雷布林卡、索比堡和奥斯威辛／比克瑙在内的灭绝营和集中营也爆发了起义，人们无惧几乎确定的残酷报复，顶着栅栏、警卫塔、机枪、探照灯和恶犬进行反抗。[4] 这从另一角度证明，华沙犹太人起义和比亚韦斯托克起义将永远令世界各地的犹太人引以为豪，其影响不可估量。

---

[1] 大屠杀期间的抵抗行动，美国大屠杀纪念博物馆。

[2] 科夫诺是考纳斯的旧称。——编者注

[3] 在当地犹太战斗组织 FPO 发布宣言呼吁剩下的 14 000 名犹太人抵制驱逐后，维尔纽斯的武装起义于 1943 年 9 月爆发，由伊扎克·维滕贝格（Itzak Witenberg）指挥，他死后则由 23 岁的阿巴·科夫纳（Abba Kovner）继续指挥。最成功的有组织的抵抗是由明斯克的地下组织成员发起的，他们帮助 6 000~10 000 人逃往附近的森林。拉赫瓦的犹太人缺少枪支，于是他们在犹太区燃起大火，并用斧头、刀子、铁棍、干草叉和棍棒袭击德国人。资料来源：美国大屠杀纪念博物馆。

[4] The Holocaust Chronicle, Publication International, Ltd., Louis Weber, CEO, 2000.

每年 4 月 19 日，即当年华沙犹太人起义的日期，举行纪念战士的活动已成为全世界的一项重要传统。在美国，圆形大厅每年都会举办纪念活动，美国海军合唱团用意第绪语演唱游击队之歌——《不要说这是你的最后一次行军》（Zog Nisht Keynmol Az Du Geyst Dem Letzten Vog）。我经常在这样的活动上发言。在比亚韦斯托克犹太人居住区起义 75 周年之际，我应波兰官员和比亚韦斯托克官员的邀请，在纪念活动中发言。

第 10 章

自由市场

法学院的学习难度很大，但我乐在其中。在我看来，学习法律可以为从事几乎所有的职业提供足够的准备。它教会了我思考，还教会了我如何快速找到问题的症结并了解对方。在与一大群人（比如交易员）打交道时，这种能力十分宝贵，因为他们持有不同的观点且固执己见，必须将其协调一致。换句话说，我相信进入法学院学习是为走上领导岗位做准备的最佳途径，当然我对其他教育途径毫无贬损之意。如果没有在约翰·马歇尔法学院接受教育，我能否取得现在的成就是非常值得怀疑的。

在学习宪法课程时，我顿悟了。我当时最喜欢的课题是个人权利与国家权利的冲突。这些思想给了我理解资本主义的钥匙，并且实质上赋予了我全新的思维方式。我父亲的社会主义观念聚焦于直接改善整个社会，资本主义则侧重于改善每个个体的福利，以此最终实现全社会福利的提升。两者之间存在巨大的差异。

关于哪套体系运行得更好，事实说明一切。只需将20世纪50年代美国的生活水平与世界其他大部分地区比较，真相就显而易见了。这让我这位年轻的美国爱国者意识到，父母的社会主义信仰与美国成功故事的本质是背道而驰的。

自由市场的精髓

正如米尔顿·弗里德曼所讲的那样，美国的自由市场理想诞生于《独立宣言》。当时，托马斯·杰斐逊和他的革命伙伴宣称，每个人生来就拥有生命权、自由权和追求幸福的权利。巧合的是亚当·斯密于同年（即1776年）在大洋彼岸完成了经济学巨著《国富论》。

在随后的两个多世纪中，美国革命者的后代将这两种理想融合在一起，与涌向美国海岸寻求自由的移民潮一起，取得了前所未有的成果——创新的大熔炉。它们的独特之处结合起来，成就了自由市场理念。

要了解这一结果是如何产生的，以及为什么会产生，就必须认识到，美国的自由市场理念不仅是一项赋予个人在不受胁迫或政府干预的情况下生产产品、提供服务的权利的经济原则。正如英国经济学家弗里德里希·哈耶克所阐述的："它是一种社会哲学，包括了伦理、道德价值观、法学、思想和生活方式。"资本主义在美国的自由市场理念中得以体现：它们是一体的，其核心是自由，即根据自己的判断行事的权利，对抗陈旧观念和审视新思想的权利，以及试验和探索并在失败时无须感到耻辱的权利。

犯错的权利和获得另一次机会的权利，是资本主义最重要的元素之一，也是美国的传统。在资本主义制度欠发达的国家，一次失败往往决定了你的整个未来。但我们相信失败可以成为最终成功的动力，这意味着当我们的国家受到战争、经济衰退甚至大萧条的打击时，美国人会挽起袖子，按下创新按钮，充满热情地去战胜灾难。以下是"经济学家"洛奇·巴尔博亚在影片《洛奇》中的描述：

> 世界并不全是阳光和彩虹，这是一个非常卑鄙和肮脏的地方，无论你有多坚强，它都会将你打击至双膝跪地。如果你不反抗，它就会让你永远待在那里。生活给人的重创是你、我、任何人都无法匹敌的。但关键不在于你受到多重的打击，而在于你能扛住多重的打击并继续前进。你能承受多少，保持前行，这就是胜利的秘诀！

比尔·盖茨会认同上述观点，他曾从哈佛大学辍学，还曾与保罗·艾伦共同拥有Traf-O-Data交通数据公司，但这家公司毫无发展。不过，盖茨具备两个得天独厚的条件：一是他身处资本主义之都，二是他对计算机编程充满热情。最终，他创建了微软。

再比如亚伯拉罕·林肯，他在1836年精神崩溃，又在1856年竞选总统时落败。美国在1861年又给了他一次机会，这次他赢了。

提供思考、发明和试验的自由以及失败的权利，这是自由市场理念的总体成果。它吸引了投资，并使美国在创新方面位居世界第一。20世纪就是很好的例子，一些最重要、最令人震惊的发明——不管是在太空探索、信息技术还是在医学进步等领域——都带有美国印记。

但是，如果没有学界、政界和商界——当然还有经济学界——思想领袖的贡献，自由市场理念就不会实现。纵观历史，总有一些时代巨人，比如：美国第一任财政部长亚历山大·汉密尔顿，他用经济学方面的专业知识设计了我们的金融体系；苏格兰哲学家、历史学家和经济学家大卫·休谟；另一位苏格兰经济学家和哲学家亚当·斯密，他被称为"资本主义之父"；英国经济学家约翰·梅纳德·凯恩斯，他的思想从根本上改变了宏观经济学的理论和实践。

自由选择

1976年诺贝尔经济学奖获得者米尔顿·弗里德曼就是时代巨人中的一位，他在20世纪下半叶主导了经济学的学术思想，并成为有史以来最伟大的经济学家之一。在芝加哥大学的讲坛上，他弘扬自由市场资本主义。米尔顿·弗里德曼最广为人知的成就就是推广货币主义，这种方法论建议通过控制货币供应量来稳定经济。在这方面，他与约翰·梅纳德·凯恩斯不同，后者主张通过增加政府支出和降低税收来刺激需求，并使经济脱离泥潭。

除了经济学理念，米尔顿·弗里德曼对公共政策也有立场鲜明的见解，他始终将重点放在捍卫个人自由上。他在20世纪70年代英勇地倡导将美国军队转变为全志愿部队。他和他的妻子罗丝（也是一名经济学家）成立了米尔顿和罗丝·D.弗里德曼基金会，致力于优化父母对孩子就学地点的选择权。他们支持"择校"运动，增加历史上处于不利地位的学生的入学机会，从而增强教育成果。"择校"运动提供了包括公开招生政策、磁石学校[1]和特许学校在内的多种选项。

多年来，弗里德曼赢得了无数崇拜者，其中重要的一位是才华横溢的电视制片人鲍伯·奇泰斯特（Bob Chitester），他有创意，也有实现它的资源、精力和决心。他与弗里德曼夫妇一起构思了享誉国际、屡获殊荣的美国公共电视网 10 集电视连续剧《自由选择》(Free To Choose)，它于 1980 年 1 月 11 日在美国首映，改变了世界的行进方向。弗里德曼教授在剧中解释了市场运作的基本原则及其与个人自由、政治自由和经济自由的关系。

《自由选择》以弗里德曼独特而简练的语言为复杂的经济学问题提供了答案，例如他列举了生产一支铅笔所涉及的所有组件、国家和数以千计的人员。这支铅笔体现了自由市场全球化的美妙之处，它提供了利润激励和合作机制，促成了铅笔的生产。正如弗里德曼解释的那样：

> 没有人坐在中央办公室里指派成千上万的人制造铅笔，也没有宪兵强制执行那些未被下达的命令。这些人生活在不同的地方，说不同的语言，信奉不同的宗教，甚至可能彼此憎恨，但种种差异并没有阻止他们合作生产铅笔。这是怎么发生的？亚当·斯密在 200 年前就已告诉我们答案。

《自由选择》确确实实地压倒了那些根深蒂固的、错误的市场观念，俘获了数百万观众的心，并告诉他们为什么自由市场理念是文明发展中最具统治力的经济制度。这档节目取得了巨大的成功。

理念付诸行动

40 年后，2010 年 10 月 13 日，弗里德曼口中的奇迹铅笔出现了一个最引人入胜的现实例子：33 个人被困在智利矿井中 69 天后，穿越 2 041 英

---

[1] 磁石学校（magnet school）指以特别的课程设计与教学方式吸引各种背景的学生的一类学校，不设置学区和入学条件，最大限度地因材施教。——译者注

尺[1]距离，安全返回了地面。在有文字记载的历史上，没有人被困在地下这么长时间还能生还。《华尔街日报》报道称："智利矿工获救应归功于自由市场理念。""救援工作，"《华尔街日报》称，"是人类信仰、独创性和工程学的惊人壮举。"为救援做出贡献的包括从矿工及其家人到美国国家航空航天局等团体，包括来自美国 Center Rock Drill 公司的专家，以及源自德国、日本和韩国的创新，当然还有智利自身的努力，最终创造了奇迹。

毫无疑问，这不仅是自由市场的胜利，也是华尔街的胜利。如果缺少鼓励投资、形成资本、承担风险和提供大量金融资源的能力，自由市场可能永远不会繁荣。互联网、谷歌、微软、苹果、脸书、亚马逊、优兔、飞机、原子能、抗生素，甚至芝商所国际货币市场（IMM）及其他企业，都是受自由市场理念启发的美国点子，并且由美国商业界和华尔街最大程度地为其背书。

哦，还有一件事，可以说自由市场理念改变了文明的进程。自由和民主的进步、思考和探索的自由、妇女权利的提升、高等教育机构的进步、关于人类尊严的权利、令人难以置信的技术突破、预期寿命的延长、太空探索、其他主体接受美国法理作为样板，等等，都可以直接追溯到美国的自由市场理念。

自由市场理念的稳步发展

随着时间的推移，世界认识到了自由市场理念的价值。它成为被压迫者的灵丹妙药和被奴役者的武器，以及那些梦想自由、渴望自由的人的范本。而且，正如哈耶克指出的，经济自由可以成为实现政治自由的途径。在很多国家都可以看到自由市场理念的基本原则：在法国，这一理念化身为自由、平等、博爱；在日本，1947年宪法强调了生命、自由和财产；在加拿大、澳大利亚和新西兰的宪法中，也可以找到类似的内容。

逃离纳粹30年后，我将美国宪法、米尔顿·弗里德曼的自由市场哲学、

---

[1] 1英尺=0.304 8米。——编者注

哈耶克对资本主义的定义及我父母的实践智慧中蕴含的重要经济原理结合起来,并在芝商所交易大厅将它们转化为现实。

  当我运用自己的才能建设芝商所时,我从未忘记一个事实,即正是在美国这个充满机会的勇敢者家园,我才获得了进入期货世界的机会。正是在这里,一个逃离纳粹的孩子、一个来自比亚韦斯托克的难民,在美国没有根基,没有财富,没有适当的认证,也没有权势或影响力,却得到了登上其复杂结构顶峰的机会。这在其他国家是不太可能的。

第 11 章

芝商所

当我在 1952 年开始从事跑腿员工作时,创立芝商所的元老们的最好时光已经过去。这些人可以比肩臭名昭著的华尔街强盗贵族,也已经享受过属于他们的荣耀时刻。取而代之的是第二代交易员,他们成了新的元老派:创始人的儿子、姻亲、亲戚或亲密伙伴。[1]

虽然芝商所被称为"犹太人交易所",但其实其犹太会员的数量从未超过 30%。不过,当芝商所不可避免地被拿来与芝加哥期货交易所进行比较时,这种说法似乎是适当的。芝加哥期货交易所是芝商所之外,芝加哥唯一的期货市场,恰好也是世界上最大的期货交易所。芝加哥期货交易所也有犹太人的份额,但更多的是爱尔兰会员,因此被贴上了"爱尔兰交易所"的标签。虽然两家交易所之间的竞争如今已成传奇,但那时对两家交易所进行任何比较都不大现实,因为芝加哥期货交易所的规模、交易量和世界知名度都大芝商所 100 倍。

好学的学生

我最早学到的市场方面的知识来自美林证券的交易台及其首席经纪人

---

[1] 其中包括索尔·斯通(Saul Stone)、萨姆和菲尔·贝克尔(Sam and Phil Becker)、哈里·雷德费恩(Harry Redfearn)、埃尔默·法尔克(Elmer Falker)、哈罗德·福克斯(Harold Fox)、萨姆和索尔·施奈德(Sam and Sol Schneider)、查克·博登(Chuck Borden)、乔·西格(Joe Seeger)、伊兹·穆尔马特(Izzy Mulmat)、迈尔斯·弗里德曼(Miles Friedman)、吉尔伯特·米勒(Gilbert Miller)、海·亨纳(Hy Henner)、威廉和伊兹·卡茨(William and Izzy Katz)。

约瑟夫·西格（Joseph Seeger），我对他既爱又怕。西格是一个强硬、严肃的荷兰人，他是交易所的重要力量，不仅因为美林证券是美国最大的经纪商、芝商所主要的业务来源，还因为西格当时是芝商所董事长。我与西格的伙伴经纪人肯尼思·伯克斯（Kenneth Birks）成为密友，他比西格年轻得多——他在我几十年后主导的收购中成为我的高级副手之一。

我从西格和伯克斯那里学到了关于交易所的基本知识：订单流、流动性、规则、交易礼节、交易执行、交易大厅流程和清算。我还了解到，虽然跑腿员处于阶梯的最底层，但他们对经纪人来说具有不可或缺的价值。跑腿员只是普通职员，公司柜台从客户那里收到订单后，由他跑腿（交付）给交易所中的经纪人执行，随后他又将已执行的订单从经纪人处送回柜台。在整个复杂体系中，跑腿员是防止经纪人犯错并为客户实现优质成交的第一控制点。一个好的跑腿员就像经纪人的另一双眼睛、耳朵和手，这需要跑腿员时刻保持警惕、观察市场，并记住经纪人手中现在有哪些订单。

我是一个热情好学的学生，很快就成了西格和伯克斯的得力助手。事实上，西格很快就开始每周给我一二十美元的现金奖励，以回报我的努力，对此我非常感激。当然，西格有多慷慨，就有多凶狠。有一次，由于一个特别严重的错误，西格把我们办公桌边上的一把钢制椅子扔向他的电话接线员和两个跑腿员。如果他投掷的精准度和他的愤怒程度一样高的话，那我的职业生涯可能就结束了。

当我开始工作时，芝商所位于南水市场的旧区早已被北富兰克林街110号的大型（75英尺宽，125英尺长）现代化交易大厅所取代。在早期，虽然交易活跃时也会开设专门的交易区域，但大部分交易都是通过挂满后墙的黑板进行的。黑板记录员们站在平台上，用粉笔在黑板上写下会员向他们喊出的买卖报价。

20世纪50年代至60年代初，芝商所的交易活动时断时续，在平静时期几乎没有交易。情况如此糟糕，以至于那些不玩金拉米或皮纳克尔[1]的人

---

[1] 金拉米（gin rummy）和皮纳克尔（pinochle）均为纸牌游戏。——译者注

专门设置了一间乒乓球室。导致工作低迷的因素之一是越来越明显的事实，即仓储鸡蛋是一种正在消失的商品。产蛋周期正在迅速缩短，因而对仓储鸡蛋期货合约的需求急剧下降。尽管如此，鸡蛋期货合约仍然是芝商所的支柱产品，洋葱期货合约紧随其后。还有人讨论开发猪腩期货合约。

一生的朋友

1955 年，我正式获得了法律学位，并与我的同学拉里·梅斯特（Larry Mayster）一同创立了一家律师事务所。后来我与亲密的好友莫里·克拉维茨（Maury Kravitz）一起重组了这家律师事务所，改名为梅拉梅德与克拉维茨事务所。莫里的显著特征之一是他的体型，他虽然个子不高，但体重一直在增加。我个人认为他致力于效仿诺贝尔文学奖获得者欧内斯特·海明威。倒不是说克拉维茨是一位伟大的作家，而是他对海明威冒险精神的向往：非洲的大型狩猎、西班牙的斗牛和佛罗里达的深海捕鱼。克拉维茨一样都没做过，但他拥有令人难以置信的想象力，就像沃尔特·米蒂[1]一样。在我的建议下，他与我的秘书莫娜·华莱士（Mona Wallace）恋爱并结婚。莫娜是一位非常聪明的女性，也是我另一位亲密的一生挚友。

克拉维茨经历过多次坎坷，他曾组建过一个"当月之剑"俱乐部，并为此与西班牙一家制剑公司达成了协议。还有一次，他完成了成为共济会成员的仪式。他还曾去游说塞米诺尔人成为我们的客户，就他们被窃取的土地对佛罗里达州提起集体诉讼。这个努力以惨败收场，就像他的许多冒险想法一样，但那从未阻止他继续冒险。

克拉维茨最终追随我去了芝商所，留下我的公司，以备向美国商品期货交易委员会注册。来到芝商所后，他的个人魅力使他非常受欢迎。他被黄金交易所吸引，在那里成为传奇的黄金经纪人——不过也有一些负面的事情。他还编辑发表了一份关于会员的八卦小报——《交易厅观点》（View from the Pit）。克拉维茨讲故事和靠魅力吸引别人的能力是独一无二

---

[1] 沃尔特·米蒂是《白日梦想家》（The Secret Life of Walter Mitty）的主人公，专指陷入幻想不可自拔的白日梦者。——译者注

的，他可以走进一个有 50 个他不认识的人的房间，然后结识他们中的大多数人，并成为"最好的朋友"。

然而，克拉维茨最知名的是他作为成吉思汗研究专家的身份，尤其是当他声称知道成吉思汗及其宝藏在 1227 年的埋葬地点。为此，克拉维茨前往乌兰巴托，将自己塑造为伊利诺伊州的印第安纳·琼斯，并说服蒙古国官员授予他探寻成吉思汗陵墓和宝藏的专有权。

1994 年，克拉维茨说服芝加哥大学考古系帮助他组织这样一个像科幻小说的项目。克拉维茨和蒙古国科学院成员 D. 巴扎葛（D. Bazargur）博士一同领导组建了前往吉隆坡的探险队。顺便说一句，克拉维茨提出给我 30% 的回报，希望我接管这个项目的运营。我礼貌地拒绝了。探险队最终一无所获。

试图平衡

虽然我们的律师事务所取得了成功，但我志不在此，我坚信自己的"白月光"是交易。从第一次闻到交易大厅的气味开始，我就被迷住了，我的梦想是在毕业之前就购买到会员资格。这里必须感谢我父亲，他在 1953 年借给我 3 000 美元，让我购买会员席位并进入这个陌生的世界。那几乎是他所有的积蓄，而且实际上他一直为儿子将成为一名律师而感到自豪，那是他最推崇的职业。当然，他让我保证芝商所会员资格不会影响我的学业，也不会妨碍我在毕业后成为一名律师。我遵守了这一承诺。

在我毕业后的 6 年里，我们的律师事务所取得了一定的成功，足以提供可观的收入。我能够在芝加哥郊外斯科基区购买住宅，养育一双儿女，并拥有一辆昂贵的科尔维特超级跑车，以满足我一直以来对高速驾驶的爱好。在那些年里，我试着同时干两件事，即从交易大厅赶赴法庭，或者去参加取证，然后再回来，但在内心深处，我知道这样只会妨碍我，让我在任何一件事上都难以取得成功。

另外，我的期货交易能力值得怀疑。我会在一段时间内连续做出非常成功的交易，但最终又把大部分盈利都亏掉。尽管如此，我对市场的迷恋从未消退，我开始相信交易需要全职投入。我的直觉也告诉我，在交易中我可以达到无限的高度，而当律师似乎有严重的局限性。弄清楚第二天市场走势的奥秘是令人兴奋的，具有无与伦比的吸引力，法律执业对我来说则很单调。

此外，我对如何将芝商所做大做强充满了想法。因此，成为一名全职交易员的目标从未远离我，我不可阻挡地痴迷于此，我也相信我的交易能力只有在我真正需要依靠它为生时才会盛放。我不断地与困境搏斗。我知道父母会强烈反对，对他们来说，他们的移民儿子没有权势和金钱，却能成为备受尊崇的律师，这是极高的成就，令他们无比自豪。最重要的是，我做出过承诺。但我肩上的魔鬼一直在低声说，我已经遵守过那个诺言，现在该是追逐梦想的时候了。

不要尝试在两场婚礼上同时跳舞——古老的意第绪谚语

有许多情况和事件导致我做出了影响命运的决定。以下就是其中一个例子，这一难忘的经历简直像阿博特与科斯特洛[1]的喜剧电影那么精彩。我在芝加哥郊区的西塞罗巡回法院做某人的代理律师，他的前任律师放任缺席判决发生。我去法庭申请重新审判，这个程序非常简单，只要是在缺席判决后90天内提出即可，但当案件被提上法庭时，你最好在现场。

当时我也持有鸡蛋9月合约的多头头寸。突然我紧张起来，决定将头寸平仓。大厅对面就有一个电话亭，谢天谢地，我有10美分硬币。信不信由你，那时打一个电话只需要10美分，但投入的币值必须不多不少。幸好我有3枚10美分硬币。

当我打电话给我做交易的米勒公司的柜台时，米勒老先生拿起电话。我有没有提到米勒先生老了？嗯，他有点儿迟缓，听力不好，还经常犯糊涂。我们的对话是这样的：

"嗨，米勒先生，我是利奥……"

---

[1] 阿博特与科斯特洛（Abbott and Costello）是20世纪四五十年代好莱坞标志性的喜剧二人组。——译者注

"你找利奥啊，我去看看……"

说完，米勒先生放下电话，去找我。我很沮丧，只好趁此机会去看看是否已经叫到我的案子。我发现并没有，就赶紧跑回电话旁，正好听到米勒先生说："利奥不在。"我还没来得及说什么，他就挂断了。

于是，我又跑去看看案子怎样了，再跑回电话亭使用我的第二枚硬币。米勒先生再次接起电话，我大声说："米勒先生，是我，利奥。"

但是没有用，米勒先生说："稍等，我去看看。"再一次，当他回来时，他说"利奥不在"，然后挂断了电话。

我仿佛生活在喜剧中，但我笑不出来。此时还没有叫到我的案子，所以我用了最后一枚硬币。这次我高喊道："米勒先生！别挂！我是利奥！"果然，米勒先生直接挂断了电话。

总而言之，我在法庭动议中胜出，但在鸡蛋头寸上损失了一大笔钱。

1965年夏，我在父母开车去度假后做出了影响命运的决定。我将律所所有权卖给了我的合伙人莫里·克拉维茨，并且没有要求他立即付款，我建议他确定我的股份价值后再付钱给我。事情敲定后，我成了一个快乐的人。

在33岁时，我开启了全职大厅交易员的工作。我父亲非常沮丧，他有一年多的时间几乎没有和我说话。直到有一天《芝加哥太阳报》图文并茂地报道我被选为芝商所董事长，情况才发生了质的变化。父亲终于认可了我的做法，并表示我的法律学位无疑会对我的新职位有所帮助。他永远是对的。

第 12 章

懦夫才讲规则

内部腐败

我到芝商所之前，这里常被描述为贼窝。虽然这并非毫无根据，但除了洋葱事件，相较于此前的某些全球性市场操纵案，芝商所涉及的操纵案影响都局限在当地。

尽管如此，它们的性质还是使芝商所经常沦为笑柄。例如 1939 年发生的一件事，据称是时任芝商所董事长迈尔斯·弗里德曼所为。当时，芝商所还使用着传统的黑板交易。每天早上，记录员在黑板上写下经纪商和交易员喊出的每个合约月份的买卖价格，全天实时更新报价，很公开透明吧。

弗里德曼先生平日温文尔雅，右翻驳领上每天都别着当日采摘的鲜花。在那个命中注定的早晨，他平静地走到列着鸡蛋 9 月、10 月、11 月和 12 月合约所有买卖报价的黑板前，大声地告诉记录员，他要买下所有卖盘。仅此一举，他逼仓了整个鸡蛋期货市场。

是什么促使他做出这一非同寻常的举动？当时无人知晓，后来事实浮出水面。原来作为芝商所董事长，他收到了美国农业部的机密通知，称农业部即将宣布一项全国性的校园午餐计划。这意味着未来几个月，政府将在市场上大量购买鸡蛋。弗里德曼想凭借这条内幕消息发笔横财。

芝商所紧急就此事召开了董事会会议。你要是以为弗里德曼会被开除或引咎辞职，那你就太不了解当时的芝商所了。毕竟这些董事会成员是芝加哥版的纽约强盗贵族，他们觉得懦夫才讲规则和道德。芝商所董事会决定,对弗里德曼多头操纵行为的惩罚是要求他出让部分盈利,以便董事会其他成员也能分享这笔不义之财——这惩罚可谓不痛不痒。

另一种常见的操纵行为是合谋逼仓,这是当时芝商所的一项不良传统。跟风者通过买入和持有与主要操纵者同方向的持仓,辅助配合其操纵行为。这样,操纵者就可以实际上超越交易所设置的持仓上限,而且这种共谋很难被举证查清,所以逼仓通常会奏效,价格会被推高至远高于合约内在价值或其市价的水平。

这些参与者通常已达成共识,所有人都会保持沉默,而且在操纵行为成功结束前都不会擅自退出,否则可能导致操纵行为失败(有时跟风者会狡猾地在即将出现问题前退出交易)。这样的囤积和轧空行为重复了一年又一年。事实上,要成功地执行此类操纵,通常需要和整个董事会或一两个董事会成员勾结。芝商所的老掌门人们保持沉默,可以想象他们从中获益了。

洋葱事件

1958年的洋葱事件背后有着一个宏大的操纵计划[1],这起事件几乎导致了芝商所关停。洋葱并不是唯一一种受到操纵的商品,20世纪50年代到60年代初,鸡蛋期货合约也成为潜在操纵者和囤积者的目标。这是我想要解决的问题之一。我上任时,芝商所作为风险管理机构的公众形象已崩塌,甚至被视为专为金钱世界中的职业骗子服务的腐败公司。我暗下决心,要努力改变这一切。

1955年秋,芝商所成员萨姆·西格尔(Sam Siegel)和知名洋葱种植商文森特·科苏加(Vincent Kosuga)合谋了一项操纵洋葱市场的计划。他们购买囤积了全美市场95%的洋葱现货,随后做多洋葱期货。数百万磅洋葱被运往芝加哥仓库,操纵者掌控了大部分洋葱供应,使得卖方不可能完成交割。通过控制现货供应和做多期货,他们将洋葱价格推上了天,逼仓

---

[1] 下一章将详细讲述这起事件。

了洋葱市场。

为了充分利用这些多头头寸，操纵者计划不仅要平仓手中的多头头寸，还要反过来做空洋葱期货。他们说服美国洋葱种植者（农民）购买洋葱期货，承诺将继续控制大部分供应以推高洋葱价格。这一消息在洋葱种植界传开，不出预料，农民们纷纷做多洋葱期货。

两位操纵者开始偷偷地向这些积极做多的农民和种植者出售洋葱期货，建立空头头寸。当操纵者成为期货市场上的大空头时，他们便反手算计了种植者，开始向现货市场大量投放原先囤积的洋葱，洋葱价格继而恐慌式下跌。1956 年春，一袋 50 磅[1]重的洋葱价格从 2.75 美元跌至 10 美分——比装洋葱的袋子价格还低。

勾结——国家的耻辱

毫无疑问，操纵行为发生时，芝商所的董事会是知道的。毕竟往芝加哥运送数百万磅的洋葱并储存在当地仓库的情况很难被忽略。人们相信，芝商所的管理层同操纵者勾结，或自己就是跟风者，在市场上持有利润丰厚的空头头寸。西格尔和科苏加在洋葱事件里赚了数百万美元，许多洋葱种植者却破产了。

为回应洋葱种植户的不满呼声，美国商品期货交易委员会的前身商品交易管理局举行了听证会。密歇根州众议员杰拉尔德·福特（Gerald Ford，美国第 38 任总统）提出了《洋葱期货法案》，提议禁止洋葱期货交易。时任芝商所总裁 E. B. 哈里斯反对该法案，称该提议是"烧掉整座谷仓去找一只老鼠"。我猜他说的谷仓恐怕是芝商所的董事会会议室，那里可是藏着一群老鼠。《洋葱期货法案》于 1958 年 8 月 28 日通过，几乎宣判了芝商所的死亡。

尽管芝商所向联邦法院提起诉讼，指控这项禁令不公平地限制了交易，但法官裁决驳回诉请，董事会未提出上诉。直至今日，洋葱仍是唯一被禁

---

[1] 1 磅 ≈ 0.453 6 千克。——编者注

止期货交易的商品。依我拙见，国会通过这项立法逾越了美国商业条款授予他们的权力范围，此举开创了一个限制美国境内自由交易的危险先例。更糟糕的是，当局并未对操纵者、芝商所董事会或芝商所本身采取任何行动。这是芝商所历史上最黑暗的一章，对会员构成了羞辱，并使公众信任降至历史最低点。

洋葱事件后，交易量大幅缩水，导致芝商所年复一年地亏损，年度赤字攀升至50万美元，这在当时可是个骇人的数目。会员费价格也相应下跌。1960年，芝商所董事会投票通过了一项前所未有的计划来维持会员费价格，授权交易所以3 000美元的单价购买席位——真是无奈之举。1964年，芝商所全年交易量约24.9万手，跌至二战后最低值。

也不是只有坏事！

这里我要将历史往后多翻几页，换个角度，站在未来看一看。

先来看看芝商所公开喊价的优点。交易日内，清算公司无法控制交易者在场内的行为，一切都基于信任。在公开喊价过程中，交易通过喊叫、手势或点头的方式进行。无论买卖双方最终在交易中是盈是亏，这些喊叫、手势或点头都如同由律师起草的书面保证。无恶意失误的概率低于3%，失误所涉及的损益通常由交易双方平摊，极少比例的失误最终交由仲裁委员会裁定。交易员说出的话具有约束力，这是公开喊价得以运行的唯一保障。

我的儿子乔丹（Jordan）是个出色的电影制作人，他制作了一部非常成功的纪录片《期货往事》（*Futures Past*），讲述了芝商所从公开喊价到电子交易系统Globex的变革。影片还详细介绍了他父亲（也就是我）的生活，以及我与交易员出身、转行做了电影制作人的儿子的相处。作为一名前交易员，乔丹完全有能力捕捉这个苦乐参半的时刻——这是几个世纪以来期货市场标志性的公开喊价时代的终结。在我带有偏爱的视角中，乔丹以一种无人能及的方式为后世记录下了这一刻。

再来看看芝商所里的平等文化。在我任职期间，我经营着一家名为黛尔谢尔投资公司（Dellsher Investment Company）的小型交易公司[1]。黛尔谢尔这个名字取自我和合伙人莫里·克拉维茨各自女儿的名字，我的第一个孩子叫伊黛尔（Idelle），克拉维茨的女儿叫谢里尔（Sheryl），合起来就有了黛尔谢尔。最初黛尔谢尔是克拉维茨和我共同购买的33英尺长带房舱游艇的名字。当我离开律师事务所时，我得到了这个名字的相关权利。

我和我任命的首席运营官瓦莱丽·特纳（Valerie Turner）一起经营黛尔谢尔投资公司。瓦莱丽之前是我的法律顾问，一直研究学习期货，并以铁腕风格管理公司。值得一提的是，瓦莱丽是黑人，她成为芝商所董事长名下一家受到芝商所认证的清算公司的首席运营官这件事引发了关注。借着这一任命，我在1967年向所有场内和清算会员发出信号——芝商所董事长在宣扬平等文化时是认真的。

有一次彩虹联盟[2]的代表杰西·杰克逊（Jesse Jackson）拜访了我，他表明来意，是为促进非裔美国人的就业。我请杰克逊先生来到芝商所长廊，坐下后，我让他看看楼下的交易现场，在数百名身穿蓝色或金色夹克的员工中，至少有三分之一是少数族裔。杰克逊先生微笑着站起来，和我握手道别，他说："这里不需要我继续宣扬使命了。"

这也是我个人努力的方向之一——确保芝商所雇用一定数量的少数族裔和女性，并将此举推广到会员公司。这和母亲对我的影响分不开。在我小时候，她就向我解释约翰·冯·席勒（Johann von Schiller）的人类普世兄弟情，也正是这一观念激发了贝多芬创作《第九交响曲》（又称"合唱交响曲"）的灵感。

无可争议的平等性

芝商所交易大厅的特点之一是其无可争议的平等性。即使它扩张为一家5 000多人的大型交易所，需要第二层楼来容纳所有市场交易员、经纪

---

[1] 多年后，日本樱花银行收购了黛尔谢尔的多数股权，公司因此更名为樱花黛尔谢尔（Sakura Dellsher）。
[2] 彩虹联盟是由著名民权领袖杰西·杰克逊成立的平权组织。

商及其员工，它仍保留着这一特征，我毫不谦虚地认为在这方面我功不可没。这可谓是美国例外主义的彰显。在公开喊价的交易环境中，除了极少数例外，最主要的目标是在公平、竞争和充分披露的框架内发现价格。别的都是次要的。

暂且不论交易者在交易所外的生活、人际关系、道德或别的问题，仅就场内的表现而言，奖赏确实都分到了按规经营、熟知供求经济原理的公司或个人手中。一个人的血统、家庭出身、身体状况和性别这些因素，相较于判断市场方向的能力，都显得不重要了。

在市场上成功与否并不取决于你是天主教徒还是犹太人、白人还是黑人、男性还是女性，也不管你的父母是谁、以何为生、来自哪里。你做对了、质量高、服务好，市场就奖励你；你做错了、质量低劣、服务差，市场就惩罚你。这里并非乌托邦，这个系统也存在缺陷和例外。但据我所知，在那个时代，没有其他私人部门的企业、机构或系统能做到像芝商所这样，消除种族、民族、宗教或性别上的偏见。

第 13 章

经纪商俱乐部

1960 年，也就是我成为全职交易员的 5 年前，我受邀加入了一个半隐秘的芝商所交易员组织，名为经纪商俱乐部。俱乐部的成员都一心寻求变革。我不记得它成立的确切日期，但 20 多位成员的目标都很明确：整顿交易所、选举出能消除腐败的董事会成员。

显然，我的律师身份加上我在公开演讲方面的天赋使我获得了认可，得以进入这个地下圣殿——后来芝商所的老一辈称我们这群人为"少壮派激进成员"。经纪商俱乐部的构成与当时的芝商所董事会形成了鲜明的对比。俱乐部成员都很年轻，与当局没有任何利害关系，经济上没有保障，而且他们在大多数情况下不怕失去什么。他们显然对现状不满意，并希望芝商所能够进步，改变其低劣的形象。

把我们和当时芝加哥另一家交易所——芝加哥期货交易所进行比较，芝商所简直就是个笑话。芝加哥期货交易所在国际上享有盛名，颇受尊重，而芝商所在某种程度上却被看作贼窝。洋葱事件更是印证了这一点。

芝商所董事会主要由交易所创始人的孩子、姻亲、亲属和密友组成。他们对芝商所的重大决策有话语权，财务有保障，对于交易所内部想要进行变革的提议，只是动动嘴皮子敷衍回应。事实上，他们对现状很满意。尽管洋葱事件后芝商所走了下坡路，但董事会的构成并没有改变——主要是因为他们拥有主要经纪公司和外部会员的投票。他们的年度改选往往只是延续过往的结果。

经纪商俱乐部里还是有一些知名人士的，能让俱乐部稍微站得住脚。

其中一位是罗伯特·J.奥布赖恩，他是芝商所的创始公司麦卡锡合资公司[1]一位高层领导者的女婿。我帮助他成为经纪商俱乐部的非官方主席，我们也因此迅速熟络起来。俱乐部成员通常是秘密碰头，因为没人愿意和董事会明面上对着干。我们常在酒店房间里聚会，每人付20美元房费。

我们暗地里的努力在20世纪50年代后期取得了一些成效，几位年轻的新董事被选入董事会——尽管他们不是俱乐部成员。我们最大的成就是**揭露了董事会一些为自身利益服务且与交易所利益相悖的决策**。这在董事会和经纪商俱乐部之间形成了一种更加公开对抗的气氛，并一直延续到60年代初，但没有产生什么实质性成果。董事会继续控制着芝商所，不太关注场内参与者的想法及经纪商俱乐部提出的异议。他们只想维持现状，也做到了这一点。

解决最低参会人数问题

有奥布赖恩撑腰，我向俱乐部成员解释说，要真正实现变革，必须修订芝商所的章程。因为芝商所的架构和规则确保了只有董事会说了算，我们必须就此做出改变。芝商所有500名注册会员，其中只有大约一半是活跃参与交易所日常管理并经常到交易大厅来的，剩下的一半要么在外地，要么是商业实体，要么是从亲属那里继承了席位，要么是没有动力活跃起来参与交易所管理。

芝商所的规则是大约40年前制定的，其设计意图是将控制权完全交给创始人。规则规定，举行正式的会员大会所需的最低人数为300名会员，即会员数量的60%。因此正式的会员大会几乎不可能召开。事实上，1927年制定规则以来，就没有举行过正式的会员大会。年度会员大会确实举办过，但从未达到最低人数要求，因此也就无法做出正式的决议。如果最低参会人数不合理，会员们就无法做成任何事情。

虽然我当时很年轻，是位相对缺乏经验的律师，但我有力地提出，除

---

1 麦卡锡合资公司（JV McCarthy & Company）后来成为知名的奥布赖恩公司。

非最低参会人数降至一个合理的数字，否则会员们无力做出任何改变。我的观点很明确，也赢得了许多会员的支持。董事会在听到这个观点时，觉得是个笑话，他们的回应是："董事会不需要做任何他们不想做的事情。"降低最低人数的要求不可能实现。万一实现了，"董事会也不会遵守"。

在如今的信息时代，人们很难相信一家美国机构会拒绝这样一条显而易见的法律原则，但那是 20 世纪 50 年代，是与现在截然不同的世界。当然，我在当时有着不同的认知，并为战斗做好了准备。

我说服经纪商俱乐部同意，无论董事会怎么想，"芝商所都受美国宪法的约束"。换句话说，作为伊利诺伊州的一家公司，芝商所的董事会必须遵循正式召开的会员大会上通过的任何决议。最终，我说服俱乐部成员去争取一个比较切实的最低参会人数，比如 100 名会员，否则会员大会将无法在芝商所管理中发挥有效的作用。当然，为了降低最低人数要求，需要先召开一次 300 名会员的正式会议——这有点儿像"第二十二条军规"[1]。

后来这件事发展成了企业版的《龙虎双侠》(*Gunfight at the O.K. Corral*)。用今天的话说，会员接管了公司。此举也会让卡尔·伊坎[2]引以为豪。

我们把更改最低参会人数作为使命。在我的召集下，我们正式召开了一次特别会议，明确目的是将正式会员大会的最低参会人数降至 100 人。我谨慎地确保遵循法律要求，避免程序纰漏。然后，我们开始争取会员的支持，几乎没有人反对这个提议，但难的是确保他们出席会议。更难的部分由经纪商俱乐部的肯尼思·伯克斯来解决，他表示愿意用他在美林的身份作为背书，从场内会员和非场内会员处拿到签字委托书。如此一来，我们才能满足 300 名会员出席会议的最低要求，让这项提议具有合法性。

多亏伯克斯拿到了足够数量的签字委托书，超过了最低参会人数要求。伯克斯对签字委托书进行电话跟进，与尽可能多的人联系上。而我的任务是激励场内的会员，让他们到场参加会议，以达到 300 名会员的最低人数

---

1 源自美国作家约瑟夫·海勒的小说《第二十二条军规》，寓指荒谬的两难境地。——译者注
2 卡尔·伊坎（Carl Icahn）是美国商业富豪、投资家、主动投资者，有"华尔街之狼"之称。——译者注

要求。最终，我们成功了。1961年6月14日，正式的会员大会召开，有300多名会员出席（包括亲自到场和委托代理人到场）。由我提出并得到伯克斯正式附议的动议——将最低参会人数要求从300人降至100人的提议——被呈交给会员大会，以接近全票通过。这在芝商所历史上具有重大意义。

落败者的故事

起初，没有人能拿准结果会怎样，这是董事会与会员之间在法律上的首次对峙。时任芝商所董事长威廉·卡茨公开表示，会员在大会上所做的一切都不具效力。威廉·卡茨是一位成功的鸡蛋商人。其家族的长辈是芝商所的创始人之一，他自己也在过去10年间担任芝商所董事长，在芝商所权势熏天并实施独裁统治。不出所料，他的观点得到了其他11名董事会成员及芝商所律师李·弗里曼（Lee Freeman）的赞同。

弗里曼先生是芝加哥的知名律师，他作风强硬，精力充沛，为客户辩护非常卖力。他虽然表面上气势汹汹，但其实心里算盘打得很精明。他知道我已为经纪商俱乐部的行动提供了坚实的法律基础。此外，他可能担心该案会被诉诸法庭。卡茨和弗里曼都心知肚明，如果经纪商俱乐部和会员在法庭上获胜，就将从董事会手中夺取控制权。

弗里曼说服董事会谨慎行事，采取了较为聪明的做法：公开否认会员们关于最低参会人数决议的有效性，而根据董事会自身的意志正式采纳了这项规则。对《芝加哥商品交易所规则》第109条，也就是最低参会人数要求条款的修订得以通过，将最低参会人数要求降至100名会员。这是经纪商俱乐部的第一次重大胜利，董事会可谓是颜面丢尽。这也树立了我民间英雄的形象，为我后续的发展奠定了基础。

尽管仍处于低迷状态，芝商所还是推出了一份猪腩（未加工的培根）合约。这份期货合约后来获得了巨大的成功，让交易所起死回生。芝商所很快就被称为"猪腩交易所"。

第 14 章

投票权

自会员对正式会员大会的最低参会人数要求提出异议已过去 5 年，在此期间，董事会的构成没有发生重大变化。无论是会员权利和观点，还是新想法和新产品，都鲜有革新。我们满足于猪腩期货合约的成功，没去考虑未来的增长或变革。我的雄心壮志却不止于此，我希望我们能更有话语权，能阻止长久以来横行的逼仓等违规行为。

在洋葱事件后，你可能以为董事会进行了整顿，但事实是没有，在该事件中董事会被很好地保护起来，他们有什么动力进行整顿呢？1966 年 12 月，我产生了一个激进的想法，决定对这种情况采取行动。我向经纪商俱乐部提议，在章程中增加一条规则——赋予会员投票权。

这将带来根本性的变化，让会员在芝商所的治理中有发言权。即使放在今日，这也是一种卡尔·伊坎式的进步。我认为这是迫使董事会听取会员意见的唯一途径。尽管投票权是美国法律和正义中最基本的原则之一，但也存在一些隐患。董事会的行动能力可能受损，因为其决策可能总是遭到会员的否决。为了减少扯皮，我为这条规则的生效提出了一些前提条件。正如后来被证实的那样，别的方法都很难对董事会起作用，唯有这条规则能让董事会感受到威胁，迫使他们对会员的观点和需求做出回应。

我们又一次需要凑齐足够的委托票数，以通过这项章程的修正案。董事会再次告知我们，这样的提案没有约束力。尽管如此，我们还是找到了足够数量的委托票，并要求召开会议对提案进行表决。

我清楚地记得，收盘后，我们在交易大厅举行会议，参会人数很快就超过了200人，满足了最低人数要求，会议召开是板上钉钉的事，气氛紧张到了极点。董事长威廉·卡茨和律师李·弗里曼在会议开始时就谴责这项提案，认为这是试图从正式选举产生的董事会手中夺取控制权。这话不假，但我有法律依据支持，还有雄辩的口才。

我反驳道，会员希望改善芝商所声誉的呼声没有得到董事会的回应。董事会无视了我们要求整顿芝商所的请求，以及关于革新市场的想法和建议。我们这些想在期货业有所成就的人不愿容忍正在发生的内幕交易和操纵行为。洋葱事件后，一切违规行为照旧，好像无事发生一样。芝商所在从内向外地腐烂，我们在期货界将无所作为。会员们对我的发言报以热烈的掌声。我还强调，如果该决议通过，将具有法律约束力。

李·弗里曼是位经验丰富的出庭律师，但他的激情和逻辑远不及我。该动议被提出、附议并以压倒性多数获得批准。会员们决议，在谨慎设计的条款下获得投票权。我们没有闹到法庭上，争论就在此时此地结束。此时距离年度大选只有几周，会员们赢了，董事会也心知肚明。

风起云涌

1967年1月，我以史上最高的得票率（98%）正式当选为芝商所董事。董事会管理人员将在后面一周由董事会选出。交易所创始人之一的女婿罗伯特·J.奥布赖恩敦促我竞选董事长，但我认为他成为董事长实际上更有利于实现目标。我解释过，我想要的是一场和平的变革，我想以有意义的创新来引领进步，而不是体现个人存在感。作为创始人之一的女婿，奥布赖恩更有可能被老一辈接受为继承人。而我的形象有点儿像煽风点火者，他们不会轻易任命我。

奥布赖恩勉强答应了，但提出一个条件，那就是我从他任期一开始就要担任领导职务，两年后我再正式成为董事长。我同意了。我们商讨决定我应该竞选董事会秘书，这样我就可以利用这个职位来践行我的想法，为会员定期发布报告，这也是首开先例。

我作为董事会管理人员的第一个动作是制定第206条规则，赋予芝商所会员对董事会任何决策发起公投的权利。在经纪商俱乐部获胜后，此事已不再困难。此外，在奥布赖恩的支持下，我还提出要取消会员必须是男性的要求，这一规定自芝商所成立以来就一直存在。这是极具争议的，如果成功，芝商所可能成为美国第一家不仅接受女性作为雇员，而且允许女性作为交易员参与交易的交易所。

最主要的反对意见是，场内出现女性，可能对男性构成干扰。一位董事会成员表示："这会导致经纪商工作的时候想入非非。"因此我们讨论了女性在场内的着装规范——裙子最短不能短于哪里？在长达 5 个小时的讨论中，奥布赖恩和我简直要憋不住笑出声来。最后达成的共识是，裙子至少要低于膝盖 3 英寸。这条规则以 7 比 5 的投票结果通过。我想说，真正的功劳要归于我母亲，她是波兰女性平等的积极推动者，是她的言传身教影响了我。

芝商所的演变

历史向前推进。1972 年，我的桥牌搭档卡萝尔·诺顿（Carol Norton）成为第一位进入场内的女性交易员。我们约定好，我教她交易，她教我桥牌。后来，她成了一名成功的交易员，我也在极短的时间内成为桥牌大师。卡萝尔有个男性化的昵称叫米基，这也能略窥见她的性格，解释了她如何在这个男性主导的地方站稳脚跟。在这里，肌肉和大脑一样重要，而米基两者兼具，她靠此成为国际货币市场的传奇投机者[1]。

我做出的另一个出人意料的决定是坚持让李·弗里曼继续担任芝商所律师。他之前是我的主要对手之一，我希望他能像以前一样继续发挥自己的才能。事实证明，这是一个非常明智的决定。我决定让老 E. B. 哈里斯继续担任总裁。这个职位已经接近一个礼仪性的虚职，但哈里斯在业内人脉广，对实现我的计划非常重要。

回头来看，这些是我对芝商所转型最初做出的努力。我的领导能力已被大家认可，这使我确信自己将在下次选举时当选为董事长。[2] 我宣布了雄心勃

---

1 目前拥有这一称号的是欧洲美元期货合约前交易员玛吉·特勒（Margie Teller）。
2 芝商所成立于 1898 年，最初是芝加哥黄油和鸡蛋交易所，1919 年改名为芝加哥商品交易所。

勃的目标：改革规则体系，确保规则执行，消除逼仓，建立部门[1]和公共关系团队，探索新产品，创建一个可行的会员委员会结构，考虑建设一个新的交易平台，促进期货产品多样化。当然，这是一系列渐进的议程，但我提出的每一项都是经过深思熟虑的。

此前芝商所作为赌徒、割喉者和金融狼群的巢穴的形象得来不冤。1969年当选为董事长时，我下定决心改革，毕竟这也是我努力降低最低参会人数要求、制定投票规则并努力当上董事长的初衷。在我当选的第二天，芝商所执行副总裁肯·麦凯（Ken Mackay）给了我一套章程。我忍不住笑了。章程自1919年首次生效以来，不仅没有被认真修订，而且杂乱无章，用透明胶带、浆糊和回形针固定在一起，上面还有手写的修订和解释。

议程

显然，我的首个大工程是重写和更新公司章程，引入当前的公司惯例，并着重扩展和加强监管规则和对违规者的处罚力度。因此，我启动了所谓的"宪法大会"，这是新上任的总法律顾问杰罗尔德·萨尔兹曼（Jerrold Salzman）接到的第一项任务。他自此成为我不可或缺的盟友和顾问，大约45年后，他仍然是芝商所的首席法律顾问[2]。

正是李·弗里曼，这位强硬而精明的、早年曾与我发生争执但同样受到我尊敬的资深律师，向我引荐了萨尔兹曼。我很高兴地接受了这一推荐。萨尔兹曼与芝商所的往来始于他刚从哈佛大学毕业时，他加入了规模虽小但声誉颇高的弗里曼与弗里曼律师事务所（Freeman & Freeman）。萨尔兹曼刚加入公司，弗里曼就告诉我，他打算让萨尔兹曼接手芝商所的业务，因为我正在规划的宏图需要"与我同一辈的人来理解"。为了强调这一点，在国际货币市场启动时，李·弗里曼送给我一尊雕塑，将我描绘成与风车搏斗的堂吉诃德。

我对萨尔兹曼非常满意，我很快就知道他是一位可靠的律师，十分信赖

---

[1] 芝商所当时没有支持设立部门的相关规则。
[2] 萨尔兹曼近期已经退休。

他。在后来经历的艰难曲折中，他始终在场。我在无数的关键时刻向他寻求帮助和建议。萨尔兹曼是把芝商所带到安全海岸的关键人物。虽然有几次我们持不同见解，但我从不怀疑他的建议都是他所能想到的对芝商所最好的法律建议。他总能运用他的法律知识和专业才能来实现我所期待的结果。

后来，杰罗尔德·萨尔兹曼成为全球期货市场最受尊重的律师之一。我们联手实现了一些我不可能独自实现的梦想，我完全可以另写一本书来记录他为芝商所付出的努力。萨尔兹曼是不可或缺、无可比拟的，他总是能给出公正的观点，除了少数例外情况，我都遵循了他的建议。

大约40年后，我在芝加哥律师协会大会上讲述我们的成长和成功时，萨尔兹曼这样向观众介绍我："没有利奥·梅拉梅德，就没有芝商所的一系列重要变革。"在重要场合，我多次对这句盛赞做出回应，称赞萨尔兹曼在一路上扮演了关键角色。

正如我所承诺的，我的第二个目标是为芝商所带来法律和秩序。我们俩花了一年半的时间与每位委员会主席会面，并改写了委员会章程和惯例。新规则赋予我执行监管的权力，从而改变了芝商所混乱无序的形象。

我的第三个目标是产品多样化。1969年，旧的鸡蛋期货合约已快被淘汰，我们最强大的产品是猪腩期货合约，活牛期货合约和生猪期货合约还处于发展阶段。我们基本上是倚仗于肉类期货合约——这样其实风险很大，因为特定事件的发生可能减少对相关商品期货的需求，这种事情在黄油期货合约和鸡蛋期货合约上发生过。

另一项需要我关注的任务是芝商所成立50周年纪念。我想通过这次活动向芝加哥乃至全国人民强调，芝商所发生了一些变革。我们决定斥资5万美元向芝加哥市捐赠一个"动物园农场"——农场位于林肯公园里，孩子们可以在里面看到鸡如何下蛋，亲身体验和学习我们的农业传统。此事成了头条新闻。

芝商所的变革正在发生，会员的重要性日益加强。这些无疑是人们喜闻乐见的迹象。

第 15 章

积习难改

在我上任几个月后,那些存在已久的潜在违规者就感受到了我当选带来的不同。芝商所开始对违规者实施史无前例的严厉处罚,表明我们这群"少壮派激进成员"改变芝商所及其声誉的决心。但一切充满了坎坷,我在得到大众喝彩的同时,也被一部分人憎恶。多年来习惯了固有行事方式的会员突然发现,他们的做法不再被规则允许,比如不遵循公开买卖报价规则、超出持仓限制、在场内胡作非为、逼仓等,他们对此感到不满。不过,能说出"我们采取强硬措施"是一回事,能坚决执行就是另一回事了。

我的新政策常受到挑战——总有人嘲笑规则或自以为可以逾越规则。我必须向会员们证明,每个会员都应遵守规则,没有人可以豁免。这经常引发激烈的冲突,有时甚至引起诉讼,偶尔也会伤及业务,但我知道这些原则是合理的,措施也是必要的。我曾经开玩笑似的问我们的总裁,芝商所的市场能否杜绝逼仓事件发生。令我惊讶的是,哈里斯回答道:"我真的不知道。"我真希望这有一天能够成真。我知道期货在经济领域发挥着重要作用,为何不将违规行为踢出市场呢?

我并不是想暗示芝商所已完全没有违规行为——已成为乌托邦,我只是试图通过严加惩罚来遏制违规行为。为了实现这一目标,我建立了审计和调查部,任命威廉·费伦(William Phelan)为负责人。他是一位以正直和强硬著称的律师,后来成为伊利诺伊州巡回法院的法官。回顾过去,我深感自己采取的这些措施是芝商所最终成功不可或缺的因素。

从任期一开始,我就希望会员参与到我们的管理中。放到现在,几乎没有人能理解这一想法。因为现在的人们都未曾见证过芝商所由场内数百名经纪商和交易员构成的年代,所以也无法理解让董事会得到会员支持的重要性。我开始给会员们写信,解释我的各项行动,并发布年度报告和特别报告。例如,在1970年的报告中,我向会员介绍了这一年我们所做的工作:

> 刚过去的一年,在各委员会的紧密合作与良好配合下,我们完成了一项重大工程——修订和重新编写了交易所的许多规则。
>
> 在3月发布的新规则手册中,我们删除了过时的要求和标准,并替换上与当前标准和业务规模契合的新内容。我不会说我们目前的规则手册已经很完备,但我确信它很大程度上已能满足当前和未来的管理需求。

遭遇阻力

我从一开始就知道自己和新规则都将受到挑战,我必须证明我们会严格执行新规则。新规则出台后,一起猪腩期货合约操纵案便接踵而至。这起操纵案由几位会员勾结完成,彻底违反了规则,并且证据确凿。我知道大家都在等着看我会怎么做。这是我第一次有机会向大家证明,违规者不可能逍遥法外。

我决定公开处理这件事,我和新法律顾问杰罗尔德·萨尔兹曼探讨组织一场正式的审判。我向他解释,我们需要抓一个典型,来让会员们明白:新时代已经到来,界线必须划清。虽然萨尔兹曼成为法律顾问时可能未曾想到要做这种工作,但他表示了理解与赞同。毕竟我们重修规则就是为了实现这一目标。

我们举行了芝商所历史上第一场针对违规行为的真正审判,我是质询人,萨尔兹曼是检察官,董事会是陪审团。萨尔兹曼在这个过程中展现了他的价值。审判持续了好几天,交易所证据确凿,陪审团一致做出有罪判决。会员们深受震撼并鼓掌。我松了一口气,但知道后面有更长的路要走。

哈罗德·福克斯规则

不久又一起操纵案浮出水面。不同的是，操纵者还没行动，但各部分已准备就位。操纵案的主谋哈罗德·福克斯是交易所的重要参与者，他和同伙们准备好了要逼仓1970年鸡蛋9月合约。

哈罗德·福克斯在交易大厅内非常显眼，他是个身材魁梧的烟鬼，嘴上永远叼着一支香烟。他似乎从不把香烟从嘴里抽出来吐口气，而是任由它燃烧成一个烟头，烟灰落在背心上。他是福克斯高端食品股份有限公司的高管，这是一家全国性食品经营公司，加工家禽、鸡蛋和乳制品，还有自己的全国啤酒生产线。他和他的家族是芝商所老一辈掌舵者中受尊敬的成员，是芝加哥黄油和鸡蛋交易所的创始人之一，他的兄弟和叔伯都曾任芝商所董事长。

据说哈罗德·福克斯和他的同伙以前就这样做过，他们有足够的金钱、声望和权力来实现意图。操纵牵涉大笔资金，没有人敢阻止他们。更糟糕的是，福克斯家族的许多成员都是交易所的资深会员，还是我团队的成员，曾公开赞赏我取得的成就。他的姻亲比尔·穆诺（Bill Muno）是我的密友，也是有影响力的董事会成员。所以，这种情况不仅是对芝商所的考验，也是对我的考验。由于逼仓还未开始，我想要阻止其发生。新规则中也有相应的适用内容。

这项由萨尔兹曼制定的规则，可以被命名为哈罗德·福克斯规则。它规定，拥有交易合约的交割物供应控制权，再大量持有该合约的多头头寸是违规的。换言之，我知道要成功逼仓，不仅需要在期货市场持有绝对多头，还需要控制足够的现货。这条规则还规定，任何违规的人都可能被强行平仓，并面临额外的处罚。

当1970年鸡蛋9月合约开始稳步上涨时，看起来福克斯的又一次逼仓正在进行，我的顾问马洛·金（Marlow King）对我说："利奥，你能够阻止这一切。"我让费伦做了详尽的调查，确保证据确凿。随后我一咬牙，第一次应用了这条规则。我在哈罗德的办公室私下会见了他，我礼貌地解释了来意。当我向他展示费伦搜集的铁证时，他笑出了声。证据表明，他存在违规且准备好了要逼空鸡蛋 9 月合约。哈罗德沉默了。我郑重要求他在下周结束之前将其持有的期货头寸减少 50%。我解释道，没人知道我提出了这一要求，平仓可以按照他自己的速度把控。我讲完后，哈罗德大笑道："要是我不这么做呢？"

我没被吓退，只是平静地回答："否则我就派经纪商到交易大厅，按照规则赋予的权力，平掉你所有的持仓。"他大笑起来。当我离开他的办公室时，他喊道："你找了多少人马？"

坚定不移的目标

我在离开他的办公室时有点儿害怕，但对自己的表现很满意。

接下来一周的前两天，哈罗德的持仓没有任何变化。我又一次去他的办公室重申警告，甚至把规则读给他听，试图让他意识到我有权依照警告内容执行。他继续讪笑，但我能感觉到他相信了我说的话。除了费伦和萨尔兹曼，没有人知道我的行动。

第二天早上，鸡蛋 9 月合约一批接一批地被卖出，在场的人都感到惊讶。收盘后我查看了总账，果不其然，福克斯大幅降低了鸡蛋期货合约的仓位。第二天他继续抛售，使市场跌破每日涨跌幅限制。到周五早上，哈罗德·福克斯已清仓了鸡蛋 9 月合约。他和他的合谋者们损失了一大笔钱，也损失了巨额的潜在非法盈利。

那个周五的深夜，当我像往常一样走下芝商所大楼的大理石台阶时，突然听到身后传来沉重的脚步声，好像有人等候我多时。我意识到那可能是哈罗德·福克斯，浑身一阵战栗，毕竟他的体格几乎是我的两倍。他是不是摸清了我每天回家的时间点，专门在此等我出现？

"嘿，利（Lee），等一下。"当我走出大楼时，听见有人喊我的交易代号。那是哈罗德低沉的声音，我不会听错。我转身等他，掩饰着恐惧。"利，"他走近一点儿后说，"我要和几个朋友去巴黎度周末，想和我们一起去吗？我请客！我们要开舞会。"我很难掩饰我的震惊："啊，哈罗德，我很想去，但我和妻子已经有别的安排。"他笑着说："好吧，那下次吧。"

这简直是经典的芝加哥风格桥段：我们进行了一场公平的搏斗，你赢了，那就继续前进，让事情过去吧。

我与福克斯的这场对决至关重要，交易所的人都知道了这件事。从那天起，旧的操纵方式不再被接受，并且每个人都意识到了这一点。这件事不仅轰动了芝加哥，也在全国流传开来，我击败了强大的福克斯高端食品股份有限公司，阻止了一起鸡蛋期货逼仓案，赢得了会员们的极大尊重——这是许多人认为不可能完成的任务。这件事对芝商所、交易员们和我都意义深远。

我以压倒性多数再次连任，第三次当选为董事长。

第 16 章

构思

多样化一直处于我议程中的前几位,在随后近50年的领导生涯中,也是推动我不断前进的动力。我目睹了如果一个交易所只有一两种产品,而且为数不多的产品还出了问题,会带来多么大的麻烦。

跳到几十年后,芝商所集团是同类机构中最多样化的。这一部分是通过兼并实现的,但更多的是我们有意识地推动多样化的成果。

在我探索新产品的过程中,外汇期货这个概念有时在我脑海中一闪而过,很快又消失了。农产品期货的存在是如此根深蒂固,以至于引入全新的资产类别的念头总在我们的考虑之外。如果我在当选后立即提出引入外汇期货这种全新的资产类别,大家肯定会一笑了之。因此,在我任职的第一年,我还是循规蹈矩,停留在传统可接受的期货生态系统内。我尝试了土豆、火鸡、木材、虾和苹果期货,只有木材期货成功了。

这些期货产品,无论成功还是失败,都没能满足我对其他产品的强烈渴望——全新的期货品种。1970年,多样化问题成为根本性的必须考虑的问题:如果期货真的像我坚信的那样,是一种管理风险和价格发现的工具,那么它难道不该被应用到各个领域吗?显然,各领域在经济和商业上都存在对远期定价、风险管理和投机机会的需求,这远超出了商品的范畴。这个想法反复出现,不断困扰着我。不久后,带着这个想法,我关注到当时全球的外汇风波。

布雷顿森林体系的终结

从 20 世纪 60 年代末到 70 年代，外汇相关的新闻开始频繁出现在财经报刊上，外汇突然的贬值和升值引起了人们的注意。甚至有几次，外汇波动登上了《华尔街日报》和英国《泰晤士报》的头版。一时间，一位又一位财政部长都发现必须宣布本国货币重新估值，以跟上全球步伐。

1971 年，你如果打开日报或收听新闻广播，很难不看到或听到外汇变动带来的经济影响。这就像一场多米诺骨牌游戏，一个国家的外汇价值变化会在其他国家产生连锁效应。布雷顿森林体系的固定汇率制度似乎是问题的根源。对更好的新系统的需求成了人们严肃讨论的话题。

布雷顿森林体系的固定汇率制度是 1944 年在新罕布什尔州山区的一个度假小镇诞生的。第二次世界大战后，来自 44 个同盟国的 730 名代表聚集在布雷顿森林的华盛顿山酒店，重建世界金融秩序。会议持续了 3 周，从 7 月 1 日开到 7 月 22 日。布雷顿森林体系的两位主要设计师是备受尊崇的英国经济学家约翰·梅纳德·凯恩斯和为人熟知的美国财政部官员哈里·德克斯特·怀特（Harry Dexter White）。

二战后，美元有着至高的地位，也是唯一可用的基准货币。根据协议，各国货币与黄金和美元保持固定汇率平价；美元没有固定平价，而是以每盎司[1] 35 美元的固定价格自由兑换成黄金。财政部长计划每年举办一次会议，根据情况进行复议或修改估值。布雷顿森林体系于 1944 年 12 月 27 日获批，并被赞誉为一项开创性的成就。

只有一位知名的反对者米尔顿·弗里德曼认为此项协议注定失败。在他看来，该体系试图实现三个互不相容的目标：各国追求独立的内部货币政策的自由、固定汇率，以及货物和资本相对自由的国际流动。

从大学时代起，我就一直是米尔顿·弗里德曼的忠实追随者。前文提过，尽管我不是芝加哥大学的学生，但我偷偷溜进去听了他的课，听了他关于自由市场的阐述。他的思想很快成为我的精神食粮。我当时坚信弗里

---

[1] 1 盎司 ≈ 28.35 克。——编者注

德曼关于布雷顿森林体系的观点很快会应验,虽然后来体系坍塌真正花的时间比他预计的要长得多。弗里德曼是这样认为的:

> 布雷顿森林体系自生效以来就注定会崩溃……它试图实现三个不相容的目标:各国追求独立的内部货币政策的自由、固定汇率,以及货物和资本相对自由的国际流动……作为布雷顿森林体系的缔造者之一,凯恩斯试图通过提供汇率的灵活性来消除这种不兼容性,他打算通过频繁且相对简单的官方平价汇率调整来实现这一点。在实践中,这一希望注定会破灭,因为维持公布的平价成为与声望和政治争议相关的问题。因此,各国尽可能久地坚持一个平价,在这期间小问题演变成大危机,最后推动了重大变革。

新时代的崛起

第一到第二个 10 年,体系运行良好,让人感觉好像弗里德曼说错了。然而,20 世纪 60 年代末,布雷顿森林体系开始出现问题,这主要体现在体系僵化上。到了 1970 年,许多人都认识到,布雷顿森林体系的固定汇率制度逐步垮塌,不再可行。发达国家的经济基本上已经从战争中复苏,并且正朝着与美国竞争的方向发展。换句话说,美元现在有了竞争对手。各国之间都存在竞争对手。正如弗里德曼预测的那样,每个国家都拥有了独立的货币政策。

除此之外,信息技术的革命性进步使《布雷顿森林协定》显得过时。当它首次颁布时,信息在全球的传播还很缓慢,而到了信息时代,影响货币及金融价值的消息会立即反映到市场上。货币价值变化迅速,这常迫使财政部长匆匆忙忙地宣布货币升值或贬值,以跟上瞬息万变的市场。市场变化太快,难以等待人们再在布雷顿森林开一场会来讨论汇率调整。这充分证实了弗里德曼的观点是正确的,固定汇率制已经过时。

那时我对货币价值如何影响政府对内的经济政策有了较为深刻的理解。外汇汇率是衡量一国经济健康水平的重要依据,通胀和利率水平的变化会影响货币价值。一国的政治状况、经济表现和前景都会影响货币估值。我开始思考，现代世界需要的是一个允许货币价值持续调整的体系。

换句话说，我们需要一个外汇价格能持续反映新的市场信息变化的系统。这样一个开放的系统将允许实时管理风险和捕捉机会，从而解除官方滞后宣布汇率调整的需要。期货市场恰能提供我所设想的系统，货币期货市场不正是解决世界所面临的问题的良方吗？这个想法就像原子弹一样在我脑海中爆炸，这个构想之庞大把我自己也吓了一跳。

同行评议

起初，我把这个想法藏在心里，但我内心充满了疑问：期货能支撑起这样一个市场吗？为什么其他人没有想到这个点子？我怎么会斗胆想出将期货应用于金融工具？期货之前主要服务于农业领域难道不是有原因的吗？大家会嘲笑我吗？会有交易员知道如何交易货币吗？我想到那些过去交易鸡蛋的老家伙在进行瑞士法郎竞价的场面就想笑。这只是我这个并非经济学家的人在痴心妄想？如果这是可行的，为什么银行不早提出来？我准备好被当作"村里的傻子"了吗？此外，在布雷顿森林体系正式被抛弃之前，这样一个期货市场要如何运作？

虽然对于这些问题，我几乎没有答案，但"为什么不能有货币期货呢"这个想法如同脉搏跳动一般，挥之不去。

当我私下和交易员谈论这个话题时，得到的回应通常是茫然的目光和诡异的笑容，有时甚至是大声嘲笑。有些人的表情看起来像在质疑我的理智，仿佛听到的是我建议把自己的手伸进虎口。不过也有例外，交易员迪克·博克（Dick Boerke）肯定了我的想法，说这是个伟大的构想。他后来也成为我最坚定的盟友和顾问。

很快这个念头就成了一种困扰，日复一日地萦绕在我心头，我完全无法思考其他事情。疑虑和恐惧也一直纠缠着我，并引起了生理不适，我的胃部发紧，引发了持续的疼痛。在那些日子里，我每天要抽四包烟。这像一场拔河比赛：我理性的一面认为这是个大到离谱的念头，我创新的一面则坚持认为这是个非凡的构想。

新的使命感

一天，有件事吸引了我的眼球，把我推向了创新那一面。那是关于米尔顿·弗里德曼意图做空英镑的新闻，他准确判断了英镑价格与世界形势不符。20 世纪 60 年代，与竞争对手相比，英国经济面临较低的生产率，其商品竞争力下降，从而导致赤字增加。但弗里德曼遇到的问题是，尽管他判断正确，却没有一家银行愿意收下他的钱，为他建立空头头寸，因为"他不具备卖空英镑的商业理由"。

那条新闻触动了我。"商业理由？"难道只有银行才有权试图增加自己的财产或收入的价值？有法律禁止这样的行为吗？难道美国宪法不是赋予了每个人追求合法权利的自由吗？寻求个人财产的增值是不是一项不可剥夺的权利？这些问题使我心烦意乱。

随着布雷顿森林体系进入最后的瓦解阶段，我开始尝试向交易员以外的群体传播我的想法。很快，我了解到大多数人认为外汇期货市场的想法不可能实现，尤其不可能在芝商所这样传统闭塞的地方实现。人们的反应是：什么？在猪腩交易所？洋葱事件发生的地方？除了交易员，没有人会认真考虑这个构想。

幸运的是，芝商所总裁 E. B. 哈里斯支持这个想法——尽管我一直不知道他是真的喜欢这个构想还是在迁就我。另外，因设计了猪腩期货而被我任命为芝商所首席经济学家的马克·鲍尔斯（Mark Powers）是芝商所内部最支持我的构想的人。他完全认同这个构想并敦促我坚持下去，我对此感激不尽。后来，当我要求他起草外汇期货合约的细则时，他在 24 个小时内就写好了。鲍尔斯后来也成为美国商品期货交易委员会的首席经济学家。

压倒性的情感

1971 年年初，当我终于鼓起勇气向芝商所董事会介绍我的想法时，我看到他们中的一些人强忍着笑意。梅拉梅德，一个律师出身、半路出家的交易员，一本正经地考虑起了外汇期货？这个想法怎么可能在为黄油、鸡蛋、猪腩和大豆设计的期货市场约束下成功？期货交易所不是专门为农民服务的吗？在期货市场的漫长历史中，没有人试图将期货应用于金融，难道没有一些根本的经济学原因吗？为什么芝加哥期货交易所或纽约证券交易所没有想到这一点？这肯定只是梅拉梅德想出名上头条而已。

简而言之，我距离获得继续推进所需要的支持还差得远。我需要 7 票的多数票才能通过提案。反对情绪不仅占了芝商所董事会的多数，在世界各地也都如此。有人告诉我，期货市场只适合传统的农产品，永远无法被应用于银行和银行家的复杂世界。批评者指出："就算你的想法有任何有效性，也会在美国金融之都纽约先实现。"这样的反对很普遍、很有力，令人信服。

事实上，在 1972 年 5 月国际货币市场正式启动的前夕，一位知名的纽约银行家在《华尔街日报》上表示："将外汇托付给一群猪腩赌徒，真是可笑。"这种情绪普遍存在。《商业周刊》评论："新的货币市场：完全是为掷骰子的赌徒准备的。"但我没有理会这种声音，正如我经常说的，贬损性的评论、诽谤性的影射、煽动性的笑话、虚假的指控、误导性的意见、半真半假和彻头彻尾的谎言都注定是期货市场要背负的担子和宿命。从古至今，预测未来一直是一项危险的职业，人们总想杀死带来坏消息的信使！

在我们成功推出外汇期货之后，《商业周刊》又发表了这样一条讽刺性的评论："新的货币市场：专门为掷骰子的赌徒准备。如果你觉得自己是个国际货币投机者，但苦于无门，那么你的机会来了！"但不管媒体的意见如何，没有董事会的批准，我无论如何都无法推进工作。

我非但没有被劝阻，反而变得有些偏执，生怕有人会窃取我的想法——虽然鲜有可能，毕竟大多数人都在嘲笑这个概念，但我还是很担心。这种担忧也并非毫无根据，我的想法现在已经是公开的秘密。我向很多人都提过，任何人都可以试一试。果不其然，我很快就听说纽约土产交易所——一家名不见经传的机构，已改名为国际商业交易所[1]。我心一沉，他们会推出货币期货吗？芝商所总裁哈里斯和我立即飞往纽约一探究竟。

---

[1] 国际商业交易所（International Commerce Exchange, ICE）与现在的洲际交易所（Intercontinental Exchange, ICE）没有联系，洲际交易所是纽约证券交易所的所有者。

到了现场，我们发现这简直是个玩笑，房间里几乎没有人，既没有交易员，也没有经纪商。事实上所谓的国际商业交易所是类似于西联汇款那样的汇兑机构。主要是让那些想兑换外汇的富裕游客能换个 5 000 美元或者 10 000 美元。这和我想象的完全不同，我如释重负。他们只是开展短期汇兑，而我是想改变全球外汇体系。后来国际货币市场推出不久，国际商业交易所就关门了。

总统介入

在策划过程中，我意识到货币期货是否可行将取决于布雷顿森林体系的弃用——这是我无法控制的。虽然我相信它的末日终会来临，但具体时间不可预测。我让马克·鲍尔斯以经济学家的身份致信米尔顿·弗里德曼，询问他布雷顿森林体系还能撑多久。弗里德曼没有给出明确的答复。

尽管如此，我还是决心继续下去。随着通胀加剧和美元贬值，我意识到美国经济正陷入困境，需要一个新秩序。但最大的障碍仍是芝商所的董事会——大多数人仍坚信我设想的全球浮动汇率体系毫无价值。这群人对外汇专业领域一无所知！我只能求助我的导师和偶像米尔顿·弗里德曼。对我来说，弗里德曼的言语和思想就是"圣经"，他比世界上任何人都更能证实我的想法。同时，我又害怕去接触他，如果他给出否定回答，那肯定会让我很沮丧。

但这种感觉并没有持续多久，因为现实很快以核爆的形式炸开。1971年8月15日，理查德·尼克松总统宣布关闭"黄金窗口"，美元同黄金脱钩，那是弗里德曼在尼克松任期开始时就提出的建议。这主要是固定汇率制负面效应积累而成的结果：美元持续贬值，通胀加剧，全球都开始抛售美元，兑换黄金。这使美国处于不利地位，以至于当放弃金本位制时，美国的金融结构已摇摇欲坠，政府为此采取了激烈的措施。

我确信，总统的行动代表着布雷顿森林体系的终结。这对全世界来说是一场金融海啸，10年后大家仍能感受到它的余波。对我来说，这是关键时刻，我必须立即行动。我要求哈里斯抓紧安排我和弗里德曼会面。

第 17 章

创世记

1971 年 11 月 13 日周六，米尔顿·弗里德曼、E. B. 哈里斯和我在纽约华尔道夫酒店共进午餐，这永远铭刻在我的记忆中。我先请求弗里德曼不要笑出声，然后提出了我的想法："我正在考虑建立全球货币的期货市场。"令我十分惊喜的是，弗里德曼毫不犹豫地回应道："这是个好主意，你应该这样做！"

我惊呆了，简直不敢相信自己的耳朵。哈里斯则没有说话。在我缓过神来之后，我继续问道："外汇在期货市场上会不会行不通？"弗里德曼笑着说："我暂时想不到有什么问题。"他的话在我耳边久久回旋，再次缓过神来后，我回应道："没人会相信你居然这么判断。"他又笑了起来："他们会信的。你可以告诉他们这是我说的。"我摇摇头："不，我需要你写下来。"

弗里德曼犹豫了片刻，问我："你是建议我写一份可行性报告吗？"我心里没底，但我嘴上果断地说："是的。"他问："你知道我是个资本家吗？"我笑了。我们握了握手，商定了付给他一笔 5 000 美元的费用，用于对建立货币期货市场的必要性进行可行性研究。这是金融史上最好的交易之一，因为芝商所集团今天的市值高达数百亿美元。那天我们建立了一生的友谊。

获得动能

布雷顿森林体系于 1971 年 12 月 13 日正式瓦解，当时 10 个主要工业国家齐聚华盛顿特区史密森学会，共同商议废除固定汇率制，允许各国货币兑美元汇率在一定区间内浮动。起初，浮动区间仅限 4.5%，但后期逐渐扩大，直到完全消除限制。[1]

幸运的是，那时我手里拿着芝商所的圣杯——弗里德曼 1971 年的论文。在这篇 11 页的论文中，弗里德曼为我建立芝商所金融期货上层建筑提供了学术基础。以下是文章的摘录：

> 国际金融结构的变化将极大地提升外汇避险需求。为了促进对外贸易和投资，我们非常希望通过建立尽可能广泛、有深度、有弹性的外汇期货市场来满足这一需求。这样一个广阔的市场一定会应运而生。主要问题是市场该设在哪里——设在美国再合理不过了，这也符合美国的利益。[2]

弗里德曼的言辞像是有魔法。我将他的论文当作剑和盾，它是用于攻击反对者的利剑，也是防御那些批判我缺乏金融领域可信度的人的盾牌。1971 年 12 月，国际货币市场正式作为期货交易所成立，专门提供金融期货交易工具。我在 1971 年向会员们发布了朴实无华的报告：

> 1971 年 12 月 20 日，我们召开新闻发布会，宣布了发展外汇期货市场的决定。我们坚定不移、满怀希望地认为，这件事对未来具有极其重要的意义。从事国际贸易的人将可通过这一机制对冲外汇波动风险。这意味着一个全新的市场——芝商所旗下的国际货币市场成立并获得许可。国际货币市场将于 1972 年 5 月 16 日正式启动运营。

---

1 如果一定要找出全球化的诞生日期，那 1971 年 8 月 15 日是最佳答案。当天，尼克松总统宣布美元与黄金脱钩，导致了固定汇率体系不可逆转的崩塌，开创了全球化的新时代，并为芝商所推出金融期货奠定了基础。事实上，没有什么比芝商所在尼克松总统采取行动后推出的芝加哥国际货币市场更能代表浮动汇率时代了。这家金融期货交易所的诞生与布雷顿森林体系的瓦解密不可分。
2 引用自米尔顿·弗里德曼 1971 年发表的《货币需要期货市场》。

如果这是合法的，那就去做吧

1969 年我正式当选为芝商所董事长后，哈里斯认为我会撤销他总裁的职位，因为他曾站在反对我和经纪商俱乐部的守旧派那一边。我不这么想，我特意留下他，因为他的人脉广[1]。

但这有时很困难，哈里斯不仅性格古怪，思想也很保守。好几次和他交流后，我都怀疑留用他的这个决定到底是否正确。例如，在我执掌公司初期，哈里斯曾要求和我私下谈谈。聊天中，他紧张地请求我不要生气，因为他觉得我"脾气挺大"。我答应他不会生气，于是他问我为什么只雇用天主教徒，还问我是否知道我选出的芝商所新部门负责人马克·鲍尔斯、罗恩·弗罗斯特（Ron Frost）和威廉·费伦都是天主教徒。他知道我是犹太人，于是他问我："如果你雇用犹太人，我还能理解，但为什么要雇用天主教徒呢？你知道他们有小团体吗？"我当然不知道他们信奉什么宗教，也不在乎。我克制住自己的脾气并告诉哈里斯，如果他再提起这个话题，我就真的要解雇他了。

在忙于筹备国际货币市场的过程中，我遇到了一个严峻的问题。我很清楚在市场投入运营之前必须建立交割系统，如果没有交割功能，市场将无法运行。有时，市场上的客户希望收到他们多头持仓的货币。换句话说，要确保我们交易的货币对应的 7 个国家中，每个国家都有一两家该国的银行与我们合作。

这时候，哈里斯就发挥作用了，他把我介绍给蒂尔登·卡明斯（Tilden Cummings），他是芝加哥最大的银行（伊利诺伊大陆银行）的行长。大陆银行在我们交易的货币对应的每个国家都有分支机构，如果能达成协议，我们甚至不需要再去找其他银行。卡明斯听我说完，却对我们谈论的内容一头雾水。毕竟对外行来说，货币期货交易听起来就像科幻小说。

不过考虑到他和哈里斯的情谊，再加之我的热忱态度，使他相信我的请求是有根据的，他还是被说服了。我还特意提到了米尔顿·弗里德曼的

---

1 在成为芝商所总裁之前，哈里斯是芝加哥期货交易所办公室主管。

大名。卡明斯觉得与我年纪相仿的年轻人可能会理解我在说什么，于是他叫来了约翰·麦克帕特兰（John McParltand），我又详细地解释了一遍。"你明白了吗？"卡明斯问。麦克帕特兰自信地给出肯定的回答。"很好，"卡明斯说，"如果这是合法的，那就去做吧。"

卡明斯任命约翰·麦克帕特兰负责我们的项目。麦克帕特兰是我们渴望与之合作的人，他很快就理解了我们的要求，并着手在这7个国家的大陆银行分支机构中建立必要的交割设施和相关机制。我永远感谢他用创新力赋予国际货币市场生命。麦克帕特兰那套系统的核心理念一直运作至今。多年来，货币期货合约到期交割的总量以万亿美元计。约翰·麦克帕特兰后来成为芝加哥联邦储备银行金融市场高级政策顾问。

像纽约证券交易所一样稳固

国际货币市场是一个全新的实体，过往历史一片空白，确保其财务信誉至关重要。这在一定程度上是通过提升国际货币市场与芝商所的联系实现的，这也是我将国际货币市场设置为芝商所的一个分支机构的初衷。事实证明这是对的。尽管如此，我知道国际货币市场最终仍需要自立，和芝商所的联系没法支撑它走太远。交易所的实力主要体现在其清算公司，因为所有客户资金的安全都依赖于清算公司。我确保国际货币市场采用全套芝商所规则，这样同一批人马可以清算两边的账本。不只如此，我还有更长远的考虑。

当时，芝商所的清算会员之间有着一种共担关系：如果其中一个倒闭了，其他会员将共担违约后果，按比例补足资金缺口。换句话说，芝商所的财务实力是基于不成文的"用尽最后一滴水"原则，任何违约都将被填补上，直到没人有余钱为止。

然而，这种原则从未得到实际应用或检验，很多人（包括我）都质疑这是否可行。事实上，无论何时出现潜在的违约，芝商所都会悄悄地让另一家清算会员接手违约客户的持仓。同时交易所会以其他方式来补偿接手会员的成本。我认为国际货币市场提供了一个弥补这一漏洞的机会。

我的财务顾问是巴里·林德（Barry Lind），我在国际货币市场成立时任命他为国际货币市场清算公司董事长。我们一起探讨了目标，就是要将国际货币市场建设得像纽约证券交易所一样稳固——纽交所在当时是财务稳健性的佼佼者。我们达成一致，芝商所的清算会员（其中许多是华尔街经纪公司）将自动成为国际货币市场的清算会员。林德设计的清算体系成为芝商所整套稳健的财务体系的基石，经受住了后来几十年所有财务需求和压力的考验。

毫无疑问，巴里·林德是我最亲密的朋友，在后来面临无数问题时，我一直听从他的建议。巴里有非凡的数学天赋，是优秀的交易员和金融专家。1965年，他创立了林德-沃尔多克公司（Lind-Waldock），这是第一家期货减佣经纪公司[1]。1971年，查尔斯·施瓦布（Charles Schwab）受其启发也开设了一家证券减佣经纪公司。巴里·林德在各个方面都很有竞争精神。我们俩开车都很快，也都有保时捷。巴里总爱和我比拼车技，从他家到芝商所那段路，他试了很多次但还是没能比我用时更短。令我深感悲痛的是，2013年1月24日，巴里·林德在南加州因车祸离世，享年74岁。

林德和我举办了听证会，告诉华尔街人士我们正在制定极高的财务标准。我坚持在巴里·林德、杰罗尔德·萨尔兹曼和我一同编写的国际货币市场章程中纳入"用尽最后一滴水"这项原则。虽然我们谨慎地避免使用这个说法，但我们确实强调每个清算成员都有义务成为共同关系的一部分，以保证国际货币市场清算体系的稳固。难以置信的是，这条规则被毫无异议地接受了。后来，这种共同关系发展为一套基于会员年度成交量、持仓量等因素的精确公式体系。

诚信问题

我知道，董事会成员的声誉（我坚持称他们为董事，而不是管理者）是树立交易所强大形象的核心。我需要设定尽可能高的任命标准。能够任

---

1 这类公司较一般经纪公司收取的佣金水平更低，同时提供相对有限的额外服务。——译者注

命高信誉的知名人士担任国际货币市场的第一届董事会成员，也是对我个人声誉的一种背书。这些被任命者都是自由市场的拥护者，他们对国际货币市场本身有着强烈的信仰。我任命的第一个人是芝加哥哈里斯银行[1]首席经济学家贝里尔·斯普林克尔（Beryl Sprinkel），他是弗里德曼的门徒，后来成为白宫经济顾问委员会主席。

斯普林克尔使我得以接触到其他知名人士，包括芝加哥第一国民银行副总裁罗伯特·阿布德（Robert Abboud），芝加哥第一银行的威廉·J. 麦克多诺（William J. McDonough），他后来成为纽约联邦储备银行行长，芝加哥大学经济学教授罗伯特·阿利伯（Robert Aliber），还有莫卡塔金属公司首席套利交易员亨利·杰里克（Henry Jarecki）博士，真可谓群英荟萃。如此一来，我打破了董事会成员完全由选举产生的传统。出于显而易见的政治原因，我还任命了芝商所的所有董事会成员。

董事会的成员不时更换。我们没有提供报酬，所以董事们接受任命纯粹是为了其所代表的荣誉。除此之外，董事会成员基于多年的经验提供建议。但仅通过董事会来建立声誉是不够的，国际货币市场的成长在很大程度上也倚仗我的领导能力，以及我与董事会任命的高级管理人员。

在巩固国际货币市场的信誉和声望的同时，我还要确保国际货币市场能跟上技术的快速发展。我决心应用最前沿的技术，为交易所和清算会员提供最安全的清算服务。芝商所的网站上写道：

> 芝商所集团非常清楚其在全球市场中的重要地位，并相信我们的运营标准与财务保障措施能提供有效的风险管理工具，形成行业领先的风险管理能力。风险管理和财务监察是芝商所附属清算公司财务保障系统的主要功能。
>
> 金融和合规监管部结合各清算会员的头寸风险及对其内部控制、风险管理政策和后台运营的评估，密切监控清算会员的资本需求。

---

[1] 哈里斯银行后来被蒙特利尔银行（BMO）集团收购，更名为 BMO 哈里斯银行。——译者注

我的辉煌年

回顾过往，我们在美国为一种曾以分散化方式交易了 1 000 多年的产品开辟了一个集中交易市场。我们进入了一个曾被认为是银行界外任何人都禁入的领域，设计了一种世界上大部分人甚至都无法完全理解的金融工具。我们开启了新理念的大门，彻底改变了汇率决定体系。

1972 年我给会员的年度报告可以用一句得克萨斯州的民间俗语来形容——"眼见为实，并非吹牛"：

> 自创立以来，我们取得了如此大的进展，以至于人们都倾向于将国际货币市场视为一个成熟的市场。事实上，它还没迎来第一个生日。将我们在 10 个月中取得的成就与这项事业的规模相比较，就会意识到我们取得了巨大的进步。
>
> 今天，国际货币市场已声名远扬，它给芝商所带来的效益不容小觑。我们得到了离岸金融中心的认可，并在国内外赢得了许多最初持怀疑态度的人的认可。无论以何种标准衡量，国际货币市场的表现都超出了对一个未满一年的市场的预期。
>
> 当我们第一次宣布国际货币市场成立时，我们是独一无二的支持浮动汇率的先驱者。今天，事实证明了我们的理念是健全的、至关重要的，也是货币世界的必然趋势。因此，我们深受鼓舞，决心与未来的经济形势保持步调一致，继续推进已有的努力。
>
> 总的来说，我们认为国际货币市场的发展空间不止于现有的货币期货。我们希望在未来引入更多与货币直接相关的合约和商品，填补货币期货经济理论的空白。

和大多数伟大的思想一样，国际货币市场的优点并没有即刻得到普遍承认。国际货币市场的历史和金融期货交易的开始既是一个关于坚持、决心和信念的故事，也是一个关于辉煌、洞察力和必然性的故事。借用托马斯·爱迪生的话，国际货币市场的诞生是汗水和灵感共同作用的结果。

要充分理解国际货币市场对期货市场历史的革命性影响，首先要知道，从一开始，国际货币市场就代表着对传统期货既具体又全面的颠覆。国际货币市场成立之初推出了外汇合约，这本身就颠覆了历史悠久的以农业期货为基础的市场。此外，它还代表了更广阔的理念，它引入了金融工具的概念，这永久改变和丰富了投资的内涵。

20年后，诺贝尔经济学奖获得者默顿·米勒将金融期货称为"过去20年最重要的创新"。

第 18 章

酝酿

万事俱备，我像个传道者（律师李·弗里曼说我像堂吉诃德）一样，无数次穿梭于全美各地，会见各种团体，并逐一前往我们即将交易的货币对应的外国金融中心。

为了实现我的宏伟计划，我需要得到令人尊敬的经济权威和高层政府官员的支持，至少是认可。我已经获得了米尔顿·弗里德曼作为最高学术权威的认可，但如果美联储主席能理解并欣赏我们所做的事情，甚至能对此发表有利的公开评论，那将是又一次有力的推动。至少，当媒体要求他们发表评论时，我希望他们不要对我们的计划感到陌生。正是出于这个原因，在国际货币市场诞生之前，我就坚持要与高层官员会面，向他们介绍国际货币市场。

我们的律师萨尔兹曼反对这个想法，他警告道："这就像把手伸进老虎的笼子。"也许出于天真，我无视了他的建议，但回头来看，我这样做是对的。

在美国财政部会面

我见了许多高层官员，包括美联储主席阿瑟·伯恩斯（Arthur Burns），历任和现任白宫经济顾问委员会主席艾伦·格林斯潘（Alan Greenspan）、赫伯特·斯坦（Herbert Stein）、马丁·费尔德斯坦（Martin Feldstein）和贝里尔·斯普林克尔，美国财政部长乔治·P. 舒尔茨（George P. Schultz），财政部副部长保罗·沃尔克（Paul Volcker），历任和现任农业部长克利福德·哈丁（Clifford Hardin）和厄尔·巴茨（Earl Butz），商务部长彼得·彼得森（Peter Peterson），被认为是下任财政部长的威廉·E.西蒙（William E. Simon）。这些只是我拜访的官员中的一部分。

我正确地判断现任官员或多或少支持自由市场理念，因此对于我们的新市场会持积极态度。每位官员都鼓励我继续努力，至少没有人说出反对的话语。弗里德曼的可行性报告具有无与伦比的说服力。我会说："你不一定要相信我，但是你一定要相信米尔顿·弗里德曼。"

这一点在财政部长乔治·P.舒尔茨身上尤其适用，我在会议前将这份报告发送给他，因为我知道舒尔茨曾是芝加哥大学的教授。当我第一次走进美国财政部大楼宽敞的部长办公室时，我的膝盖发抖，舒尔茨只是简单地说："是这样，梅拉梅德先生，如果米尔顿认为这足够好，那么我也认为它足够好。"我后来在很多地方都引用了这一经典的话语。

适应你的听众

当我拜访商界和金融界人士时，我意识到很多人都对此持怀疑态度，因此我相应地调整了自己的措辞。通常情况下，人越多，我解释的效果就越好。我发现，重要的是，要向听众说清楚我的国际货币市场计划并不止于货币期货。以下这段话摘自我在证券分析师协会的演讲，该协会成员大多是怀疑论者：

> 很荣幸有机会在国际货币市场诞生前夕在证券分析师协会发表演讲。很高兴各位对我们的创新感兴趣，并邀请我到这儿来。
>
> 我想在此阐述三个问题：第一，为什么应该有货币期货市场；第二，这一市场与商界已在使用的银行间远期市场有什么不同；第三，为什么我们认为国际货币市场会成功，并可与其他金融工具一起使用。这是一项艰巨的任务，但我会努力。

跳到1973年11月27日，即国际货币市场推出一年后，在洲际广场举办的一次贸易大会上，面对友善的观众，我表现得更加自信：

> 去年，当我在第一届国际货币会议上发言时，我谈到了芝商所国际货币市场的成功启动。我当时非常自豪地指出，我们冒险进入未知的海洋，我们的旅程由时代的必然性驱动，我们的目标是宏伟的、独特的和革命性的。今天，这些观点同样正确。
>
> 在我去年发言时，国际货币市场刚成立5个月，只是一个胚胎，它可能被100种可能性中的任何一种扼杀。我们很难证明自己会成功，并且尚未建立起资历或信誉，几乎没什么存在感。我们更多是依靠自己支撑起来的信念。如今，我们仍记得当初的创业之难。
>
> 但是今天，国际货币市场创立已经有一年半。这个胚胎存活了下来，长成了一个婴儿，并从爬行阶段进入步行阶段。

我经常在演讲中尝试创新，尤其是在大学里向老师或学生演讲时。例如，1973年11月7日，在伊利诺伊州埃文斯顿，为了获得西北大学学生的认可，我开创性地在讲解期货时类比起了《圣经》中的约瑟：

> 法老召约瑟来解梦，约瑟对法老说：埃及遍地必有7年丰收，但此后必有7年饥荒。约瑟提议：在丰年中将粮食收集贮藏起来，归法老管理，这些粮食要留到7年饥荒时用，免得这片土地被饥荒毁灭。就这样，期货市场的概念诞生了。

为什么要建设一家全新的交易所

从设想诞生之初，我就坚持上市交易的金融工具必须由独立于芝商所以外的交易所提供，这样做主要有以下几个原因。首先，未来我们会推出更多的金融工具，为此专门设计一家交易所是合理的。其次，国际货币市场这一名字很吸引人，这对全球来说更有卖点。再次，许多银行和证券公司的官员和交易员担心在人们熟知的"猪腩交易所"交易，可能会损害他们在金融界的形象。将国际货币市场创建为单独的实体可以避免这个问题。我选择不向外界解释国际货币市场的产品将在芝商所交易大厅内进行交易，以免人们觉得它和猪腩期货一起交易，拉低了它的层次。

再次，或许也是最重要的一点，我需要全身心投入的交易员来启动市场。换句话说，必须有一群交易员完全专注于创造货币市场的流动性。他们拥有在国际货币市场交易的专门会员资格，可交易后续我们推出的新金融工具。事实证明，这对国际货币市场的成功至关重要，交易员不仅创造了流动性，自身也获得了巨大的收益。

最后，我们成立国际货币市场也是为了吸引寻找新职业的年轻人。那时，芝商所会员资格的价格已突破10万美元，创下历史新高。[1] 然而，很少有二三十岁的人能拿出10万美元来开辟新职业，特别是在这样一个困难重重、充满风险的领域。我认为我们寻找的人才会对学习上手一个新专业求知若渴、充满期待，他们或许可以拿出芝商所会员费的十分之一来开启这一职业。

因此，我们开始以10 000美元的固定价格出售国际货币市场席位，并提醒买家必须持有至少一年。这一标价将维持一年，一年之后，国际货币市场的会员资格将交给市场自由定价。[2]

我们最初卖出150个席位，筹集了150万美元，用于建设新交易所。这批买家被称为国际货币市场的"梅家军"，他们的平均年龄30岁出头，之前从事的职业五花八门，包括法律、房地产、会计、推销和自营商铺。有些人甚至没有专长，只是在寻找新职业。

顺便说一句，我为我父亲买了一个首批席位，作为他多年前借给我3 000美元买芝商所席位的一种偿还。多年后，当国际货币市场的席位价值25万美元时，我问他是否想卖掉，落袋为安。他用意第绪语回答："kain mol."意思是，永远不。

---

1 大约10年前，我只花3 000美元就买到了我的芝商所席位。
2 芝加哥国际货币市场的席位价格从未低于8 000美元。

关键决策

我们面临的首要决策之一是确定新货币期货合约的规模。1969年我在第一次担任董事长时也遇到了类似的问题。当时，每个人都把希望寄托在活牛期货合约上，那是业内的第一个活畜产品。这引发了一系列复杂的问题，因为到期交割牵涉运输活牛。虽然在我参与之前，这个问题已成功解决，但真正的问题在于活牛期货合约设计毫无进展。经过调查，我发现了问题所在：我们的交割单位太大了。于是我决定将单位规模减至40 000磅，相当于一辆卡车能承载的重量，此举取得了绝佳的效果。

虽然活牛和外汇之间存在巨大的差异，但规模问题异常相似。银行家们告诉我们，银行间市场以100万美元为单位进行交易。因此，如果国际货币市场要参与竞争，我们就应该使用外汇交易员习惯的规模。问题是在1972年，每手合约100万美元对本地交易商来说太贵了。由于流动性是新产品的圣杯，如果没有本地交易商参与，合约就会缺乏足够的流动性。这像是一场商业世界和期货市场之间的拔河比赛，此景几乎出现在我们推出的所有新产品上。

我们商讨将期货合约规模定在每手50万美元。几周后，我意识到这个规模对本地交易商来说还是太大了。我很快推动将合约一拆二，这是证券业常用的策略，通过向现有股东发行更多股票来增加流通股的数量。在国际货币市场，这意味着一手合约变成了两手——我们还免除了第二手合约的佣金。效果立竿见影。不久之后，我又一次对合约进行了一拆二。新合约价值降到了10万~15万美元，成效显著。

建立季月周期

在新期货合约诞生的过程中，最关键的决策之一是确定合约月份。众所周知，目前世界各地的金融市场几乎都是按季月周期（即3月、6月、9月、12月）上市新合约，甚至有人说这一惯例完全归功于我，因为国际货币市场的第一批货币期货合约采用了季月周期，后来几乎全球都效仿了这一做法。此举在会计和其他财务方面都很适用。天赋有多种展现形式，我相信这是其中之一。下面讲讲我是如何做出这个决策的。

决定国际货币市场新货币期货合约月份的重任落在了货币委员会。农产品的合约月份受生产周期、生长和收获月份、一年四季等标准的制约。例如，鸡蛋期货合约包含9月、10月、11月和12月的合约月份，活牛期货合约则包含2月、4月、6月、8月、10月和12月。然而货币并没有固定的生产周期，因此，有人坚持认为货币期货合约月份应涵盖连续的12个月。

别忘了，那是1972年，交易大多还通过黑板记录进行，新产品尤其如此，因为交易是零星的，交易员不愿意站在场内等待交易发生。通过在黑板上列出的买卖价（按价格/时间优先顺序），交易员可以确定他的潜在出价不会被错过。对于货币期货合约，我们计划以每个黑板代表交易年中的一个月。随着交易变得活跃，每种货币期货合约都会进入一个公开喊价的交易池。

黑板交易和公开喊价两种方式配合良好。当市场不是很活跃时，让经纪商和交易员待在交易池里等着有人下达执行指令意义不大，而黑板交易能解决这个问题。早上开盘时，钟声会响起，有订单（或有投机意向）的会员会向黑板记录员喊出买卖报价，黑板记录员会用粉笔在黑板上按价格/时间优先顺序记录。你可以随时更改或删除报价。

一般来说，每块黑板记录某产品一个月份合约的报价，但有时也会用到额外的黑板。一笔交易完成就被记录在其中一块黑板上，成为交易终结的证明。此外经纪商和交易员还需将交易记录在交易卡片上，提交给交易所进行清算。错误和失误的数量少得惊人。如果某个市场突然变得活跃，交易所会敲响钟声，市场参与者涌入池内，改用公开喊价作为主要交易方式。

我反对上市连续12个月货币期货合约的提议。我认为，要取得成功，应该注入一点儿不确定性。因此，我说服委员会每隔1个月上市新合约。会议结束后，芝商所场内经理托马斯·皮克（Thomas Peak）私下告诉我，我们的墙壁没有足够空间为7种货币各设置6块黑板："那需要42块新黑板的空间。"这让我感到为难,我谨慎地问道:"我们有多少墙壁空间?"他回答:"只够挤进去32块新黑板。"

我立马让委员会再次开会,最终一致决定新合约将按季度上市,即3月、6月、9月和12月[1],这样只需要28块新黑板。这正如我所说,天赋有多种展现形式。

---

[1] 出于税务目的,12月期货合约是必须有的。后来这个模式被称为三月周期。

第 19 章

诞生

按照计划，1972 年 5 月 16 日国际货币市场开始了 7 种货币期货合约的交易：英镑、加拿大元、法国法郎、德国马克、日元、墨西哥比索和瑞士法郎。金融领域首次出现了一种同时提供风险管理、价格发现和盈利机会的工具，这是一个历史性的时刻。

虽然我内心欣喜若狂，但我必须稍作克制。在国际货币市场启动那天，我和交易员们一起待在场内。我震撼于场内人数的庞大，震撼于雷鸣般的声音。他们大声地喊着数字，拥挤着，挥舞着手臂。在 4 种货币的交易黑板上，黑板记录员疯狂地跟上交易员喊出的买卖价格，涂写着数字。

交易大厅的气氛像通了电。大厅里都是在我的游说下和我共同追梦的会员，他们对梦想坚信不疑，并愿意付出一切让它成真。那天谁赚了亏了并不重要，重要的是我们开创了一个市场，向全世界证明，尽管困难重重，我们仍将想法变成了现实。第一天的成功标志着巨大的胜利。当天结束时，我身心疲惫，一个想法不断在我脑海中重复：如果货币期货能够成功，那么我们还有无尽的发展空间。

国际货币市场很快以成功创造了流动性而闻名。试图模仿我们的产品线或推出新产品同我们竞争的交易所很快听闻，梅拉梅德和国际货币市场管理层非常善于激励本地交易商为新产品创造流动性，并保护受到攻击的产品。成功的原因之一是，首先，我自己也是一名交易员。

我开始成为主要的激励者。我用一系列鼓舞人心的演讲、讲座、货币相关的新闻及信息图表"轰炸"会员。我还选择以身作则，花时间到场内与其他交易员一起参与交易，而不是光说不练。在市场尚不成熟且流动性不足的情况下进行交易的成本可能相当高，但驱动我的是一种远比赚钱更强烈的动力。[1]

金融新时代

诺贝尔经济学奖获得者默顿·米勒记录了这一天："我可以非常准确地说出金融期货领域第一个真正成功的创新，也可以非常准确地说出发明者的名字——他就是芝商所的利奥·梅拉梅德。"[2]几年后，米勒教授做出了关键补充："随着金融期货的推出，梅拉梅德开创了现代金融时代。"[3]

多年后，我询问米勒教授这句话的意思。他说："因为货币期货的推出，首次向金融界提供了一种全新的、相对直接的方式来管理金融交易和投资风险。"

他又继续解释道，货币期货推出之前，几乎不可能对涉及货币的交易进行风险控制和调整。国际货币市场的启动提供了一种简单实用的方法，还提供了赚钱的机会。

米勒教授说："显然，通过创造一种全新的金融工具，你的想法开创了金融领域的一个新时代——一个可以管理和调整货币风险的时代。"国际货币市场证明了金融交易需要一类新的风险管理工具。正如维克多·雨果告诉我们的："当属于一个想法的时代到来时，地球上没有任何力量可以阻止它。"

一点点运气

当然，成功来之不易。国际货币市场的货币期货合约经历了艰难的过

---

1 多年后，在公开喊价被电子交易取代后，增强新产品流动性的方法是花钱请专业做市商提供必要的报价。

2 'Financial Innovation: The Last Twenty Years and the Next', Merton H. Miller, University of Chicago, Selected Paper Number 63, June 1986.

3 Endorsement on the opening of Globex, June 25, 1992.

程，花了好几年时间才最终被美国经纪商界和全球的银行机构接受。事实上，从一开始，美国外汇协会就向所有美国银行交易商发送了一份备忘录，不准其与国际货币市场等未经授权的实体有业务往来。

但正如米勒教授所说，随着时间的推移，国际货币市场最终让商业界各个领域对其争相追捧。吸引他们来到国际货币市场的理由有好几个：第一，这是一个绝妙的想法，被经济领域的许多人认可，其中就包括了两位诺贝尔经济学奖获得者；第二，我不懈努力为国际货币市场赢得声誉，并且奔波于全国乃至世界各地，宣扬货币期货的优点；第三，每当国际货币市场接受审查时，遇到的美国政府官员通常都很有远见。

最重要的是，在市场上，运气几乎总是与时机高度相关。在这方面，我们非常幸运。如果全球动荡造成市场波动，导致市场价格大幅变化，对风险管理提出需求，提供了投机机会，那对我们来说就是绝佳时机。事实上，如果上帝允许我设计出最能证明货币期货需求的全球环境，那么现实中出现的情况就是我能想到的最佳场景。

首先谈谈中东，全球大部分能源都产自中东，价格也主要由中东决定。1970年，约旦国王侯赛因和亚西尔·阿拉法特领导的巴勒斯坦解放组织之间爆发了一场被称为"黑色九月"的冲突。到1972年，也门战争爆发。这些事件的发生与国际货币市场的启动在同一个时期。接着是土耳其入侵塞浦路斯和黎巴嫩内战，这一切都是伊拉克和伊朗8年冲突的背景。

此外还有1967年以色列与邻国埃及、约旦和叙利亚之间的第三次中东战争，以色列军队与埃及、苏联、约旦和叙利亚联合部队之间的三年战争，还有在埃及和叙利亚领导的阿拉伯国家联盟对以色列发动突然袭击之后，1973年10月爆发的第四次中东战争。这导致了1973—1974年石油输出国组织欧佩克的阿拉伯成员国对美国实施石油禁运，表面上禁运是为了报复美国在第四次中东战争期间对以色列的支持，实际上主要是为了在战后谈判中获得筹码。

如果上述因素造成的波动还不够大，那么还有一些更具影响力的来自美国国内的因素也在同步产生影响。最重要的是尼克松总统1971年8月

15日废除布雷顿森林体系，宣布不再以每盎司35美元的固定价格将美元兑换成黄金。正是这件事让我决定不再犹豫，坚定地创立了国际货币市场。黄金窗口关闭，大多数国家不再认同美元的霸权地位。不出所料，美国的通胀率从20世纪初的低于5%上升到1974年的高于11%，直接导致利率上升到了20%的历史最高水平。1979年，保罗·沃尔克被任命为美联储主席后，美国的金融体系才得以恢复元气。

让经济动荡愈演愈烈的是价格不断上涨，尤其是猪和牛等食品的价格。杰拉尔德·福特总统的反应居然是通过向民众发放和总统同款的带有"WIN"[1]标志的徽章，鼓励他们自愿行动起来，阻止通货膨胀。此举的效果像在尸体上拔火罐。[2]尼克松总统的做法"更棒"——被我们称为"右翼"的理查德·尼克松采取了价格管控，他发布了11615号行政令，对工资和物价实行90天的价格冻结，以应对通货膨胀。这是美国政府自二战以来首次实施工资和价格管制。正如米尔顿·弗里德曼正确预测的那样，尼克松的策略以"彻底失败和被抑制的通胀完全爆发"而告终。

我特地为此吟诗一首：

价格管制颂歌

我记录下来，单纯觉得好玩，
1971年价格控制是如何发生的。
万一经济再次陷入混乱，
还有这个故事可以借鉴。

经济已经深陷6英尺深的泥潭了，
我们怎么会犯这样一个经典的错误呢？
对于后代，女士们，先生们，

---

[1] WIN（Whip Inflation Now，立即抑制通货膨胀）运动是福特总统试图激发民众对抗通货膨胀的尝试，并将此与公共措施结合。
[2] 古老的犹太谚语。

这是我的颂歌，请听。

民主党人说：
下一个要争论的问题是
价格上涨，以及它们预示着什么。
我们需要一个看起来不错的补救办法，
一个有吸引力和能被理解的办法。

"价格控制"很好，它们符合需要！
快速解决问题！
当然，结果可能很糟糕，
造成短缺、混乱，这将是可悲的。

但无须担心，
我们先把问题制造出来，然后再来考虑。
共和党人永远不会批准这个解决方案，
因为它违反了自由市场。
那我们就可以说物价上涨全是因为
共和党在危机时期无所作为。

共和党人想：
民主党人制造了一个聪明的陷阱，
一个让我们承担责任的麻烦事。
这可能会让我们痛失很多选票，
通货膨胀事关民生。

但我们也可以玩这个政治游戏，
我们不会落后。

我们将扭转他们的小计谋，
我们也将加入价格管控的队伍。

当然，结果可能很糟糕，
导致产量下降，这将是可悲的。
但总统绝不会允许这出戏上演，
任由国家走向毁灭。
他会毫不犹豫地停止管控，
这样就没有人会遭到责备。

媒体和新闻界说：
我们的义务是报道新闻，
是追踪问题和进展。
通货膨胀已成为一场可怕的灾难，
我们需要一个方案来控制局面。
国会已经颁布听起来很好的法案，
为什么总统不做他应该做的呢？

当然，结果可能很糟糕，
可能适得其反，这将是可悲的。
但至少暂时奏效，
涨价将成为犯罪。

劳工领袖们想：
我们的工人受够了物价上涨，
必须采取措施结束这场危机。
自由经济是好的，
但我们的钱都快贬值到地狱了。

我们需要管控价格，
（但绝不要管控工资！）

当然，结果可能很糟糕，
导致就业减少，这将是可悲的。
但我们可以责怪立法者，
说他们是糟糕的政策制定者。

消费者权益拥护者表示：
大企业控制着美国，
他们让普通民众不断地付钱。
帮助公民是我们该做的，
我们是无知懒汉的救世主。
我们提议使用魔杖，
挥挥手就让价格降下来。

管控像魔法一样有用，
它们停止盈利，这不是悲剧。
当然，结果可能很糟糕，
造成囤积和恐慌，那将是可悲的。
但是如果这像古代魔法一样奏效，
那么我们就会被称赞。

企业管理者表示：
危机必须结束，
我们的公众形象必须改善。
控制措施将安抚公众的情绪，
如果我们支持它们，看上去会不错。

当然，结果可能很糟糕，
导致商业停滞，这将是可悲的。
但如果我们反对得太强烈，
这肯定会被误解。
那么只能祈祷结果是我们想要的，
对自由市场的经济学家来说，他们根本不在意。

总统的顾问建议说：
毋庸置疑，管控是不好的，
但是如果我们只应用一段时间，
就像是在选举前的试验，
这样就不会有损我们保守的风格，
也许不会造成太大的伤害。
同时我们能在政治上获得口碑，
平息家庭主妇日渐累积的愤怒。

总统说：
我反对任何形式的管控，
管控不是这场风暴的解决方案。
它将破坏我们国家的经济，
造成短缺，导致我们需要定量配给，
会产生物价管理局那样的官僚主义。
他们造成了不公平和混乱。
但是等等，让我们看看事实，
管控措施是由国会法案规定的，
是民主党人和共和党人采纳的，
还想把责任推卸给我。
媒体也支持管控，

持不同政见者悄无声息。
劳工组织要求立即采取行动,
如果不这样做,我会看起来像个傻瓜。
消费者认为这是一个魔法,
魔法施展瞬间,价格就会下降。
企业支持它,他们当然知道
什么是对国家有利的,并全力支持。

我的顾问觉得,如果只实施一段时间,
可能不会造成太大的危害。
如果只有我一个人没看到这一政策的优点,
会显得我像个傻子。
如果每个人都赞成,那他们一定是对的。
这将有助于平息众怒,
浇灭不断升级的怒火。
也许它有魔力,你并不能确定,
任何措施都可能是正确答案。

当然,结果也可能是悲剧,
但是国会通过了这项法案——真是糟糕!
如果不是那么悲伤的话,故事还挺有趣,
女士们,先生们,事已至此,就这样吧。

在推出一个因波动而繁荣的市场时,谁还会要求更多呢?对我们来说,这是一个完美的场景,证明了需求是创新之母。国际货币市场诞生3年后,我在1975年的年度报告中记录了以下事实:

正确的时机是细致规划和运气的结合,这正是1972年国际货币市场创立时的要素。我们在最恰当的历史时刻推出了为外汇期货交易设计的市场。恰逢布雷顿森林体系瓦解，浮动汇率取代了固定平价汇率，从事国际贸易的人需要新的手段来对冲汇率波动带来的风险。

随着国际货币市场持续发展并取得成功，国内外的市场都从类似的创新金融产品中受益。世界各地的交易员都来探索期货和现货市场涌现的机会。其中的许多人后来变得非常富有，有些甚至成为名人，例如劳埃德·克雷格·布兰克费恩（Lloyd Craig Blankfein）、彼得·鲍里斯（Peter Borish）、加里·戴维·科恩（Gary David Cohn）、理查德·J.丹尼斯（Richard J. Dennis）、威廉·埃克哈特（William Eckhardt）、约翰·威廉·亨利（John William Henry）、亨利·杰里克、保罗·图德·琼斯（Paul Tudor Jones）、布鲁斯·科夫纳（Bruce Kovner）、拉尔夫·彼得斯（Ralph Peters）、詹姆斯·哈里斯·西蒙斯（James Harris Simons）、文森特·维奥拉（Vincent Viola）等。

抵御抄袭者

事实上，我知道试图同时推出7种不同的期货合约是非常莽撞的。仅仅推出1种新的期货产品就已足够困难，更不用说在一个全新的资产类别中推出7种了。但我更担心我们会被芝加哥期货交易所、纽约证券交易所或其他交易所模仿。同时上市所有主要货币的交易，别人就很难窃取我的创意。

这让我想到了一个自期货诞生就一直伴随的问题。在大多数行业，政府当局可以通过禁止他人抄袭原始发明，在一段时间内保护发明人。期货和期权则不然，它们没有保护性专利。但与其他大多数商业活动一样，在一种新的期货产品被创造出来之前，研究、开发、营销、广告、公关、宣传都要付出成本，更不用说从多个产品中择优推出的成本了，那通常需要反复测试，筛选掉不合适的产品。即便如此，知识产权保护仍然不适用于期货和期权。

实际上，任何交易所都可以抄袭原创者设计出来的期货产品和其合约细则。各交易所一次又一次地尝试抄袭芝商所和国际货币市场的产品，虽然他们很少成功，但我们不得不耗费时间和金钱来抵御这些潜在的剽窃。

一些交易所甚至尝试另辟蹊径，想方设法地从其他交易所成功的产品中挖走持仓[1]。我们一贯反对此类偷窃，因为持仓在期货中的重要性等同于专利，它代表了上市产品取得的成功。在这种情况下，持仓量是判定新产品成败的良好标准。杰克·桑德纳（Jack Sandner）经常说巨大的持仓量是国际货币市场成功的证明——这么说完全正确。

任命现实监测员

现在回想起来，我对于别人抄袭我们的担心是完全没有必要的。似乎很少有人觉得货币期货是个好创意，并没有人着急要效仿。除了完全支持我们的芝加哥各家银行，这一事件其实并没有受到全球主流金融机构的关注。实际上，在最初几年里，我们还是延续着原先讨厌鬼甚至笑柄的形象。

国际货币市场推出后不久，同时上市多个新合约的后果之一开始显现。我们上市的7种货币并不总是在同一时间或同一方向产生活跃交易，每种货币都是零星交易，有时甚至根本没有交易。这意味着，一些货币期货合约的价格有时会与现货市场上对应货币的价格变动不一致，因而与全球市场不同步。这是一个大问题，关系到当天收盘结算的价格。

为了解决这个问题，我需要任命几名交易员作为现实监测员，其中就包括了出现在我脑海里的莫里斯·利维（Maurice Levy）。在每天收盘前，他们会按需提供特定货币的买盘或卖盘，以使其结算时与银行间市场的收盘价一致。[2] 幸运的是，这是在商品期货交易委员会成立并出台反虚假交易规定之前。

然而，这一解决方案并没有从根本上解决问题。即使是国际货币市场最活跃的货币，例如瑞士法郎、德国马克、英镑和日元，在波动期间也常常无法与银行间市场的价格走势同步。我们需要的是一个比任命现实监测

---

1 持仓量是尚未结算的金融衍生产品合约（如期货和期权）的总数。
2 这种努力并不完全合规，它需要有目的地预先安排交易，商品期货交易委员会不会允许这样做。

员更全面的解决方法,我意识到需要通过现金和期货之间的套利操作使其保持一致。

B 级套利

套利是一种由来已久的操作,其功能是在价格相关但并不总是同步的不同市场间进行调和。套利的关键附带作用之一就是推动相关市场的价格走势趋于一致。银行自然很适合履行这项任务,但我们的问题是,在国际货币市场的初创阶段,银行没有参与其中。如果不能使国际货币市场的价格与银行间市场的走势保持一致,我们的市场将失去信誉。我去银行寻求帮助,但只有芝加哥的银行愿意听我们说话。他们还指出,他们无法开展套利业务,因为国际货币市场交易员的资本不足。事实的确如此。

我设计的解决方案被称为 B 级套利清算操作。国际货币市场会员在银行开立现货账户,用于交易货币现货,同时在其国际货币市场清算公司的 B 级账户中交易等价的、反方向的期货。该 B 类账户仅用于与一家特定银行进行套利,并且该账户必须始终与银行的现货头寸配平。为满足资本充足的需要,国际货币市场会员的 B 级期货账户将由银行合法持有。实际上,银行在财务上是安全的,因为它控制了套利交易的双方。

这是一个很牢固的体系,不需要国际货币市场会员为财务安全提供额外的资本。因此,现金相对匮乏的会员也能开展套利业务。B 级套利操作实际上拯救了国际货币市场,套利交易的持续流动为国际货币市场提供了流动性,同时使期货和现货价格持续保持一致。我用自己的清算公司——黛尔谢尔投资公司为其他人打了个样,并聘请米基的丈夫伯特·诺顿(Bert Norton)负责套利业务。前文提到过,米基是国际货币市场的第一位女交易员,也是我的桥牌搭档。

在巅峰时期,有近 30 家公司开展国际货币市场 B 级套利业务,每家公司对口的银行几乎都不同。一些银行模仿这一创意,购买了一个国际货币市场席位,并将自己的一名交易员派往国际货币市场场内。几年后,随着国际货币市场的成熟及期货和现货之间竞争性差价的收紧,B 级业务逐渐萎缩并走向终止。那时，国际货币市场的成功已经得到保证。

正如向会员们承诺的那样，通过在金融领域，尤其是利率和股指方面开辟新市场，我在国际货币市场成立后的第一个 10 年推动了它的发展。事实证明，这些市场非常成功，在国际货币市场推出 1 年后，芝加哥期权交易所引入了布莱克-斯科尔斯模型，该模型进一步增强了金融风险管理能力。我个人也因此与布莱克-斯科尔斯模型的发明者、诺贝尔经济学奖获得者迈伦·斯科尔斯（Myron Scholes）和罗伯特·默顿（Robert Merton）建立了终身友谊。这些年来，我们找到了很多保持密切合作和朋友关系的理由。

第 20 章

堂吉诃德

1972年,芝商所的法律顾问李·弗里曼给我起了个绰号——现代堂吉诃德。弗里曼意识到我将与未知的风车作战,其中之一就是现状。我确实花了大量的时间挑战央行、政府和芝商所内部的现状。

国际货币市场启动后不久,我就开始拜访国际货币市场每种货币期货对应国家的央行。虽然我知道我不需要他们的批准,但我认为礼貌性地打个招呼可能是有好处的。因此,在我们聘请的国际顾问柯蒂斯·霍克斯特(Curtis Hoxter)的帮助下,我为自己和芝商所的几位高管制订了拜访计划。我们准备了法语、德语、意大利语和西班牙语的资料。令我失望的是,结果并不尽如人意,外国官员几乎不关心甚至不出席我们的会面。我估计没有一位央行行长再次考虑过这件事。

正如约翰·梅纳德·凯恩斯勋爵所说:"改变企业的最大困难不在于发展新思想,而在于摆脱旧思想。"

然而,有一次拜访是令人鼓舞的。1972年6月24日,在拜访英格兰银行的官员时,他们祝我们好运,并表示支持自由市场理想。出于礼貌,其中一位官员问能否帮上忙。众所周知,英镑是一种固定汇率货币,我开玩笑地回答说:"如果英国能让英镑使用浮动汇率,那将非常有帮助。"结果众人并非如我所想地被我逗乐,相反,全场陷入了尴尬的沉默,没有一个人笑。

离开后,我觉得很难过,因为我的笑话没取得想象的效果。之前我一直觉得英国人很有幽默感。下一站到了意大利米兰,在那里,我们惊讶地看到《国际先驱论坛报》上的标题——"英格兰银行决定实现英镑浮动汇率制"。历史上确实有巧合，但这次的巧合也太巧了。毫无疑问，英国央行的官员们以为消息泄露，而我在揶揄他们。

《芝加哥论坛报》评论道："此举是一种事实上的贬值，这将允许自由市场力量为英镑设定一个新的、更低的国际价格。这将结束英格兰银行在外汇市场上不断买入英镑，以阻止英镑从 2.605 7 美元的官方平价下跌的徒劳举动。"

这正是米尔顿·弗里德曼试图做空英镑的原因。

监管

1972—1973 年，期货市场在国民经济中所起的作用微不足道。当时我们处于商品交易管理局的监管之下，那是个极小的机构，几乎没什么权力，员工不足 12 人。它由亚历克斯·考德威尔（Alex Caldwell）领导，他用心良苦，但没有周全的计划和有力的权威。[1] 但随着我们的发展，我知道美国政府很快就会找上门来对我们进行监管。

我认为最有可能获得对我们的监管权的机构是美国证券交易委员会。该组织负责处理证券相关事务，是一个强大的、历史悠久的官方机构。但我很快意识到，证券交易委员会对期货市场来说是最不理想的监管机构，因为那里的人根本不是创新者。杰罗尔德·萨尔兹曼曾开玩笑说："证券交易委员会将纽交所视为其长子，将芝商所视为在战斗中被俘的努比亚奴隶的私生女。"所幸，证券交易委员会并不想与我们有任何瓜葛，成为"猪腩交易所"的监管者对他们来说很不光彩。不过近些年来，尤其是在我的朋友玛丽·夏皮罗（Mary Shapiro）成为证券交易委员会主席后，情况发生了很大的变化。

与此同时，美国国家政治伴随着"水门事件"高速运转。1974 年 8 月 9 日，尼克松因掩盖丑闻而面临被弹劾的尴尬下场，于是选择成为美国历

---

[1] 有一次，在一场潜在的鸡蛋期货合约操纵案发生前，我邀请考德威尔先生到场内来，试图吓退那些潜在的操纵者。我这么做是想提醒那些操纵者，我有商品交易管理局的支持。

史上唯一主动辞职的总统。同时受到两党欢迎的杰拉尔德·福特在副总统斯皮罗·阿格纽（Spiro Agnew）因腐败指控辞职时接替了他，随后成为美国历史上第一位非选举产生的总统。

更重要的是，众议院农业委员会的约翰·雷恩博尔特[1]和农业部助理部长约翰·达姆加德（John Damgard）支持立法建立商品期货交易委员会。他们的顾问是凯易国际律师事务所（Kirkland & Ellis）在芝加哥的著名律师菲利普·麦克布赖德·约翰逊（Philip McBride Johnson），以及芝商所的利奥·梅拉梅德。

通向商品期货交易委员会之路

菲利普·麦克布赖德·约翰逊曾在商品期货行业从事代客交易业务长达15年。1974年，他被任命为凯易国际律师事务所的新成员，并成为芝加哥期货交易所的法律顾问。然而，芝加哥期货交易所的高层并不是很欣赏他，因为他拒绝臣服于芝加哥期货交易所业界老大的头衔，也不相信芝加哥期货交易所可以单独决定商品期货交易委员会这家联邦新建机构的规则。在他成为商品期货交易委员会主席之前，约翰逊就曾从凯易国际律师事务所请假，抽空写了商品监管规则方面的专著。这本专著后来由利特尔·布朗出版社出版，成为关于期货监管的"圣经"。

约翰逊和我很合得来。我觉着他很欣赏我富有创新精神的方法、我能行的态度，以及对自由市场不受约束的热情。作为交易所外的人，他却很了解期货是什么、如何运作，以及期货如何为国家利益服务。约翰逊还认识到了推出货币期货的革命性价值，预见到我们的行业将因开辟新的金融领域而发展壮大，并将持续向农产品以外的领域扩展。他推断，这将导致我们触动联邦其他监督委员会（如煤炭、天然气、木材或住房）的管辖权，这些委员会之后会要求在发展过程中扮演一定的角色。

鉴于此，约翰逊在《商品期货交易委员会法》中起草了一项条款，使

---

[1] 后来约翰·雷恩博尔特（John Rainboldt）成为商品期货交易委员会的第一位副主席。

其成为美国期货业的唯一监管机构,该条款明确适用于所有有形产品和无形产品。他还确保众议院农业委员会获得独家管辖权,这一直保持到了众议院金融服务委员会获得联合管辖权之前。这是非常了不起的举措,奠定了期货行业成功的基础。

然而,杰拉尔德·福特很快就明确表示他支持削弱政府角色,认为没有必要再设立一个新的联邦机构。农业部长厄尔·巴茨也同意这一观点,他还威胁要建议总统否决我们的提案。总统为了更好地了解情况,打电话给他的密友——得克萨斯州众议员、众议院农业委员会主席威廉·波格(William Poage)——征求意见。

两分钟的陈述

恰好就在这个时期,芝商所董事长拉里·罗森堡(Larry Rosenberg)和我决定推进在华盛顿特区开设办事处的计划。办事处的第一位负责人是戴勒·亨宁顿(Dayle Hennington)。这一任命非常巧,亨宁顿和波格来自得克萨斯州的同一个小镇,他们是一生的挚友。事实上,波格当选国会议员后,亨宁顿担任他的行政助理。后来,当波格成为众议院农业委员会主席时,亨宁顿建议他支持我们立法。我和波格的会面就是亨宁顿安排的。[1]

波格礼貌地听着,但他得出的结论是需要有期货行业的从业者直接向总统解释此事。虽然他不愿意被别人看到他帮了期货行业很大的忙,但他还是同意安排一场总统和我之间的秘密会议。

当总统离开众议院时,我与他进行了短暂的会面。在成为副总统之前,他曾在众议院担任少数党领袖。我仅有两分钟的时间,但在华盛顿这两分钟的珍贵程度堪比半小时。他想起我们曾在科罗拉多州比弗溪一起参加美国企业研究所的会议,当时他在那附近的住所里接待过我们。他还记得我

---

[1] 美国商品期货交易委员会根据1974年《商品期货交易委员会法》(P.L.93-463)规定设立,以取代美国农业部的商品交易管理局,作为负责监管期货行业的联邦独立机构。该法案对1936年的《商品交易法》进行了大规模修订,而《商品交易法》是在对1922年的《谷物期货法》进行大规模修订的基础上制定的(《美国法典》第7卷第1节等)。

主持过一场会议，会上艾伦·格林斯潘和来自世界各地的 5 位央行行长讨论了利率问题。他说我给他留下了深刻的印象。

我先提醒总统，是他提出了禁止洋葱交易的法案，他笑了。然后我解释道，我对金融期货的构想与洋葱交易截然不同，我想通过向市场提供对冲风险的工具来支持经济发展。如果我是对的，这个想法将为国家创造利益。我大胆地宣称，到那时，国会无论如何都会想要设立一家监督机构。总统笑着说："那么你想成为创建这个机构的人，对吗？"

我给出了肯定的回答，其实我觉得成功很大程度上归功于约翰·达姆加德，我相信他提交给总统的备忘录已经说服总统不要否决这项法案。虽然这次会面可能确保了总统的支持，但法案仍需在国会两院通过。我再次将《商品期货交易委员会法》的大部分功劳归于制定该法案的三个人：约翰·达姆加德、约翰·雷恩博尔特和菲利普·约翰逊。

如今，期货市场约 80% 的份额由金融（或非农）产品构成。然而在 1972 年，金融期货曾被认为是个疯狂的概念，就像飞机之于一个刚建成铁路的文明。因此，与整个广阔的金融世界的斗争就在预料之中。这是堂吉诃德需要耗费多年才能征服的大风车，也是一场与现状长期而痛苦的斗争。但是我没有预料到的是，在芝商所内部，我也面临巨大的风车。

交易所内部的纷争

说实话，国际货币市场的成功变成了一把双刃剑，芝商所的守旧派和国际货币市场的新会员之间产生了分歧。守旧派最大的抱怨是，国际货币市场的会员占用了交易所的空间，占用了场内的设施，却没有为交易所做出多大的贡献。私下里，我不得不承认这是真的，我是在芝商所的肩膀上推动国际货币市场的发展，而新市场对芝商所会员毫无帮助，特别是当猪腩期货合约表现良好，创造了成交量新高和盈利机会时。他们无法想象金融期货合约的巨大潜力，也不认为国际货币市场是芝商所的未来。

当我私下询问时，即使是普通的芝商所交易员也承认他们对国际货币市场的会员很不满。老一辈更是直截了当，伊兹·穆尔马特表示："利奥，他们在利用我们的场内空间，挤压我们的空间，用我们的黑板、我们的员工，甚至我们的粉笔和咖啡。我们得到了什么？什么也没有！我们用不到他们的市场。他们不会给猪腩、活牛或生猪期货合约带来任何生意。没有他们，我们会更好！"

然而，国际货币市场的会员对这些抱怨嗤之以鼻。正如我所希望的，他们已经成为热情、忠诚的交易员，他们看到了未来，为不断发展的金融市场带来了业务。国际货币市场的会员对我说："利奥，你比任何人都知道我们是未来！再过几年，金融市场将比农业市场大得多，我们的潜力是他们的1 000倍。猪腩和生猪，甚至谷物，永远赶不上货币、利率或别的金融合约。"

这是事实，而且是很有说服力的论调。随着两个派系之间的隔阂不断加深，我逐渐为此感到担忧。虽然我完全同意国际货币市场会员的观点，但我也看到它有一个严重的缺陷：国际货币市场需要芝商所为其提供交易场所。事实上，国际货币市场没有一家交易所所需的基础设施或员工，也没有创建或支持一家交易所运行所需的资源。它的资产很少，交易量也相对较少，无法承担基础成本。我们该去哪里开展交易呢？

反对国际货币市场运动的开始代表着交易所内产生了"第五纵队"[1]。我意识到，如果我什么都不做，它最终会导致交易所内部分裂。国际货币市场还处于婴儿时期，如果这时候有什么事情使其偏离正轨，那我对金融市场未来的构想将受到威胁。

我与核心会员进行了严肃的讨论，但并不是所有人都认为这件事很严重。我坚持认为危机并不遥远，并且直言不讳地解释道，国际货币市场既是入侵者，也是芝商所作为父母所生育的后代。没有芝商所的支持，国际货币市场撑不过半年。尽管芝商所会员的观点短视且缺乏实质性内容，但我意识到，想让国际货币市场发挥其巨大的潜力，需要芝商所的充分接受。我提出了一个根本性的解决方案：合并芝商所和国际货币市场。

---

[1] 第五纵队指从内部产生破坏的群体，通常出于敌方或其他国家的利益。第五纵队的活动可以是公开的，也可以是秘密的。

统一的交易所

我的提议是经过深思熟虑的。我建议,每位芝商所会员将免费获得国际货币市场的会员资格,可以自己选择保留或出售。芝商所的律师建议,出于税务方面的考虑,我还是应当确定一个价格,因此我将其定价为100美元。因为国际货币市场席位的价格约为15 000美元,这相当于一份丰厚的礼物。我提议将国际货币市场变成为芝商所的一个部门,芝商所的所有新老会员都可以在国际货币市场及芝商所旗下其他新市场开展交易。这一计划得到了萨尔兹曼的批准。

我在场内测试了这个想法。芝商所的会员基本接受,但如我所料,国际货币市场的会员提出了反对意见。兰迪·麦凯(Randy McKay)是国际货币市场的会员,他强势且聪明,是个优秀的交易员。他提出了一个有力的理由:"利奥,你知道未来是我们的,凭什么把我们的市场交给老顽固们?我们不需要他们的帮助,也不想要他们的合约。"我的回答同样坚定:"我要给国际货币市场一个活下去的保证,先活下去,才能实现你看到的远大前程。"

这个将国际货币市场转变为芝商所下属部门的规划,是在局势变得难以控制之前结束内部分裂,从而实现和平的完美计划。芝商所获得了巨大的利益,并有望成为金融期货巨头。国际货币市场则获得了未来发展所需的基础设施,并被免除了过去4年初创期所耗费的大量费用。

另一个好处是合并后的机构将变得更大、更强、更多样化。例如,国际货币市场的会员由最初的150名变成了650名,而芝商所市场可以同时服务农业部门和金融部门。事实上,我为AMM(芝商所和国际货币市场兼并期间创建的部门)提出了同样的建议,即以较低的席位价格为发展中的市场吸引更多的新会员。随着标准普尔期货合约的推出,该部门最终成为指数和期权部门。

我们找到了成功的秘诀,但让双方都接受这个计划并不简单。我为这一提议进行了多方面的游说,赌上了自己的声誉和领导力,因为我确信一家统一的交易所比两家独立的机构更有潜力。尽管我相信未来站在金融期货市场一边,但我也知道农产品市场是期货交易所过去成功的核心。有影响力的国际货币市场会员兰迪·麦凯告诉我,他反对合并,但会投赞成票,他对我说:"因为你的说服力可以把冰卖给因纽特人。"

公投以压倒性多数通过:芝商所的投票结果是 343 票赞成,23 票反对;国际货币市场的结果是 396 票赞成,57 票反对。一个统一的交易所诞生了,另一个部门 AMM 也成立了,避免了潜在的危机。

展望未来

我完全相信,我的高瞻远瞩是拯救国际货币市场和芝商所的关键。由此形成的统一架构成为可以创造未来辉煌的基础。我无法想象如果合并失败了,情况会怎样。至少,芝商所通过合并避免了芝加哥期货交易所与其子公司芝加哥期权交易所之间多年的诉讼斗争,斗争使两家机构都遭受了重挫。

在 1976 年向各位会员进行的年度汇报中,我提及了我们取得的成就:

> 毫无疑问,这一年的亮点是实施了我们的合并和重组计划。国际货币市场通过成为芝商所的一个部门,获得了良好的财务基础、在董事会中的代表权及充足的空间和设施。更重要的是,与芝商所的合并意味着国际货币市场的未来是有保障的,其巨大的潜力可以得到充分开发和兑现。
>
> 对芝商所及其会员来说,与国际货币市场的合并同样重要。芝商所的会员不仅因此永久性地获得了全新的多样化市场,国际货币市场还为芝商所提供了国际化货币部门。货币工具领域终有一天会成为期货市场的一个重要因素,就像过去的农产品合约一样重要。因此,芝商所现在拥有了全球所有期货交易所中最广泛、最有力的发展基础。毫无疑问,在我看来,合并是两家机构历史上最重要的里程碑,并将推动芝商所持续繁荣。

1977年，交易所合并后的第一年，我再次接受了董事长的头衔。我一直对历史转折点很感兴趣。因此，我想让历史记录下我是合并后新芝商所的第一任董事长。我只想掌舵一年，但会员们不同意，他们强烈要求董事会设法让我在不进行选举的情况下继续掌舵。

1978年，董事会为我设立了一个新的永久性角色——特别顾问。尽管这个头衔后来有了多种变化，但我喜欢这样一个概念，即我不需要由会员选举产生。这听起来可能有点儿傲慢，但我觉得我值得在芝商所获得一个永久的职位。回顾过往，我全身心地投入拯救濒死的黄油和鸡蛋交易所的事业，又为期货交易创造了全新的资产类别。绝大多数会员都同意了这项任命。

第 21 章

墨西哥帽子戏法

墨西哥如今的财政体系已基本与世界接轨。墨西哥比索实行浮动汇率，已经融入全球货币体系，成为交易量第八大的货币[1]。自1994年在国际货币市场重新挂牌交易以来，比索逐渐获得认可，成交量和国际业务蓬勃发展，但以前可不是这样。

正如此前提到的，同时挂牌交易 7 个货币品种通常不太可能。新产品的上市交易需要针对国内外投资者展开深入宣传，还需要足够多的交易员来提供初始流动性，这对于产品的存续必不可少。而这些交易员需要放弃其他市场，冒着没有稳定收入保障的风险来交易一个全新的产品。显然，保证 7 个货币品种都存活下来且填饱大家的肚子几乎是不可能的。

巴西来电

1972 年 5 月，国际货币市场开门营业，或者说开池[2]营业几周后，我接到了一通从巴西打来的电话。电话那头儿的男士讲着南美口音的英语，自称是巴西的大型咖啡种植商。他从报纸上得知芝加哥新开了一家叫作国际货币市场的外汇交易市场，由于他经营咖啡出口，经常收到外汇，所以打电话来问问看报道是不是真的。

得知国际货币市场的消息已经传到巴西，我十分激动。我告诉他，国际货币市场已经开始运营，交易的货币包括英镑、加拿大元、法国法郎、

---

[1] 此排名随时间变动。——编者注
[2] 池指公开喊价的交易池。——译者注

德国马克、日元、墨西哥比索和瑞士法郎。我解释说，在农产品的金融衍生产品成功运营 100 多年后，国际货币市场现在终于能够为商人、银行家、财务经理及投机人士提供同等的风险转移机会。

话毕，对方沉默了几秒，紧接着问道："不好意思，先生，您刚才提到墨西哥比索？"我回答道，是的，可以交易比索。我正想解释为什么没有挂牌巴西雷亚尔时，他打断了我："可能刚才信号不好，您说的真的是比索？"我再次确认。他毫无停顿地追问："你是说我可以卖出比索，来对冲咖啡交易中的待收款，而你们不管交易后比索价格如何下跌，都会支付我交易达成时的比索价值吗？"

"是的！"我肯定道，"国际货币市场就是这样运作的。"电话那头儿没有再问问题，但我清楚地听到对方挂电话前偷笑的声音。

外交风波

这笑声让我许多年都无法释怀，我当然明白他为什么会笑。要知道，那是 1972 年，墨西哥的货币价值受到政府的人为控制，主要靠央行支撑。但凡了解情况的人都不会相信比索的官方汇率，因为比索实际上根本不值这么多钱。就连墨西哥政府也会时不时地调贬比索汇率，将比索的价值拉回到更合理的水平。那位来电者正是知晓这一点，才会因为居然还有人愿意让他做空比索而感到好笑，这几乎是稳赚不赔的生意。

我最开始规划的国际货币市场的产品中并不包括比索，我选的货币或多或少都采用了浮动汇率，也就是说它们的价值由供需的经济因素决定，而不是政府指令。这也是国际货币市场建立的基本前提，其期货合约代表的是由经济供需影响的货币预期价值。

随后发生了一件很奇怪的事，我接到一通来自美国国务院的要求会面的电话。我无论如何也想不到美国国务院为何会对国际货币市场感兴趣。到了约定的时间，两位国务院官员前来会面，解释说国际货币市场的外汇市场可能引发外交风波。"梅拉梅德先生，"其中一位郑重地说道，"只上市美国北方邻国的货币，而忽略南方邻国的货币，可能会被解读为对墨西哥政府的侮辱。"

我大为惊讶，澄清自己并没有侮辱任何国家的意思。没有上市墨西哥比索是因为其汇率由政府管控，一个由政府随便认定其价值的货币怎么适合交易呢？尽管他们理解我的逻辑，但是并未被我说服。

顺势而为

真是节外生枝，原本我还在试图说服犹疑不决的投资者，在无法确保外汇期货能成功的情况下接受这一新鲜事物，现在又面临国务院对外交风波的担忧。最后，我选择向政府的压力低头，毕竟讲政治还是很重要的。国际货币市场委员会决定，南方邻国的货币应与北方邻国的浮动汇率货币一同上市交易。

然而比索的缺陷很快显露出来，市场从一开始就洞悉了真相。比索的近月合约价格紧跟官方汇率，远月合约价格则大幅贴水。到期月份越远的合约，贴水幅度越大，有时高达 10%～15%，因为市场知道合约到期时现货价格和期货价格必会收敛。

这样的贴水现象提供了一种有利可图的避税手段，也叫税收套利（tax straddle）。例如，可以在买入深度贴水的远月合约的同时卖出近月合约。如果货币没有贬值，多头头寸随着临近到期价值上涨。如果持有多头头寸 6 个月以上，那么收益将算作资本利得，可享受优惠税率。同时，卖出的近月合约则算作一般亏损。税收套利的利润丰厚，广受市场欢迎，吸引了很多资金雄厚的投资者。更有胆子大的投资者干脆直接做多贴水的远月合约，赌定货币不会贬值。

应对不可避免的危机

期货市场与其他市场最显著的区别是采用了逐日盯市制度。[1] 清算公司向市场参与者收取初始保证金和变动保证金。初始保证金是一种履约担保，

---

1 《多德-弗兰克法案》出台后，要求部分场外头寸也采取逐日盯市制度。

通常金额较小，通过标准差公式计算得出，来覆盖初始信用风险。变动保证金则是用来抵消每日因市场变动而导致的亏损。初始保证金和变动保证金都是由清算公司向持有头寸的清算会员收取。

那么问题来了，如果某一天市场出现超预期的波动，那么初始保证金很可能将不足以覆盖亏损，而清算会员也无法及时补齐变动保证金。例如，假设每份比索合约价值10万美元，买卖每份合约的初始保证金为3 000美元，如果比索在市场异常波动后贬值30%，那么持有客户多头头寸的清算会员需要在第二天开盘前向交易所补齐每份合约3万美元的亏损。很多国际货币市场的会员没有那么多资金储备，也就是说，如果真发生了这种情况，国际货币市场的市场信用岌岌可危。

1976年年初，我听到很多关于比索承压的传言，墨西哥政府可能要调贬比索。我把这一消息告诉了国际货币市场清算公司委员会董事长巴里·林德。他问我知不知道贬值的具体幅度，我说可能是30%。我们都知道，如果这种情况真的发生，无论是芝商所的清算会员还是清算公司都无法承担随之而来的巨额亏损。这将造成交易所违约，后果是我们无论如何都无法接受的。

所幸，国际货币市场的规则提供了解决方案。这是一项应急条款，我将它称作"墨西哥规则"。如果发生或将要发生紧急情况，经清算公司委员会董事长的同意，芝商所董事长和总裁可以要求合约的买方、卖方或买卖双方缴纳额外的保证金。

预防措施

1976年8月，清算公司发布了一条行政命令，要求比索合约的买方在一周内缴纳30%的保证金，也就是每份合约3万美元。这样的保证金要求前所未有，清算会员怨声载道。其中吵得最凶的是国际货币市场的清算会员马杜夫公司，它持有最多的比索多头头寸。该公司老板悉尼·马杜夫（Sidney Maduff）——和臭名昭著的金融诈骗犯伯纳德·麦道夫（Bernard Madoff）没什么关系——很快吵嚷着表示交不起保证金，这么多钱要把公司的老本都掏空了。他紧接着要求撤回订单。

我向马杜夫解释了必须这样做的理由，并且说明我们有权限这样做。但他反驳道："你知道我的客户是谁吗？拉马尔·亨特（Lamar Hunt）——得克萨斯州石油大亨哈罗德森·拉斐特·亨特（H. L. Hunt）的儿子。亨特家族的资产可比芝商所和国际货币市场加在一起还要多。""我才不在乎你的客户是谁，"我回应道，"我关心的只有国际货币市场。"随后，我建议马杜夫直接向亨特家族要钱。

但马杜夫坚持让我自己去和亨特家族解释。果然，几天后，拉马尔·亨特和他的律师找上门来。等他们大喊大叫完后，我向他的律师解释我们是按照应急条款的规定行事，并且给出了解决方案，亨特可以把多头头寸转给其他有能力支付相应保证金的清算会员。他的律师表示，如果交易所不额外收费，他们就同意。拉马尔·亨特最终选择把头寸转移给了 E. F. Hutton 证券公司，马杜夫气坏了。

不到 1 个月后，墨西哥政府将比索汇率大幅贬值了 50%，金融市场一片混乱。第二天，我接到许多来电，其中一通是大通曼哈顿银行（当时全球最大的银行之一）的董事长威廉·布彻（William Butcher）打来的。我之前和他打过交道，知道他和银行的董事会很支持国际货币市场，对国际货币市场的工作高度赞许。他表示，鉴于比索近期大幅贬值，大通曼哈顿银行愿意向国际货币市场发放高达 1 亿美元的贷款，补足所需的变动保证金。这和比索合约多头亏欠清算公司的钱基本相当，这可真的是雪中送炭！

但事实上，我说："非常感谢您，但我们不需要这笔钱，国际货币市场清算公司的风险完全得到了覆盖。"布彻听后很惊讶，称赞我们有先见之明，还说要把这件事告诉金融行业的同行。果不其然，很多银行和金融机构随后纷纷来电祝贺。这也是国际货币市场历史上的高光时刻。

比索贬值事件 10 年后，我发表了一篇题为"成就市场，成就历史"的文章，其中写道：

第 21 章　墨西哥帽子戏法

1976年的墨西哥比索贬值风波考验了国际货币市场。比索一夜贬值，外汇市场遭受巨震。虽然银行不再交易比索，但是国际货币市场依旧提供了比索期货的交易，帮助了受贬值影响的数亿美元资金的转移。国际货币市场在这场风波中表现卓越，赢得了全球赞誉。这一年成为国际货币市场发展的转折点。

第 22 章

纪念芝加哥风云市长

历史学家迈克尔·贝施洛斯（Michael Beschloss）曾将芝加哥传奇市长理查德·戴利形容为"20世纪出类拔萃的市长"。民谣歌手史蒂夫·古德曼（Steve Goodman）则说："再没有人（像戴利一样）被人又爱又恨。"

在戴利首次当选市长50周年之际，他的传记作家和同事数十人出席了芝加哥历史协会举办的庆祝活动。爱尔兰合唱团表演了一首关于工人阶级的歌[1]，描述了芝加哥南部爱尔兰裔美国人聚集的桥港区，这也是戴利市长长大的地方。

> 我们是南部的爱尔兰人，正如我们的祖先一样，
> 我们来自风城芝加哥，我们流淌着爱尔兰人的血液，
> 从桥港区到比弗利，从米德韦到南岸，
> 我们是南部的爱尔兰人——让我们再唱一遍！
> 我们生活在南部，
> 戴利市长也生活在那儿，
> 芝加哥最伟大的爱尔兰裔市长，
> 他以爱尔兰人的血统为傲！
> 我们将他永远怀念，永远铭记。

---

[1] 作者是汤姆·布莱克（Tom Black）和特里·麦克尔道尼（Terry McEldowney）。

戴利市长从未扔掉他那爱尔兰工人阶级的口音,也有人因此说他毁掉了正宗的英语。他最广为人知的一次口误是在1968年民主党大会上,他为芝加哥警察的暴力行径辩护:"先生们,让我们彻底把话讲清楚,警察并不是去那儿制造混乱的,他们去那儿是为了维持(preserve)混乱[1]。"1971年,芝加哥知名记者麦克·罗伊科(Michael Royko)出版了一本关于戴利市长和他执政下的芝加哥的畅销书——《大佬》(*Boss*),内容多为贬义。

与市长会面

戴利市长和我的缘分颇深。我们第一次会面是在1969年9月30日,芝商所成立50周年之际,我向芝加哥市捐赠了5万美元,在林肯公园动物园内建造一个园内农场。后来,推出国际货币市场时,他在新闻头条中看到我以芝商所董事长的身份出现在很多报纸和电台的采访中。

几年后,在1975年7月一个阳光明媚的下午,我带着SOM建筑设计事务所的设计蓝图,从芝商所步行了大约10个街区,来到芝加哥市政厅拜访市长先生。到达后,我被带进他的内间办公室。是的,他有两间办公室,外间办公室是为参观者准备的,摆放了很多座位,而面积差不多大的内间办公室只有一张办公桌和两把椅子。

我确信他还记得我,我预约拜访时没遭遇任何阻碍,甚至不需要解释我想见他的理由。可能是因为除了世界上最大的交易所——芝加哥期货交易所,主导期货市场的就是我们这个规模较小的创新型交易所了,这是市长的骄傲。我入座后与戴利市长寒暄了几句,然后他问:"有什么事吗?"很难描述我当时的感受。我面前是这样一位权力堪比摩西的传奇人物,我曾不识好歹地拒绝了他提供的一份人人眼红的政界工作,现在居然还敢来提出一个或许很过分的要求。

这种感受既不是"厚颜无耻",也不是"恐惧",更像是一种"去他的"的态度。我不知道自己有多少时间、需要解释多少,因此选择直奔主

---

1 根据上下文,戴利市长的本意应为"阻止(prevent)混乱"。——译者注

题。我的要求一点儿也不复杂。由于国际货币市场的推出和发展，芝商所现有大楼内的交易大厅已经无法满足迅速增长的业务需求。

当时，期货都是在交易大厅里以公开喊价的方式进行交易的，交易大厅里既有交易池，也有发布订单的交易台，跑腿员在交易台拿到订单后一路冲向交易池去执行。无论是期货市场还是证券市场，此类订单执行的方式大体相同，而我们今天所熟知的电子交易还要等到10多年后才出现。虽然几年前在我的建议下，在杰克逊大道和芝加哥河交会处建造的大楼还很新，但国际货币市场的发展速度前所未有，交易量每年增长45%，交易大厅的空间很快就又要不够用了，而我们还有许多新产品要推出。

简而言之，我们的交易大厅已经达到空间的物理极限，除了扩建，别无他法。我们聘请了SOM，几年前正是这家建筑设计事务所将北富兰克林街110号的芝商所老交易大厅扩建了50%。但是这次，SOM带来了一个坏消息：由于无法将大楼向河边扩建，唯一的方法是在另一面的运河街人行道上将大楼悬挑出去扩建。

这个方案可以至少扩大40%的空间，但是也有一个无法克服的问题：需要占用芝加哥市拥有的土地上方的空间权。城市建设部门不假思索地拒绝了SOM的请求，表示空间权仅属于芝加哥市，没有人可以获得使用许可。这对我的国际货币市场梦和金融期货的未来造成了近乎致命的打击，只有市长能救我们。

获得许可

言简意赅地解释过后，我展开了SOM提供的建筑蓝图。戴利市长摆了摆手，摇了摇头，说："不用给我看这些。"我的心怦怦直跳，市长用他芝加哥爱尔兰式的口音继续说道："告诉我，你的国际货币市场能为芝加哥带来什么。"哇！

"市长先生，"我毫不犹豫地说，"如果您允许我们扩建大楼，国际货币市场将持续增长，它将使芝加哥逐步取代纽约，成为金融中心。"市长拍手大笑："这个好！"他喊道："这个好！扩建吧。"

理查德·戴利于 1955 年起担任芝加哥市长，当时我刚从法学院毕业。直到 1976 年去世，他一直是芝加哥市的市长，我参加了他的葬礼。他的大儿子理查德·迈克尔·戴利在随后的 22 年里接替了父亲的职务。戴利市长的小儿子威廉·戴利曾经告诉我，他父亲知道我兑现了承诺。威廉·戴利曾在克林顿总统任期内担任商务部长，后来还担任过奥巴马总统的幕僚长。

戴利家族在 20 世纪的大部分时间里掌控着芝加哥政坛。几十年的时间里，我和戴利家族的所有成员都打过交道。我喜欢他们，我相信他们也喜欢我。他们都是芝加哥人，我也是。

新面孔

埃弗里特·B. 哈里斯（Everette B. Harris）退休后，我们需要一位新总裁。克莱顿·尤特（Clayton Yeutter）可以说是完美的人选，他拥有农业学和金融学双学位，在农业部担任非正式顾问。但是杰克·桑德纳和我说服他加入的过程十分艰难，尤特并不想来芝商所工作，担心芝商所的名声可能会在他的履历上留下不好的一笔。我们最终说服他，芝商所不光彩的历史已成过去，辉煌的未来正在我们面前。他相信了我们。

尤特于 1978 年履新芝商所总裁。用他的话来说，他当时的设想是我继续"主内"，而鉴于他的教育背景、专业资质和国际地位，他主要"管外"。我们是一对完美的搭档，在随后的 8 年里合作得非常顺利。

虽然尤特从未真正进入核心圈，但他在提升芝商所形象方面发挥了关键作用。他是芝商所唯一没有期货市场经验的总裁，但在他任总裁期间，芝商所在国际舞台上站稳了脚跟。

作为好友，我们心照不宣，尤特注定要去担任国家公职，芝商所只是他从政道路上的一块垫脚石。尽管我希望尤特继续担任芝商所总裁，但我同样希望他在全国取得更大的影响力。碰巧的是，1985 年，美国贸易代表的职位出现了空缺，我打电话鼓励尤特去竞聘。他说："我马上要去德国演讲了，但是利奥，如果你能帮我，就太好了。"我想他可能担心自己的赢面不大。

接下来的几周，我把政治圈的关系跑了个遍。我的儿子戴维·梅拉梅德（David Melamed）和我一起在亚利桑那州的家里待了一周，眼见着我号召了十几名颇具影响力的美国官员为尤特游说。参议员罗伯特·多尔（Robert Dole）的支持起到了关键作用，我和他交情很深，他也是参议院里的狠角色。在多尔的建议下，我与里根总统的幕僚长唐纳德·里甘（Donald Regan）进行了交谈，我是在他担任美林公司首席执行官期间与他结识的。里甘成功为尤特争取到了这一职位，随后尤特又相继担任了美国共和党主席和农业部长。当我在他担任农业部长期间拜访他时，他让我坐在他的椅子上，说："利奥，没有你，就没有我今天的这一切。"

作为一个芝加哥人，我为国家利益所做的努力得到了应有的认可。在《芝加哥与美国世纪》（*Chicago and the American Century*）一书中，《芝加哥论坛报》的前编辑、作家F. 理查德·西科恩（F. Richard Ciccone）列举了他认为在20世纪对美国影响最大的芝加哥人，涉及政治、体育、犯罪、商业、媒体、法律、表演艺术、文学、建筑等领域。

以下是商业领域的名单[1]：

1. 麦当劳创始人——雷·克罗克（Ray Kroc）
2. 慈善家——朱利叶斯·罗森沃尔德（Julius Rosenwald）和罗伯特·伍德（Robert Wood）
3. 电力巨头——塞缪尔·英萨尔（Samuel Insull）
4. 广告大鳄——艾伯特·拉斯克（Albert Lasker）
5. 摩托罗拉之父——保罗·高尔文（Paul Galvin）
6. 金融衍生产品奠基人——利奥·梅拉梅德
7. 箭牌口香糖创始人——威廉·里格利（William Wrigley）
8. 赫兹租车创始人——约翰·赫兹（John Hertz）
9. 卡夫食品创始人——詹姆斯·克拉夫特（James Kraft）
10. 足部护理公司创始人——威廉·肖勒（William Scholl）

---

[1] *Chicago and the American Century*, F. Ciccone, 1999.

第 23 章

梦幻的 80 年代

20 世纪 70 年代是芝商所历史上最具创新性和革命性的年代,芝商所创建了国际货币市场,推出了金融期货。80 年代,芝商所则为多样化和国际化的成功之路奠定了基础。

人们在介绍我时总会说我是金融期货创始人、Globex 的发起人,这确实没错,也代表了我最广为人知的两项成就。我敢说,没有它们就不会有今天的芝商所——至少不会有如今的规模。然而坦率地说,这两项成就不足以囊括我在推动芝商所成为全球最成功的期货交易所的道路上所做的不懈努力。[1] 实现这一目标需要年复一年的专注、大量的思考和创新、以史为鉴的风险防御策略,以及许多人的心血和才华。

全球最大的资产管理集团贝莱德的前董事总经理奈杰尔·福斯特（Nigel Foster）曾说:

> 单靠哈耶克或弗里德曼的智慧思维和影响力,不足以形成金融衍生产品市场。许多伟大的想法因为无法落地实施而宣告失败,但金融期货成功了,这主要归功于意志坚定的芝加哥交易员利奥·梅拉梅德,归功于他的能量和毅力。没有他,哈耶克和弗里德曼[2]的愿景可能不会实现。[3]

---

[1] 也无法概括我在促进期货行业发展过程中所做的努力。

[2] 英国经济学家、哲学家、诺贝尔经济学奖得主弗里德里希·奥古斯特·冯·哈耶克出生于奥地利,以捍卫古典自由主义经济学而闻名。米尔顿·弗里德曼则被广泛认为是 20 世纪（也可能是有史以来）最具影响力的经济学家之一。

[3] The Derivatives Game, Nigel Foster, 2018, p93.

很难相信仅靠一个人的领导能取得如此大的成就。回顾过去，连我自己都觉得难以置信，但事实确实如此。[1] 为了尽可能完整地记录历史，我将按年份逐一说明重要事件。就从 1980 年现金交割的诞生开始吧。

1980 年：起飞

经常有人让我评价美国商品期货交易委员会的价值。简单来说，1974 年《商品期货交易委员会法》推动了美国商品期货交易委员会的设立，拉开了金融产品大量涌现的帷幕，期货市场自此逐渐达到无法想象的高度，最终服务于我们国家的最佳利益。我也由此成为它最坚定的支持者。

但是最开始法案能否通过并不确定，我在这件事上也有自己的心思。这里必须特别提到我的老朋友埃尔默·法尔克，他在我刚加入芝商所时很照顾我。埃尔默对世界各地交易的各类期货合约如数家珍，有一天他对我说："终极合约无疑将是道琼斯期货。"

我马上就明白了。"哇，"我几近大喊，"为什么没人尝试呢？"他精准地将一个生蚝壳扔进了旁边的垃圾桶，答道："无法交割。"

无须多言，埃尔默所说的道琼斯指数期货无法推出的原因在于，期货合约到期时必须实物交割。简单来说，在合约到期前的最后一天或几天，每份期货合约都必须通过实物交割的方式将标的产品交付给尚未平仓的多头。道琼斯指数等股票指数则不能（至少不容易）交割。

关于期货实物交割要求的法律依据来自 1905 年的"美国最高法院贸易委员会诉克里斯蒂案"，小奥利弗·温德尔·霍姆斯（Oliver Wendell Holmes Jr）法官最终发表的多数意见确立了一个原则，即赌博和期货的区别在于期货包含交割机制。他的裁决为期货交易提供了合法性，也带来了吸引力。

要求交割的现实原因是为了确保期现货价格到期收敛，从而达到防止操纵、维持市场秩序和交易公平的目的，并在到期时促进期现货价格一致。

---

[1] 幸运的是，有人亲眼见证了我所做的和正在做的事情。地方、全国和全球无数报纸文章和其他出版物记录了这些工作，国内外众多金融高管和市场参与者参与了见证、协作、记录，他们有时还模仿我的做法。

但事实上，只有极小一部分期货合约会真正进行实物交割，期货市场从来不是为了替代现货市场的交割而存在的。

观念转变

与埃尔默的这次谈话对我产生了深远的影响：首先，我产生了推出股指期货的想法；其次，用现金交割代替实物交割的想法也开始萌发。简单来说，现金交割将通过支付现金（货币）而非交付实物标的的方式交割远期合约或期货合约，那么很快股票指数或任何指数都可以用来交易。我认为指数化是金融未来的发展方向，现金交割将有助于期货市场顺应这一趋势。

当我向杰罗尔德·萨尔兹曼提出现金交割的想法时，他对可行性持怀疑态度，并告诉我现金交割的合法化需要联邦法律的支持。现在，我该怎么做呢？看来只有联邦机构才能做到这件事。突然间，我发现设立一家联邦监管机构似乎也并不是一件坏事。但作为一个不支持大政府的人，这种想法似乎有点儿自相矛盾。我纠结了一阵子，最终想通了：我从不是一个教条的人，我相信实用主义高于一切。米尔顿·弗里德曼曾说我们需要政府来执行规则，那么由政府推动制定规则如何？于是，我开始支持设立联邦监管机构，除了为推动现金交割，我的理由还有很多。

法案通过后，立法重点转向新机构的人员配置，福特总统任命白宫人事主管贝弗莉·斯普莱恩（Beverly Splane）担任新机构的执行董事来负责此事，我的角色也随之发生了特殊的转变。

斯普莱恩女士拥有芝加哥大学工商管理硕士学位，她提倡自由市场理念，我们很快成为朋友。在她的要求下，我们在老华盛顿行政大楼举行了会议，我成为她推动美国商品期货交易委员会高层任命工作的私人顾问。她经常会发给我某个高层职位候选人的简历，征求我的意见，或让我帮忙在多个候选人中进行挑选。可以说，美国商品期货交易委员会的元老们都是百里挑一的，这为其艰难地崛起成为一线监管机构奠定了基础。

美国商品期货交易委员会的元老们忠诚且富有才华，比如第一任总法律顾问霍华德·施奈德（Howard Schneider）及其继任者肯·雷斯勒（Ken Raisler）、负责交易和市场部的安德烈亚·科克兰（Andrea Corcoran）、执法部主任丹尼斯·克莱恩纳（Dennis Klejna）、副法律顾问汤姆·拉索（Tom Russo）——他后来曾任美国国际集团的总法律顾问并帮助集团起死回生，还有杰克·盖恩（Jack Gaine）、葆拉·托西尼（Paula Tosini）等人。

我非常尊敬斯普莱恩，在她结束美国商品期货交易委员会执行董事的任期后，我邀请她担任芝商所执行副总裁。她接受了我的邀请，在1975年成为美国大型交易所的首位女性高管。在芝商所工作的那些年，她帮助我们网罗了一批重要的人才，包括杰出的芝商所首席经济学家弗雷德·阿迪蒂（Fred Arditti），后来他成了我最亲密的朋友之一。1984年，斯普莱恩因为懂中文，被任命为新成立的新加坡国际金融交易所的协调员，并帮助实现了我的另一项革命性创新——相互冲销系统，即在芝商所和新加坡国际金融交易所两家独立的交易所之间搭建的清算系统。

上市竞赛

大约就在这个时候，我把注意力转向了利率期货，并在时任首席经济学家马克·鲍尔斯的建议下，优先考虑将90天期美国国库券作为上市品种。他的建议很有道理，因为国库券的流动性很强，并且可以满足1975年期货市场仍在沿用的实物交割要求。

与此同时，芝加哥期货交易所开始意识到，梅拉梅德在芝商所掀起的改革似乎有点儿价值，于是聘请了理查德·桑德尔（Richard Sandor）为他们设计金融期货工具。桑德尔是伯克利大学的经济学教授，睿智且富有魅力。他也想到了利率产品，但选择的是抵押贷款支持票据，即美国政府国民抵押贷款协会债券。

芝加哥期货交易所还聘请了斯坦福大学著名的商品价格研究系荣誉退休教授、经济学家罗杰·格雷（Roger Gray）担任顾问。格雷教授专程飞来芝加哥，建议我们远离政府国民抵押贷款协会债券，因为其交割可能会成为问题。他向芝加哥期货交易所提出了相同的建议，但是芝加哥期货交易所似乎并没有采纳。格雷的观点进一步证明了我应该选择国库券。尽管政府国民抵押贷款协会债券期货合约第一个得到了美国商品期货交易委员会的批准，但很遗憾这个合约一败涂地，没过多久便被芝加哥期货交易所摘牌。

1976年1月，芝商所正式推出国库券期货合约，成为全球首个成功的利率期货产品，米尔顿·弗里德曼出席了上市仪式并敲响上市钟声。理查德·桑德尔也很快承认了自己的错误，并将重点转向30年期美国国债市场，取代已失败的政府国民抵押贷款协会债券期货合约。美国国债期货合约取得了巨大的成功，最终助力芝加哥期货交易所在金融期货领域大放光彩。

桑德尔和我在这些年间成为朋友。我非常钦佩他对期货的深刻理解，以及他在拯救芝加哥期货交易所方面发挥的重要作用。桑德尔有时会说他的政府国民抵押贷款协会债券期货是第一个被美国商品期货交易委员会批准的利率期货，但它绝非第一个上市的金融期货。货币期货于1972年推出，比美国商品期货交易委员会成立还早两年。[1]

寻找志同道合的领导者

在1976年芝商所推出90天期美国国库券期货后的大约一年时间里，我再次考虑推动现金交割替代实物交割。当然，我还隐约有一个想法，那就是埃尔默·法尔克提到的股指期货。1979年，我请芝商所的法律顾问杰罗尔德·萨尔兹曼和首席经济学家马克·鲍尔斯向美国商品期货交易委员会的官员介绍了这个概念。

美国商品期货交易委员会第一任主席比尔·巴格利（Bill Bagley）由福特总统任命，他为人温和，多少像是美国商品期货交易委员会的名片，但他也承认自己对期货市场了解甚少。我判断他不会对新成立的联邦机构进行重大改革。第二任主席吉姆·斯通（Jim Stone）由吉米·卡特总统任命，

---

[1] 失败的政府国民抵押贷款协会债券期货合约是第一个获得美国商品期货交易委员会批准的利率期货，但很快被芝加哥期货交易所摘牌。芝商所于1976年推出的美国国库券期货合约是第一个成功的短期利率期货合约。

他是个精明老练的保险行家,因曾主管马萨诸塞州的保险业而被任命为主席。尽管期货有保险的功能,但其外延远远超出了斯通的专业范围。

由于一些原因,斯通在期货圈里并不受欢迎。据我所知,我是他在期货圈里唯一的朋友。我借机向他解释现金交割的概念,似乎多少说动了他。但现金交割对他来说过于激进(实际也是如此),我很快意识到他不会迈出这一步,于是开始期待美国商品期货交易委员会的下一任主席。[1]

斯通的任期结束后,我心中的接任人选是曾参与撰写《商品期货交易委员会法》的菲利普·麦克布赖德·约翰逊。我私下问他是否愿意接受这一任命。约翰逊觉得不会是他,因为他曾担任芝加哥期货交易所的法律顾问,这就像是把狐狸请进了鸡窝。奇怪的是,芝加哥期货交易所并不赞同,但对我来说,没有更理想的人选了。

1981年6月,里根总统任命菲利普·麦克布赖德·约翰逊为美国商品期货交易委员会第三任主席,我们总算迎来了一位专家。约翰逊后来写了三卷《衍生产品监管》(Derivatives Regulation),成为"行业圣经"。

管辖争议

在我试图说服新任主席采用现金交割时,萨尔兹曼也要做好美国商品期货交易委员会官员们的工作,让他们接受现金交割的想法。约翰逊一听就明白了现金交割的价值,事实上,他在《商品期货交易委员会法》对期货的定义中加入了"有形的和无形的"几个字,这自然也包括了对指数期货的定义。

正如约翰逊和我所讨论的,有了现金交割,任何能想到的东西都可以成为期货。只要为给定的产品选择或创建一个指数,这个指数就可以上市交易。但这毕竟是一个巨大的突破,实物交割在期货的基因中根深蒂固,自始至终没有例外。即便是我在期货问题上的知音巴里·林德,他在听到这个想法后的反应也是:"利奥,你这是彻底跑偏了。"甚至可以说,现金

---

[1] 退休后,斯通出任了普利茅斯岩保险公司董事长兼首席执行官,领导着杰出的管理团队。

交割实现的突破不亚于推出金融期货。

尽管如此，萨尔兹曼还是向我保证美国商品期货交易委员会有权将现金交割合法化，我也相信约翰逊主席兼具所需的智慧和能力。然而，关于股指期货的想法震惊了美国证券交易委员会。如果推出以道琼斯指数为标的的股指期货，意味着期货市场将侵占美国证券交易委员会在证券领域神圣的管辖权。

这导致美国证券交易委员会主席约翰·S. R. 沙德（John S. R. Shad）和美国商品期货交易委员会主席之间产生了重大的管辖权纠纷。必须提到，如果没有约翰逊的坚持，后面的一切都不可能成功。谈到最后，他必须做出让步。经过集体商议，我们同意接受美国证券交易委员会提出的划分管辖权的妥协方案。

这个方案被称为1981年《沙德-约翰逊管辖权协议》。如果没有这份协议，可能永远不会有股指期货，或很少有其他期货产品诞生。根据协议安排，符合法案定义的宽基指数继续受美国商品期货交易委员会的监管，窄基股指（如个股）则被定义为证券期货，受美国商品期货交易委员会和美国证券交易委员会的共同监管。[1] 这几乎是一个奇迹，向约翰逊致敬！达成协议这一件事情已经可以充分证明美国商品期货交易委员会存在的必要性。

但事情还没完。正如人们常说的："冥冥之中自有天意。"沙德主席突然开始担心，股指期货若采用实物交割，可能扰乱证券市场。这可不行！他建议唯一的办法是确保股指期货采用现金交割。我不骗你！我的现金交割梦想得以实现，居然被认为是对美国证券交易委员会的妥协。还有比这更巧的吗？

---

[1] 必须满足宽基指数的定义才能被认定为期货产品，具体包括：指数必须含10只或以上的成分股，单只成分股权重不超过30%，市值最大的成分股的合计权重不超过60%，并且每只成分股均为大盘股（市值和日均成交量排名均为前500）。不符合宽基指数定义的则被认定为证券期货，受美国商品期货交易委员会和美国证券交易委员会共同监管。1983年正式写进法律。

第 24 章

1981 年：美元帝国

1976 年国库券期货合约的大获成功为推出更多利率产品铺平了道路。外汇产品只能增加或减少币种，品种较为有限。[1] 相比之下，利率产品就像一家糖果店，有着多种多样的选择。

然而竞争随即出现，并且愈演愈烈。越来越多的人开始觉得："梅拉梅德有关金融期货的想法也没有那么疯狂。"芝加哥期货交易所和纽约证券交易所旗下新成立的纽约期货交易所也在利率产品上发起冲刺，大额存单立刻成为竞争目标。大额存单是银行和信用社提供的一种产品，通过向客户支付一定的利息溢价，换取客户在预定时间内不能提取存款。

我早就预想到会有竞争，也不惧竞争。首先，局势对我们更加有利，毕竟我们是第一家金融期货交易所。正如我常说的："先行者恒得先机。"其次，我身后有国际货币市场的流动性大军。最后，创造流动性的一个关键因素是价差交易——类似于套利。90 天期国库券期货的流动性已经建立起来，再上市其他类似的产品均可直接与其开展价差交易，这给了我们很大的流动性优势。

我们最终取得了胜利，但这是一场惨胜。问题在于银行提供的大额存单利率取决于银行本身的实力，而各家银行的实力旗鼓相当。例如，美国连续的商业赤字导致伊利诺伊大陆银行不再发行大额存单；类似的还有大通曼哈顿银行，因为德赖斯代尔政府证券公司未能支付到期利息，其同样

---

[1] 随着时间推移，我们还是开发了大量的外汇相关产品。

停止了大额存单的发行。此外,美联储在 20 世纪 70 年代的高通胀时期对国内大额存单设置了利率上限。因此,大额存单期货因无法提供有效的基准价格而失去了吸引力。尽管如此,这并不能否定我关于价差交易创造流动性的理论。

欧洲美元的崛起

我们将目光转向了全球最大的潜在交易池——欧洲美元。先补充些历史背景:第二次世界大战结束后,唯一没被摧毁的国家便是美国。简单来说,美元在全球货币体系中的地位就好比棒球界的贝比·鲁思(Babe Ruth)。受马歇尔计划、地缘政治博弈和全球贸易失衡等因素影响,所有重要的商品都用美元计价和支付。此外,苏联等社会主义国家也持有大量的美元存款。

所有这些因素叠加在一起,导致外国银行持有大量美元。一二十年后,其他国家持有的美元比作为货币发行国的美国还多。由于这些美元存放在美国境外,因此不受美联储或其他机构的监管,导致银行愿意为这些所谓的欧洲美元支付更高的利息。

欧洲美元指的是外国银行或美国银行海外分行的美元存款。这些无国籍货币能够让企业和政府在借还款时规避国内的监管和税收。随着时间的推移,这些 90 天期的存单被用于全球各类交易,其名称从未改变。但问题是每家银行都采用自己的利率,人们得货比三家、讨价还价才能拿到最佳利率,这很不可思议。

此外,在 20 世纪 80 年代初,银行和对冲基金开始交易一种承诺高回报的贷款衍生期权,交易双方必须就标的贷款的未来利率达成一致。换句话说,他们需要一种方法来商定银行贷款的未来利率。这涉及两个问题,一是没有这样的方法,二是利率无法交割。我知道第二个问题的答案——现金交割,美国商品期货交易委员会主席菲利普·约翰逊正在努力解决这个问题。至于第一个问题如何解决,就要说到弗雷德·阿迪蒂。

有一天,芝商所执行副总裁贝弗莉·斯普莱恩向我推荐了佛罗里达州立大学经济系主任弗雷德·阿迪蒂,他拥有麻省理工学院经济学博士学位。

我不知道斯普莱恩是怎么找到他的，但面试时我只花了几分钟就断定他是完美的人选。他敏锐的思维和对经济学的深刻理解首屈一指，对当时几乎无人理解的金融衍生产品有着广博的洞见，再加上他对国际货币市场的了解远超出我的预期，我很快同意由他担任芝商所的首席经济学家。

弗雷德和我花了很长时间了解彼此，讨论利率期货的前景。我们相信世界需要一个统一的短期利率价格，能够做到这一点的期货市场将赢得大量业务，问题在于如何实现这个想法。Libor（伦敦同业拆借利率）创造了良好的开端，它是在 20 世纪 70 年代发展起来的，以满足对参考利率日益增长的需求，但它不是期货。我们一致认为，参考利率需要的是一份 90 天期的期货合约，在最终结算时通过欧洲大型银行认可的定价方法为全球提供统一标准。如果我们找对方法，它可能会成为全球交易量最大的期货产品。这个想法太诱人了，我们每时每刻都在思考和探讨。

最后，我们派弗雷德去拜访伦敦和欧洲其他地方的银行，听听他们的想法。经过几周的调研，他带着巧妙的解决方案回来了，这是一种被全球的银行接受的方法，用于确定欧洲美元期货合约到期时的最终结算价格。这个方案再加上现金交割，可以满足全球对统一的 90 天期利率的需求。

敲定细节

凭借他在兰德公司的经历和他们出版的《一百万个随机数与十万个标准偏差》（*A Million Random Digits with 100,000 Normal Deviates*）这本书，弗雷德找到了解决办法。他的设计从一个预先定义但随机选择的起点出发，模拟了一种随机选择过程。如今，计算机建模使得这种随机选择变得简单且普遍，但这种技术在当时并不存在。弗雷德提出的绝妙办法通过人工流程，来确定欧洲美元期货合约到期结算时的"正确"利率。

弗雷德的方案要求银行进行两次报价，一次是在芝加哥时间上午 9 点 30 分，另一次是在 9 点 30 分前 90 分钟内随机选择的时刻，也就是上午 8 点至 9 点 30 分（伦敦时间下午 2 点至 3 点 30 分）之间的某个随机时刻。在两次报价时，清算公司将从至少 20 家参与欧洲美元交易的伦敦主要银行中随机选择 12 家作为参考银行,每家参考银行需向清算公司报送对市场向主要银行提供的 3 个月期欧洲美元定期存款利率的估计。

这些报价必须通过电传进行书面确认,随后才会被用于确定最终结算价格。剔除 2 个最高价和 2 个最低价后,剩余 8 个报价的算术平均值则为当时的 Libor。如果出于某种原因,无法在合理的时间内从某家银行获得报价,则应从样本中剔除该银行,并随机选择另一家银行进行替换。

我问弗雷德是否在纽约的银行做过测试,他回答:"做过,但他们不喜欢这个方法。""既然这样,"我笑着说,"那就是它了!"我们称之为国际货币市场指数。1981 年 12 月 9 日,国际货币市场推出欧洲美元期货合约,成为期货史上首个现金结算的产品。欧洲美元期货的价格反映了美国境外银行持有的以美元计价的存款的利率。更具体地说,该价格反映了市场在合约到期结算日对 3 个月期美元定期存款利率的预期。

艰难推广

接下来就需要由我去说服整个金融圈。我花了将近 4 年时间,四处奔波解释这个合约的理念及到期时如何结算。同时,我还要不断地"哄骗"和"乞求"一些国际货币市场的交易员,在没有太多交易量的情况下,日复一日、月复一月、年复一年地留在交易池里,说服他们不要放弃,继续提供流动性。就连巴里·林德都有点儿犹豫,他对我说:"利奥,一份不用交割的期货合约?是不是太异想天开了?"当然,最终来看,欧洲美元为全球提供了通用的短期利率基准,成为有史以来最成功的期货品种之一。国际货币市场的欧洲美元期货一度占芝商所全部未平仓头寸的 50% 以上。

弗雷德·阿迪蒂在 1980—1982 年担任芝商所的首席经济学家。转投德崇证券工作了一段时间后,他在我的鼓励下于 1997 年重返芝商所,牵头负责芝商所天气金融衍生产品的研发工作。[1] 他的工作既体现了对创新的追求,也不乏为企业和市场创造实际利益的热情。芝加哥德保罗大学金融

---

[1] 当时我也刚回到芝商所担任领导职务,这也给了阿迪蒂回归的充分理由。

系成立了"阿迪蒂风险管理中心",以纪念他一生的成就,并在教育、研究和实践领域接续他的重要工作。阿迪蒂撰写的《衍生产品:期权、期货、利率互换和抵押证券的综合资源》(Derivatives: A Comprehensive Resource for Options, Futures, Interest Rate Swaps, and Mortgage Securities)是许多大学关于市场主题的指定教材。

普平德·吉尔(Phupinder Gill)是弗雷德在负责人力工作时挖掘的人才。吉尔出生于印度,是新加坡公民,在美国施展他的才华,离开芝加哥期权交易所后加入芝商所。弗雷德、吉尔和我很快成为铁三角,吉尔和我一直关系很好,像我的弟弟一样。他很有才华,在芝商所晋升得很快,最终成为首席执行官。我们通力合作,在中国和其他亚洲市场不断耕耘,不仅为我个人在这些地区赢得了良好的声誉,而且使芝商所成为亚洲地区领先的交易所,以及全球外交事务中值得信赖的合作伙伴。吉尔令我印象最深的是,我们都能够超越当下、着眼长远。

在担任首席执行官期间,吉尔吸引了一批极具才华的管理者,这些人强大的管理和创新能力至今仍为我们所用。金·泰勒(Kim Taylor)便是其中一位,她于1989年加入芝商所,后来成为清算公司总裁,能力无人能及。芝商所清算公司能成为期货业的典范,并在市场公平和财务实力上首屈一指,都要归功于她。也正是因为她,芝商所清算公司才得以在2008年金融危机和其他灾难中毫发无损。当保罗·沃尔克在金融危机后打电话给我,问我们第二天能否继续交易时,我也是打电话给金寻求答案。

除了金,吉尔还聘请了德里克·萨曼(Derek Sammann)负责商品和期权产品、肖恩·塔利(Sean Tully)担任金融和场外交易产品全球主管,还有贾森·韦勒(Jason Weller),他负责芝商所的最高战略规划。韦勒是一位杰出的逻辑学家,我经常和他讨论方案和战略。

弗雷德·阿迪蒂于2005年10月31日因胰腺癌去世,他的离去在我的生命和芝商所的历史中都留下了永久的缺憾。他去世后,我提议以他的名义设立一个创新奖,但芝商所董事长特里·达菲(Terry Duffy)坚持把该奖项命名为"梅拉梅德-阿迪蒂创新奖"。

第 25 章

1981 年：美国全国期货协会

推出欧洲美元期货耗尽了我们的心力，而我再一次遭遇难题，不得不站出来反对联邦政府关于征收期货交易税的立法提议。国会希望通过此举为美国商品期货交易委员会提供资金，这样的想法并不奇怪。但我们知道，这将给期货行业带来额外的税负，进而削弱我们的竞争力。

这一立法提议的导火线是行业内的违法违规行为使期货投资者遭受了巨额损失。美国商品期货交易委员会将其未能充分保护期货行业归咎于缺乏资金，事实确实如此。期货行业的组成太过庞杂，交易所和会员的监管是最容易的，因为大部分监管工作由交易所自己完成。但非会员活动的监管对美国商品期货交易委员会的资源提出了更大的挑战，主要包括期货佣金商、大宗商品交易顾问、介绍经纪商和大量其他期货运营商的行为。我很清楚，放任个人和公司不受监管的话，可能给投资者和整个行业带来巨大的伤害，阻碍期货市场发展，但我也知道由政府筹资做这件事并不是好主意。

美国全国期货协会的成立具有深远的历史意义。很少有其他行业能像期货业一样，获得国会授权进行自律监管。直到今天，期货业依然采用自给自足、自律监管的框架，无须通过交易税获取联邦资金支持，并且市场持续增长，蓬勃发展。针对这个问题，我在国会做证时详细解释了事情的来龙去脉。[1]

---

[1] 我仍担任美国全国期货协会的永久特别顾问。

说服的力量

信不信由你,争取行业支持反而比说服国会议员更困难。我费了好大劲儿向行业成员解释为什么我们需要美国全国期货协会,为什么他们应该支持建立第二个美国商品期货交易委员会,专门负责监管非会员活动。更重要的是,会员不用支付费用,也不受新机构监管,新机构将由非会员提供资金来维持运营。这个想法乍一听根本没可能实现。

芝商所的会员已经习惯信任我的判断,但芝加哥期货交易所的会员强烈反对设立新的监管机构。何况利奥·梅拉梅德是他们的竞争对手,不值得信任。我甚至请芝加哥期货交易所的董事长莱斯利·罗森塔尔(Leslie Rosenthal)允许我在他们的董事会上亲自解释。这是以前从未发生过的事情,但罗森塔尔是我的好朋友,也是美国全国期货协会组委会的一员,他被我的坚定打动,同意了我的请求。让所有人都感到惊讶的是,我说服了芝加哥期货交易所那群狂热的反政府人士,竟让他们同意成立一个联邦机构来监管我们的市场。

直到今天,美国全国期货协会仍在非会员监管领域发挥着杰出的作用。如果没有美国全国期货协会,美国商品期货交易委员会早就失败了,期货业或许也早已随之终结。或者,如果征收了联邦交易税或其他不管什么税,同样会限制期货业对国家的贡献。如今,美国全国期货协会已成长为美国金融衍生产品行业标志性的自律监管组织之一,我也仍然担任其永久特别顾问。美国全国期货协会网站对这段历史有如下记载:

> 1976年,芝商所董事长利奥·梅拉梅德(现任美国全国期货协会执行委员会和董事会永久特别顾问)说服其他行业领袖,依照法案第三章设立监管机构[1]无疑对期货业及其服务的公众大有裨益。梅拉梅德先生创建了由行业领袖组成的美国全国期货协会组委会,由他担任主席,戴维·T.约翰斯顿(David T. Johnston)担任副主席,其

---

[1] 1974年《商品期货交易委员会法》第三章为"允许监管机构建立全国期货协会"。——译者注

他成员包括约翰·J. 康希尼（John J. Conheeney）、乔治·D. F. 兰伯恩（George D. F. Lamborn）、沃伦·W. 莱贝克（Warren W. Lebeck）、莱斯利·罗森塔尔和霍华德·斯托勒（Howard A. Stotler）。

追求卓越的文化

建立美国全国期货协会并在前10年担任主席给我带来了广泛赞誉。这家独特的自律监管机构的首批员工、组织文化和组织架构则要归功于其第一任总裁兼首席执行官罗伯特·威尔茅斯（Robert Wilmouth），他也是芝加哥期货交易所前首席执行官。我从一开始就希望由威尔茅斯担任新机构的首席执行官。当时我们还只是一个空壳，他胸有成竹地挑起了担子，虽然此前他并无相关经验。

在他的领导下，美国全国期货协会初见雏形，逐渐成为备受尊敬的监管机构。他一手打造了美国全国期货协会追求卓越和热情敬业的组织文化，还知道如何在不抢走美国商品期货交易委员会风头的情况下，处理在美国商品期货交易委员会和美国全国期货协会之间划分监管权限和责任这类棘手而敏感的问题。没过多长时间，他便在避开期货交易所权力纷扰的同时，确立了自己作为行业发言人的权威。他也是丹·罗思（Dan Roth）的楷模，罗思后来跟随他的脚步，带领期货市场大规模扩张，并在接下来的15年里让美国全国期货协会如明星般冉冉上升。罗思的继任者汤姆·塞克斯顿（Tom Sexton）也是如此，我相信他将继续以同样的正直和活力领导美国全国期货协会。

以下是我在1981年向美国参议院农业委员会提交的关于反对征收期货交易税的书面证词，它促成了美国全国期货协会获得美国国会的批准。

主席先生，委员会成员，你们好。我叫利奥·梅拉梅德，是黛尔谢尔投资公司的董事长，芝商所的特别顾问和前董事长，自1976年起一直担任美国全国期货协会的筹备主任和总裁。很高兴今天代表美国全国期货协会出席此次听证会，陪同我出席的是美国全国期货协会代理执行董事帕特里夏·卡莱尔（Patricia Carlile）和总法律顾问、凯易国际律师事务所的合伙人约翰·史塔生（John Stassen）。

我今天出席听证会，是为了让以代表国会为荣的各位了解，由国会亲手创立的一家机构或将消亡，它的命运掌握在你们手中，它的未来取决于你们的决定；它在各位的支持、我们的培育和美国商品期货交易委员会的授权下诞生，代表了我们行业的希望和承诺。它就是美国全国期货协会。

美国全国期货协会的概念诞生于1974年，当时美国国会通过了《商品期货交易委员会法》，并在第三章中规定为期货业建立一个新的自律组织。

孵化这一想法历时两年。1976年，我们的行业领袖根据特拉华州的公司法注册成立了一家名为"全国期货协会"的非营利公司，第一次显示出这一想法的生命力。

接下来是私人部门发展史上最艰难的孕育期之一。这是一场持续了5年的"妊娠"，过程痛苦且充满危险。有很多次我都怀疑这个机构能否顺利诞生，毕竟从一开始就有众多来自行业内外的反对声。

行业内部的反对者认为，期货业已经有太多的监管机构，何必再成立一家美国全国期货协会，它不能也不会公平地代表期货业的所有部门。其他反对意见还包括，设立美国全国期货协会的成本太高、与美国商品期货交易委员会的职能重叠。还有人嘲讽地问，为什么要在美国商品期货交易委员会失败的领域进行适当的、强制的监管？

来自外部的反对者则声称，美国全国期货协会是从美国商品期货交易委员会分权的诡计，没有私人部门可以做好自律监管。

我代表行业内外的支持者领导了这场反击战。我们从责任感和远见出发，相信美国全国期货协会能够拯救期货行业及其联邦监管机构。我们坚信美国全国期货协会可以避免不必要的重复监管，提高监管效率，帮助美国商品期货交易委员会减轻负担、更好地履行监管职责，同时避免那些提议让客户负担监管成本的人不依不饶的抨击。这是我唯一一次反对美国商品期货交易委员会主席菲利普·约翰逊的观点。细节暂时不说，我们以不亚于宗教狂热的执着，坚信美国全国期货协会符合期货业在100多年的发展历程中始终高举并引以为豪的自律监管传统。

很高兴地告诉各位，我们最终获胜了。1981年3月，美国全国期货协会开始启动。我们正式向美国商品期货交易委员会提出申请，要求根据《商品交易法》第17条，授权成立期货协会。在向美国商品期货交易委员会提交的申请文件中，美国全国期货协会的主要职责包括：

- 有效监管期货行业及在交易所和监控系统外运营的部门；
- 通过消除政府监督和自律监管之间的重复和冲突，加强监管成本控制；
- 降低联邦监管成本，为纳税人和市场用户创造利益。

"分娩"的过程极其痛苦，紧接着是漫长、烦琐又具有建设性意义的审查过程。一切都很顺利，作为"助产士"的美国商品期货交易委员会自豪地在1981年9月22日宣布了美国全国期货协会的诞生。全国期货协会就此成为官方授权的"注册期货协会"。

起初，整个行业都讶然于这突然的"分娩"，因为过程太过漫长和艰巨，我们都没有做好心理准备。但初为父母的我们很快便开始为美国全国期货协会的健康成长做起了打算。我很高兴地告诉大家，我们实现了惊人的快速进展。自12月15日帕特里夏·卡莱尔当选为美国全国期货协会代理执行董事以来，项目已投入大量资金。我们招募了全职的专家，负责会员资格审批、会员注册、期货佣金商财务审计以及美国全国期货协会专业标准和合规项目的开发。美国全国期货协会总部也已在芝加哥南河滨广场120号开业。

我们随后向所有交易所和3 500名期货从业者发送了一份文件，告知他们组建美国全国期货协会的下一阶段工作计划及预计的会员招募时间。我们组建了美国全国期货协会首届董事会，其由40名来自行业各个领域的董事组成。此外，我们还在年度期货业大会上介绍了我们的组织。简而言之，我们的目标顺利实现，如期在今年10月1日之前成为行业内关键的自律组织。美国全国期货协会提议通过承担以下责任来加强监管：

- 全面审计期货佣金商；
- 引入对经纪商的监督和道德标准；
- 引入对商品池经营者和交易顾问的监督和道德标准；
- 审查销售活动；
- 监督期货佣金商和介绍经纪商的期权项目；
- 制定针对销售人员等行业专业人员的注册和适任标准；
- 建立快速、低成本、公平的客户索赔程序；
- 执行所有行业专业人员的道德规范。

我们提议强化全国11家商品交易所的自律监管职能。据美国全国期货协会预测，如果顺利推进，美国商品期货交易委员会的工作人员至少可以减少三分之一，从而大幅降低其1983年的预算。

但是，美国全国期货协会头上笼罩着一片乌云，甚至在它能够证明其存在合理性之前，在它实现被赋予的使命之前，在它满周岁之前，它的存在突然受到了威胁。

近期，美国商品期货交易委员会提议对所有期货市场参与者（包括套保用户和做市商）征收特别监管税，并得到了管理及预算办公室的支持，美国全国期货协会的生存由此受到威胁。

主席先生，委员会的各位成员，我在这里为美国全国期货协会的生命辩护，试图说明为什么美国商品期货交易委员会提议的监管税既无必要也不明智，并且有悖于创建美国全国期货协会的初衷。美国商品期货交易委员会提议的税收将侵蚀美国全国期货协会的资金基础，摧毁其建立的根本原因（即以高成本效益的方式分担监管负担），并剥夺自律组织唯一的、最有效的激励——防止重复的压迫性监管。我们的行业不会为重复的监管程序支付两次费用。如果美国商品期货交易委员会的提议得以通过，那么再由期货业自己出钱来运作自律组织便失去了意义。

在多年的孕育过程中，美国商品期货交易委员会主席约翰逊为美国全国期货协会提供了重要的支持，我作为美国全国期货协会的代表与他共事多年，因此深知这一点。但是，他有句话说错了，他最近说："那些现在表示一旦采用收费制度，美国全国期货协会就再无用武之地的人，基本也是早先出于其他原因反对建立美国全国期货协会的人。"

主席先生，美国全国期货协会的7位筹备人在艰苦的条件下建立了这个机构，作为主席，我代表他们满怀敬意地告诉您，美国商品期货交易委员会提议的税收制度一旦实施，我们无法凭良心告诉行业成员，美国全国期货协会依然代表着同样的目标、同样的承诺、同样有益的成果。

约翰·马歇尔（John Marshall）大法官说："征税的权力事关毁灭的权力。"这显然是本届政府的核心观点。里根总统多次公开反对繁重的税收及其对私人部门的危害。他在国情咨文中提到，其复苏计划是"消除不必要的监管以刺激生产"，这为政府工作定了调。此外，共和党人和民主党人都公开反对过度监管，并敦促在可能的情况下建立自律监管体系。

期货交易税不仅在经济方面有悖常理，可能成为加强联邦经济监管的危险诱因，而且与政府和国会一致认同的理念背道而驰。

我们并不是想逃避责任，恰恰相反，为政府排忧解难是期货业一直以来的传统。如果有机会，我们准备、愿意并有能力分担政府的监管负担，以及预计每年600万~800万美元的监管成本。然而，我们不会重复为监管成本买单。我们同意美国商品期货交易委员会委员戴维·加特纳（David Gartner）的观点：

- 美国全国期货协会的运作将完全依赖于行业提供每年所需的高达数百万美元的资金。同时，美国全国期货协会将承接美国商品期货交易委员会的许多职能。

- 既已成立美国全国期货协会，委员会就不应通过交易税的方式给市场用户增加额外的负担。

在另一份立法建议文件中，美国全国期货协会从经济政策、监管改革原则和法律历史理论的角度说明了为什么交易税站不住脚。这份文件还直接针对美国全国期货协会的自律组织职能提出建议，从而促进提高监管水平和效率，为纳税人节省成本。

我请求将本文件和随附的《1982年期货交易监管改进法》（Futures Trading Regulatory Improvements Act of 1982）全文纳入听证会记录，并给予认真考虑。

我们认为，如果要让美国全国期货协会发挥其功能，并且采纳我们的建议，那么就没有任何合理或适当的财政理由来征收期货交易税。美国全国期货协会不仅可以为联邦政府节省大量成本，帮助政府推进去监管化和自律监管工作，还避免了美联储主席沃尔克曾警告过的危险，即"对有组织的期货市场施加沉重成本的代价是，交易活动将转移到国内外不受监管的渠道"。

准确地说，在联邦资源日益紧缺的当下，鼓励美国全国期货协会发挥自律监管作用才是问题的答案。它可以解决美国商品期货交易委员会的预算问题，大幅削减纳税人成本，同时提高投资者保护水平和质量，并且无须负担额外的税收。

最后，由于人们过度信任政府监管而不信任自由，我们的经济、社会和政治体系已经摇摇欲坠。但人们已普遍认识到，政府和国会必须朝放松监管的方向前进。

美国商品期货交易委员会提议的法案及其税收计划与这一目标背道而行。我不认为各位委员希望通过支持这样的立法来增加自由有序运作的期货市场的负担。这项提案思路有误、考虑不周，如果通过，只会带来最坏的影响。

美国全国期货协会敦促国会驳回美国商品期货交易委员会的立法

和征税计划，并支持美国全国期货协会的立场，以此降低联邦监管成本和负担，并确保公共利益得到保护。

感谢各位，如有问题，我愿意予以回应。

距这份证词提交给国会已经过去39年。[1]美国全国期货协会践行了自己的承诺，作为美国金融衍生产品行业的自律组织，监管着场内期货、零售场外外汇和场外衍生产品（掉期）市场。美国全国期货协会是美国商品期货交易委员会授权的注册期货协会，在维护金融衍生产品市场诚信、保护投资者权益和监督会员合规方面发挥着重要的作用。

美国全国期货协会的会员包括掉期交易商、期货佣金商、商品池经营者、大宗商品交易顾问、零售外汇交易商、介绍经纪商及上述参与者的关联人。

2017年，美国全国期货协会董事会同意，从2018年1月1日起，将向每份期货合约和期权合约收取的费用提高至0.02美元，以便"在不影响监管质量的情况下，为其运营提供资金，并保持充足的储备"。

---

[1] 本书英文版出版于2021年。——编者注

第 26 章

1982 年：新加坡国际金融交易所

1982 年年初，我意外地发现伦敦才是"最佳"地点，真是如梦初醒。正如房地产行业经常会说的，重要的永远是位置、位置，还是位置。

也许应该先解释一下，我相信竞争的力量，坚信不疑。当国际货币市场的会员问我为什么要帮助伦敦货币经纪人约翰·巴克希尔（John Barkshire）在伦敦建立一个与我们有竞争关系的市场时，我向他们解释道，竞争对我们有好处，不仅能敦促我们保持警觉、持续创新，还可以扩大期货市场的整体客户基础，从而为我们带来新客户。此外，在欧洲市场获得认可，对我们走向全球市场也将有很大的帮助。但我没说的是，无论如何我们的想法都没有专利权，没办法阻止别人抄袭。

冲出美国

1980 年，约翰·巴克希尔找我帮忙，他看到了我们在芝加哥所做的事业的价值，想参照国际货币市场的架构在伦敦建立一家期货交易所。我很高兴地伸出了援手。后来，第一任首席执行官迈克尔·詹金斯（Michael Jenkins）和杰克·威格尔斯沃思（Jack Wigglesworth）携手将伦敦国际金融期货交易所打造成为欧洲最成功的期货交易所。我对竞争的看法得到了验证：欧洲企业不仅在伦敦国际金融期货交易所开始交易，也涌入了芝商所市场，我们没多久便在伦敦开设了一家办事处。当然，竞争有时也会带来挑战。

我和阿迪蒂在 1981 年创建的欧洲美元期货市场注定会成为全球最大

的期货市场，但是要发展成熟还需要几年的时间。在此期间，英国人推出了一模一样的产品，我们对此无能为力，正如此前所说，想法没有专利权。

还有一个事实变得越发清晰。远东市场正在觉醒，其持续增长将激发对金融期货的需求。亚洲的潜力是巨大的，而欧洲美元具有特殊的吸引力。我忽然感到一阵担忧，因为伦敦才是最佳地点。

几个世纪以来，伦敦一直是全球商业的首选地。伦敦的地理位置覆盖了亚洲营业时间的末段、欧洲全天的营业时间及北美的开盘时间。这对其他事物可能并不重要，但对欧洲美元而言意义重大，因为每时每刻都可能传出影响利率的消息，不分昼夜。

例如，当日本的套保或投机交易者在国际货币市场持有欧洲美元期货头寸时，他们只能覆盖美国时区内的利率风险，但如果在伦敦国际金融期货交易所持有头寸，就能覆盖几乎24小时的利率风险，而且只需支付一笔佣金。相较之下，在国际货币市场进行同样的交易至少需要两笔佣金。显然，伦敦处于完美的时区，芝加哥则不在。

量子力学

时区问题带来的挑战日益严峻，伦敦国际金融期货交易所的持仓规模很快超过了国际货币市场。虽然我采取了一些机智的举措把国际货币市场打造为最成功的交易所，但我无法改变时区。

或者，我可以？

解决方案不是一下子找到的，但也没有花很长时间。为了让国际货币市场能够覆盖亚洲、欧洲及美国的时区，国际货币市场必须同时设在美国和亚洲。那么国际货币市场是如何实现这个奇迹的呢？我们怎么可能同时处于两个地方？

答案是制造一家国际货币市场的克隆体。换句话说，我们需要找一家亚洲交易所作为合作伙伴，这家交易所要有充足的财务实力和经验，并且我们可以信任它来共同开展清算。这样，在东京通过这家亚洲交易所进行的欧洲美元期货交易也能转移至国际货币市场，并在国际货币市场进行结算，相当于这笔交易是在国际货币市场进行的，反之亦然。可以说，这个创新就像是期货市场里的量子力学。

我们疯了吗？世界上从来没有人做过这样的事情——在两个不同的大洲和两个不同的时区同时进行欧洲美元期货交易！两个合约将合二为一。

现在回想起来，这个想法再过几年就无用武之地了，芝商所的 Globex 电子交易系统将提供 24 小时的全球交易。但此时距离推出 Globex 系统还有 10 年，如果不采取任何措施，国际货币市场将把欧洲美元产品拱手让给伦敦国际金融期货交易所。必须指出，欧洲美元期货是全球最受追捧的合约，拥有非凡的价值。

寻求批准

即便在 21 世纪，实现这一古怪的计划也非常困难，更别说那是在 1983 年，简直需要发生奇迹。我必须首先获得时任芝商所董事长布赖恩·莫尼森（Brian Monieson）的批准，随后再一一征得清算公司董事长巴里·林德、总法律顾问杰罗尔德·萨尔兹曼及芝商所总裁克莱顿·尤特的同意。

布赖恩·莫尼森是 GNP 清算公司的创始人，于 1983 年当选为芝商所董事长。作为同事，他和我一样，总是试图寻找隐藏在事业开创过程中的陷阱。布赖恩很快成为我的朋友，并在我们后来面临的许多挑战中成为我最坚定的盟友之一。1986 年，我们桥牌队（包括我、布赖恩和另外两名选手）赢得了全国桥牌锦标赛冠军。

布赖恩一生热爱三件事：家庭、电脑和马。1990 年，他两岁大的马"艺术殿堂"摘得了国际性顶级赛马比赛的桂冠，并创下了两岁马 151.1 秒的步速纪录，以 2 秒优势打破此前保持了 18 年的纪录。他的搭档乔治·西格尔（George Segal）是一位杰出的交易员——理性客观、尊重事实，我经常寻求他的意见。

可惜的是，20 世纪 80 年代，GNP 公司的两名销售人员涉嫌诈骗客户 30 万美元，布赖恩因未能履行监督职责而被起诉。布赖恩坚持自己无罪，拒绝缴纳 10 万美元罚款与美国商品期货交易委员会和解。1992 年，美国商品期货交易委员会对他处以 50 万美元的罚款，上诉后减少到 20 万美元。在与癌症抗争多年后，布赖恩于 1999 年去世，享年 62 岁。

芝商所高层认为这个方案的确有好处，但几乎不可能实现。虽然得到了他们的同意，但我仍需要说服芝商公司清算公司及清算公司委员会的高层，接下来还要争取美国商品期货交易委员会的同意。他们同意了，主要因为这是我的主意，至少他们是这么告诉我的。[1] 随后我说服了所有清算会员，这是一项艰巨的任务，因为说到底是要他们拿出真金白银来冒险。最后，方案的关键在于必须找到一个值得信赖的、能够达到我们严格要求的亚洲合作伙伴。这样的伙伴可能根本不存在！然后还需要再次获得美国商品期货交易委员会的批准。

这只是个开始。一旦确定了合作伙伴，这家亚洲交易所也要开始处理大量棘手的问题，包括获得其政府的批准、遵守所在地的交易法规、具备交易所的独立性、建立资金保障制度、引入转移未平仓头寸的技术，以及建立处理复杂清算的能力。不过，我已经准备好前往亚洲。

展开搜索

我让布赖恩·莫尼森和我一起前往亚洲。他在金融方面很有头脑，如果这个项目有所进展，作为芝商所董事长，他能帮我们获得董事会的批准。出于相似的原因，我也请了杰克·桑德纳陪同出行。虽然在金融期货推出很久之后，杰克才成为芝商所的活跃会员，但他的学习能力很强。杰克风度翩翩，聪明敏锐，还是位律师，所以我们自然而然地成为朋友。我在 1978 年帮助他当选董事，并在两年后支持他出任董事长。杰克还是 RB&H 公司的董事长，这家公司是芝商所的清算会员，专门从事活牛交易。

多年来，我和杰克一直是最佳搭档。他多次公开表示对我领导力的支持，我也很钦佩杰克的演讲能力，这是我们共同的天赋，也是领导者所必需的。每当我需要在会议上说服会员接受某个想法时，得知有杰克在身边

---

[1] 多年后，有人告诉我，除了我，没有人能说服美国商品期货交易委员会批准这一革命性的计划。

打配合，我便感到很踏实。杰克在担任芝商所董事长期间，既是一个能干的盟友，也有着很高的威信。因此，若需要去国外解决棘手的问题，往往是杰克陪在我旁边。

当时有三个理想地点：东京、香港和新加坡。我们从东京开始了搜寻。鉴于我的个人经历，我对日本有着特殊的亲近感，并且在当地相当出名。然而，不管是哪里，都必须先说服当地政府。日本还远没有为我规划的复杂业务做好准备，我敢肯定，对一些政府官员来说，我们的提议听起来像是金融科幻小说。当时的日本市场才刚刚崛起，考虑我的提议还为时过早。

但是日本确实在不断进步。许多年后，我说服了日本大藏省[1]次官行天丰雄批准芝商所上市日经指数期货，几年后又说服了另一位大藏省次官内海诚批准日本引入 Globex 系统。之所以提到这些不小的成就，是为了佐证我在日本获得的认可——我至今仍然是日本的政策顾问，不收取任何报酬。尽管如此，在日本市场发展的早期阶段，我的提议仍是行不通的。

从东京出发，我们来到了香港——我曾寄予厚望的地方。芝商所新任董事长拉里·罗森堡加入了杰克和我的队伍。就市场发展水平而言，香港处于领先地位，期货市场不断发展。他们欣然接受了这个想法，但拒绝放弃对产品的控制权。此外，当时香港的金融市场中，中国内地人、香港人及英国人各自为政，都想单独与芝商所合作，对其余两方的参与很排斥。

理想的选择

最后，我们去了新加坡。新加坡因其精英治理的廉洁政府、公平的司法制度和完善的法治而闻名。新加坡很愿意与我们合作，希望借此机会向成为远东金融中心迈出一大步，甚至超过香港。新加坡已经建立黄金期货市场，由伊丽莎白·萨姆（Elizabeth Sam）担任交易所董事长。伊丽莎白聪明又自信，愿意重组黄金交易所来满足我们的需求。这是一个很好的开端，但远远不够。

---

1 日本大藏省是现日本财务省和金融厅的前身。——编者注

新加坡市场由新加坡金融监管局统一监管，没有其批准，在新加坡什么也做不了。经过初步讨论，新加坡金融监管局主席林和基（Lim Ho Kee）坚定地认为新加坡是最合适的地点，甚至他跟着我一起回到了芝加哥——这一举动让我相信他说的是对的。

黄国松（Ng Kok Song）接任新加坡金融监管局主席后，关于合作的讨论进入高潮。黄国松足智多谋、才华横溢，我们之间瞬间产生了化学反应。如果没有他，新加坡国际金融交易所永远不会诞生。黄先生毕业于斯坦福大学，他有远见，人很老练，清楚这样的合作对新加坡来说意味着什么。在我们的多次拜访中，我对他、新加坡这个国家及新加坡开国元勋李光耀总理产生了极大的敬意。李光耀以"LKY"的姓名首字母缩写而广为人知，他一手创建了新加坡这个城市国家，在我看来，他是历史上最睿智的领导人之一。李光耀从1959年到1990年担任总理，在此期间新加坡成为东南亚最繁荣的国家。

解决问题

当然，还有许多内部问题有待解决，包括很高的财务风险、很可能出现的市场欺诈或失败，以及保证金制度的安排，等等。芝商所经济部门将这些棘手的问题一一解决，这个部门有杰出的经济学家迈克尔·阿萨伊（Michael Asay）和罗杰·鲁茨（Roger Rutz），二人都曾在美联储就职。他们共同设计的系统最终被命名为相互冲销系统，设计精妙，简洁安全，为合作成功提供了关键保障。我们后来的谈判又花了一年多时间。

为了顺利推进合作，我们需要获得新加坡政府的支持，并且需要新加坡金融监管局制定与美国商品期货交易委员会监管要求及芝商所规则兼容的规则框架。为此，黄国松带我去见了李光耀总理，总理直截了当地问了我一个关键问题：合作有什么障碍？

我解释说，这个项目无先例可循，并且新加坡的市场才刚刚起步，规则框架问题百出，从黄金市场就能看出运作有多么松散。"美国是谁来制定规则？"李总理问。我回答是美国商品期货交易委员会。"他们有规则手册吗?"他追问。我给予了肯定的回答,他认真地说:"把规则手册寄给我。"长话短说,最终新加坡采纳了美国商品期货交易委员会所有的关键规则。

新的交易所被命名为新加坡国际金融交易所,于1984年9月7日开业。杰克·桑德纳和我观看了交易所开业的舞狮表演。从新加坡国际金融交易所开业的那一刻起,伦敦国际金融期货交易所欧洲美元期货的持仓量就开始下跌,国际货币市场的持仓量则一路上升。1999年12月1日,新加坡国际金融交易所与新加坡证券交易所合并。

在新加坡国际金融交易所成立15周年庆典上,我的座位被安排在李光耀旁边。他在演讲时把我叫了上去,并向3 000多位来宾隆重介绍了我,说我在新加坡打造金融中心的历程中功不可没。我想这份功劳也有黄国松的一半,后来我和他一同登上了新加坡名人堂。每当我讲述过往成就时,总会提到这个关于时区量子力学的故事。

第 27 章

1982 年：Libor 溃败

银行过了几年才意识到国际货币市场欧洲美元期货的重要性及其魅力，随后这个产品的潜力终于得以充分释放。1997 年，我重返芝商所董事会，此时欧洲美元期货已经挂牌交易了 15 年，成为短期利率交易和套保的全球基准。

然而，在我不知情的情况下，欧洲美元期货刚刚经历了一次不利的重大转变。从 1995 年开始，芝商所计划转向 Libor 计算欧洲美元期货定价。Libor 当时已经是伦敦的大多数国际性银行在确定拆借平均利息成本时采用的权威基准，期限从隔夜到 1 年期不等。[1] 他们的想法是，相较芝商所清算公司而言，Libor 的公正受到市场更广泛的认可，因此定价方式的转换将有助于芝商所扩展期货业务。[2] Libor 的发布单位英国银行家协会自然乐见其成。但结果证明这是一个严重的错误，我们自己的定价方式才是最安全的。

毋庸置疑，如果弗雷德·阿迪蒂或者我在的话，肯定不会同意。首先，我们都坚信"没坏就别修"。更重要的是，在阿迪蒂首次公布他的解决办法后，我便问他银行是否会操纵利率报价来谋取私利——哪怕是微小的数字变动都会影响全球的借贷成本。

阿迪蒂回应说"不太可能做到"，原因有二：首先，我们的清算公司

---

[1] 据估计，Libor 影响着全球 350 万亿美元的证券和贷款。
[2] 引自路透社 1996 年发表的马西·恩格尔（Marcy Engel）的特别报道《操纵伦敦同业拆借利率如何成为常态》（How gaming Libor became business as usual）。

很了解银行和银行交易员在做什么,并且对联合操纵非常警惕;其次,报价行是随机选择的,这是"防止恶意操纵"的关键。我们会从 20 多家参与银行中随机选择 12 家报价行。这意味着对任何一家银行来说,即便费劲儿篡改了利率,鉴于不被选中的概率太高,也是得不偿失。即使被选中,任何一家银行甚至几家银行联合起来都无法对利率产生实质性影响,除非包括所有大型银行在内的多数报价行都参与欺诈,而这是不可想象的。

在他看来,只要芝商所清算公司还在运作,就可以发现银行的欺诈行为。而且银行根本不会考虑操纵利率,因为报价是由外部第三方(芝商所清算公司)接收。我们从没有考虑过监守自盗的可能性。

视而不见

在美国商品期货交易委员会正式批准这一变动前的意见征集期内,所罗门兄弟公司的律师马西·恩格尔提交了一份意见,警告称改变欧洲美元的定价方式和定价机构将"危及全球金融体系中关键利率的诚信"。这位律师特别指出,将期货合约与 Libor 挂钩"可能会为操纵利率提供机会"。[1]

很遗憾,恩格尔女士的判断是正确的。诚然,仅一人提出反对意见往往不足以阻止立法、发起调查或者在法案中增设保障条款,但这位女士是所罗门兄弟公司的高层,也是一位专家,她的意见理应很有分量。就像美国证券交易委员会选择无视会计师哈里·马科波罗斯(Harry Markopolos)对伯纳德·麦道夫"庞氏骗局"的警告,美国商品期货交易委员会最终批准了定价方式的转换。1997 年 1 月 13 日,芝商所正式将欧洲美元利率期货的定价基准转为 Libor。

Libor 的报价遵循了阿迪蒂的设计,基于选定银行的报价计算得出,每天向市场发布,作为伦敦货币市场上银行间平均拆借利率的参考。根据每日发布的 Libor,各国再去制定自己的利率,并据此开展业务。Libor 由

---

[1] 引自所罗门兄弟公司律师马西·恩格尔于 1996 年向美国商品期货交易委员会提交的信件。

全球最大、最权威的银行组成的委员会进行自我监管，确保其公布的利率诚实可靠。但这个机制最终一败涂地，操纵 Libor 的不正之风得以在近 10 年的时间里滋长蔓延。

操纵市场

然而，2008 年金融危机让各种骗局都暴露无遗，Libor 也不例外。2008 年 4 月 16 日，《华尔街日报》头版头条写道："银行家们质疑危机中的关键利率。"这篇在伦敦撰写的文章开头是这样的："全球金融体系最重要的晴雨表发出的信号可能有误。从俄罗斯石油生产商到底特律的房主，全球借款人都将受到巨大的影响，银行和交易员对此表示担忧，Libor 的可靠性摇摇欲坠。"

这是《华尔街日报》系列文章中的第一篇，质疑银行是否提交了真实的借贷成本来计算 Libor。随后，价格操纵的指控层出不穷，陷入丑闻的金融机构包括德意志银行、巴克莱银行、瑞银集团、荷兰合作银行、汇丰银行、美国银行、花旗集团、摩根大通、东京三菱银行、瑞信银行、英国劳埃德银行、西德意志银行和苏格兰皇家银行。

Libor 造假不仅会影响利率和金融衍生产品交易，还会造成整个金融体系的扭曲。Libor 操纵丑闻的规模远远超过了历史上任何一桩金融丑闻，甚至超过了很早以前的庞氏骗局和最近的麦道夫欺诈案，任何借出或借入资金的个人和公司都会受到影响。就像美国的基准利率一样，Libor 也经常被用来计算银行或其他金融机构向消费者收取的利息。

可笑的是，Libor 操纵骗局是从 2006 年的一封电子邮件开始露出马脚的。一名掉期交易员兴高采烈地向巴克莱银行的交易员发送了一条消息，感谢后者通过 Libor 报价造假帮他避免了利率交易头寸的亏损。"老兄。大恩不言谢！哪天下班来找我，好酒招待。"2006 年 9 月 13 日，巴克莱银行纽约分部的一名交易员向负责提交 Libor 报价的同事发送的消息是这样说的："嗨，伙计们，我们在未来 3 天的 3 月期 Libor 上有个大头寸。能不能在接下来几天里把 Libor 固定在 5.39？不能高于 5.39，帮个忙吧，太感谢了!"

证据确凿。事实证明,几乎所有银行的交易员之间都有大量这样的邮件往来,互相串通造假。就像俗话说的:"如果你没作弊,说明你努力得还不够。"交易员拿出好酒极力讨好其他银行和自家银行负责提供 Libor 报价的同事,恳求帮忙造假。

就在德意志银行同意因操纵 Libor 结算价支付创纪录的 25 亿美元罚款之前,调查人员收集到了如下邮件证据:

2005 年 2 月,一名交易员写给另一名交易员的邮件中说:"今天 6 月期的 Libor 能不能帮忙调高点儿?拜托了!"

2005 年 3 月:"老兄,今天 6 月期的 Libor 能不能低点儿?"

2005 年 2 月:"今天 6 月期的 Libor 能不能高点儿?"

2006 年 11 月,一位经理在同事提交调低的报价后回答说:"爱你!兄弟。"

2007 年 9 月,德意志银行交易员致巴克莱银行交易员:"求你了,别忘了啊……求你了,我跪下了。"

2008 年 1 月,东京的一位经理在将 Libor 报价调高后说:"你欠我一杯酒!"

2008 年 8 月,一名交易员在得知 Libor 不变时:"可恶……胆子大点儿啊,把 3 月期的 Libor 整高点儿。哈哈哈哈。"

2009 年 5 月,一名交易员问德意志银行的交易员:"能帮我个忙吗?稍微把 6 月期的 Libor 上调一点儿,不然我麻烦大了。"第二天,德意志银行交易员确认日元 Libor 已上调:"这下满意了吧?"交易员回答:"谢了!"

影响深远

这是银行业历史上最大的丑闻,体现出极度的傲慢和对真相及法律的彻底漠视。多年来,交易员串通操纵 Libor,影响了包括抵押贷款、企业贷款和金融衍生产品在内的约350万亿美元[1]金融资产的价格。交易员操纵Libor的目的五花八门，有的是为了让自己的持仓好看一些，有的是为了提升一笔银行交易或预期交易的价值，还有的是为了在金融危机期间保持低借贷利率，让自己显得实力强大。

2012年6月，巴克莱银行成为首家承认操纵利率并达成和解的银行，其支付了2.9亿英镑罚款，刷新了当时的历史纪录。巴克莱的和解引发了一场政治风暴。此前拒绝开展调查的伦敦重大欺诈案办公室改变了立场，发表声明称将启动刑事调查。

巴克莱银行董事长马库斯·阿吉厄斯（Marcus Agius）和首席执行官鲍勃·戴蒙德（Bob Diamond）先后辞职，前后仅相隔一天。2012年12月19日，瑞银同意向监管机构支付15亿美元的罚款（包括向美国司法部和美国商品期货交易委员会缴纳12亿美元，向英国金融服务管理局缴纳1.6亿英镑，以及向瑞士金融市场监督管理局缴纳5 900万瑞士法郎）。而这只是开始。

陷入丑闻的金融机构包括世界顶级的银行：德意志银行、巴克莱银行、瑞银集团、荷兰合作银行、汇丰银行、美国银行、花旗集团、摩根大通、东京三菱银行、瑞信银行、劳埃德银行、西德意志银行和苏格兰皇家银行。罚款总额超过100亿美元，涉案人有的锒铛入狱，有的职业生涯就此结束。这是人类历史上最严重的银行操纵事件，其影响一直延续至今。

正如人们所料，这起可怕的事件意味着作为短期利率基准的Libor走向末路。2017年，英国金融行为监管局正式叫停Libor。此后，监管机构和银行一直在努力寻找替代利率。美联储组建了一个由几家大型银行组成的替代参考利率委员会，以期商定替代参考利率基准。

但说起来容易，做起来难。委员会选择了基于美国国债回购市场交易利率的担保隔夜融资利率（SOFR），代表了借入由美国国债担保的隔夜现金的成本。2019年，纽约联邦储备银行开始发布SOFR，用以替代Libor。

---

[1] 如今这一数字约为240万亿美元。

就目前而言，Libor 和 SOFR 依然并存，预计 SOFR 将在 2021 年成为美元计价金融衍生产品和信贷产品的参考基准。希望如此！

幸运的是，弗雷德·阿迪蒂设计的欧洲美元期货合约依然是全球短期利率的基准，持续服务于市场的最佳利益。

第 28 章

学术，还是学术

2005 年，弗雷德·阿迪蒂因胰腺癌去世，享年 66 岁。芝商所董事长特里·达菲代表董事会提议设立"梅拉梅德-阿迪蒂创新奖"，这个奖项现已成为美国金融界人人向往的奖项之一。

芝商所的智库竞争市场咨询委员会每年负责该奖项的评选，委员会由诺贝尔经济学奖获得者迈伦·斯科尔斯和我共同创立。自 2005 年成立以来，竞争市场咨询委员会先后迎来 4 位诺贝尔经济学奖得主的加入——加里·贝克尔（Gary Becker）、迈伦·斯科尔斯、罗伯特·默顿和罗伯特·席勒（Robert Shiller）。加里·贝克尔去世后，拉尔斯·彼得·汉森（Lars Peter Hansen）接替了他的位置。

竞争市场咨询委员会还有很多备受尊敬的金融专家，如麻省理工学院金融学教授安德鲁·罗（Andrew Lo）、芝加哥联邦储备银行前主席迈克尔·H. 莫斯科（Michael H. Moskow）、美联储前理事兰德尔·S. 克罗兹纳（Randall S. Kroszner），以及我多年的朋友雅各布·弗伦克尔（Jacob Frenkel）。弗伦克尔曾任以色列央行行长，现任 30 人小组的主席，他和我可以用意第绪语交谈。我非常荣幸能够继续与芝加哥大学前商学院院长杰克·古尔德（Jack Gould）共同担任这个精英团队的主席。建立竞争市场咨询委员会的初衷是汇集美国金融界知名的思想领袖，为芝商所提供前沿的金融政策建议。

委员会活动

20 世纪 70 年代初，我很荣幸与迈伦·斯科尔斯成为朋友，那时他还在芝加哥大学担任金融学教授。他是布莱克-斯科尔斯期权定价模型的共同提出者，1973年，芝加哥期权交易所正是在这个模型的基础上得以建立。尽管他身边围绕的都是学术界的大佬，比如费希尔·布莱克（Fischer Black）、尤金·法马（Eugene Fama）、罗伯特·默顿、默顿·米勒，他们都是诺贝尔经济学奖得主，但我在1年前推出的金融期货让我们立刻有了共同话题。我们对米尔顿·弗里德曼的自由市场主张有着共同的信仰，我还邀请默顿·米勒加入了芝商所董事会，这些都让我们成为精神挚友。

1997年，迈伦·斯科尔斯、罗伯特·默顿与费希尔·布莱克（于获奖前两年去世）合作开发了股票期权的定价公式——后来被称为布莱克-斯科尔斯模型，用于根据波动率、期权类型、标的股票价格、时间、行权价格和无风险利率6个变量确定看涨期权或看跌期权的公允价格或理论价值。这个公式的提出是金融行业发展的分水岭，为许多领域的经济估值铺平了道路，并催生了一系列用于有效管理风险的新型金融工具。

默顿·米勒去世后，迈伦·斯科尔斯自然而然地成为董事候选人。他接受了我们的邀请，很少有美国公司有资格把他的名字列入董事会。后来，董事会提名委员会没有提名斯科尔斯连任，于是他在2008年离开了董事会，这对他来说是一种耻辱。委员会没有给出理由，也许只是单纯的嫉妒。根据交易所合并后修订的章程，提名委员会被赋予了提名的最终决定权，无须董事会审议。我对此表达了强烈的不满，但很遗憾终究未能改变结果，这也是我在董事会的第一次重大失利。随后，规则得到了修改。

尽管如此，竞争市场咨询委员会留存了下来。我想有必要借此机会回顾一下"梅拉梅德-阿迪蒂创新奖"创立至今的获奖者：

2005年，威廉·夏普（William Sharpe），斯坦福大学金融学荣誉教授、1990年诺贝尔经济学奖获得者。

2006年，利奥·梅拉梅德，金融期货和Globex创始人，芝商所集团荣誉主席。

2007年，尤金·法马，芝加哥大学商学院金融学罗伯特·R.麦考密克杰出服务教授，2013 年诺贝尔经济学奖获得者。

2008 年，迈克尔·R. 布隆伯格（Michael R. Bloomberg），彭博有限合伙企业创始人，纽约市市长。

2009 年，哈里·马科维茨（Harry Markowitz），1990 年诺贝尔经济学奖获得者。

2010 年，戴维·A. 费鲁奇（David A. Ferrucci），IBM T. J. Watson 研究中心语义分析和集成部门负责人。

2011 年，罗伯特·C. 默顿，麻省理工学院斯隆管理学院杰出金融学教授，1997 年诺贝尔经济学奖获得者；迈伦·斯科尔斯，斯坦福商学院金融学荣誉教授，1997 年诺贝尔经济学奖获得者。

2012 年，吉米·威尔士（Jimmy Wales），维基百科创始人。

2013 年，萨尔·可汗（Sal Khan），可汗学院创始人。

2014 年，本·伯南克（Ben Bernanke），美联储理事会主席（2006—2014 年）。

2015 年，伊丽莎白·霍姆斯[1]（Elizabeth Holmes），Theranos 创始人、首席执行官。

2016 年，蒂姆·伯纳斯-李（Tim Berners-Lee），万维网发明者。

2017 年，约翰·C. 博格尔（John C. Bogle），先锋领航集团创始人、前董事长；约翰·A. 麦奎恩（John A. McQuown），企业家。

2018 年，斯蒂夫·沃兹尼亚克（Steve Wozniak），苹果公司联合创始人。

2019 年，肯尼斯·C. 格里芬（Kenneth C. Griffin），城堡证券创始人。

此外，为了继续支持数学和科学教育，迈伦·斯科尔斯和我在 2006 年设立数学科学研究所奖，授予在运用数学、统计或计算机方法开展市场行

---

[1] 霍姆斯后来涉嫌欺诈，其奖项已被竞争市场咨询委员会正式撤销。（2022 年 1 月，美国联邦陪审团裁定霍姆斯四项欺诈罪名成立。——编者注）

为及经济学研究方面具有独创性和创新性的个人。许多获奖者后来也获得了诺贝尔奖。[1]

教育至上

竞争市场咨询委员会和创新奖让我认识到，如果我想将期货从国民经济中的次要角色提升为资本市场发展的主要工具，教育必须发挥关键作用。

除了为会员和潜在市场参与者持续提供芝商所的书面宣传材料（由我本人撰写、指导编写或编辑），我还开始游说高校开设期货市场课程。[2] 我们不仅向高校提供开课所需的大笔资金，我自己还担任了客座讲师，直到今天，我每年都会接受四五次这样的讲课邀请。我职业生涯的大部分时间都与芝加哥的两所主要大学有着直接的联系。从来到美国开始，我就很喜欢位于芝加哥南部的、全美顶尖高校之一的芝加哥大学，以及位于北部埃文斯顿的西北大学。当然，我对其他没有提到的优秀的美国高校也绝无轻视之意。

正如其网站介绍所示，两所大学都是私立、非宗教、男女同校的研究型大学，拥有多样的文化和种族，是芝加哥的骄傲。芝加哥大学于1890年由美国浸礼会教育协会和约翰·D. 洛克菲勒（John D. Rockefeller）创建，西北大学则成立于1851年，由约翰·埃文斯（John Evans）创立并以他的名字命名，埃文斯顿的名字也由此而来。这两所大学在各类国内外排名中都位居前列。如果经济条件允许，我肯定会选其中一所就读。后来，我很荣幸请到了西北大学凯洛格管理学院荣誉院长唐纳德·P. 雅各布

---

[1] 2018年，马里兰大学阿尔伯特·凯尔；2017年，斯坦福大学保罗·米尔格罗姆；2016年，斯坦福大学罗伯特·威尔逊；2015年，芝加哥大学道格拉斯·戴蒙德；2014年，普林斯顿大学乔斯·A. 沙因克曼；2013年，麻省理工学院本特·霍姆斯特龙；2012年，耶鲁大学罗伯特·J. 席勒；2011年，纽约大学托马斯·J. 萨金特；2010年，图卢兹大学让·梯若尔；2009年，斯坦福大学桑福德·J. 格罗斯曼；2008年，芝加哥大学拉尔斯·彼得·汉森；2007年，斯坦福大学戴维·M. 克拉普斯；2006年，麻省理工学院斯蒂芬·A. 罗斯。

[2] 当时，关于期货的主要参考资料是伊利诺伊大学霍尔布鲁克·沃金教授撰写的，例如'Price Effects of Futures Trading', *Food Research Institute Studies* I (1960), 3–31。

斯（Donald P. Jacobs）加入芝商所董事会。

然而，毫无疑问，我与芝加哥大学最紧密的联系是米尔顿·弗里德曼教授。他的自由市场理念改变了世界的发展方向，也正是因为他的支持，货币期货的点子才得到了认可。我和他建立了牢固的友谊。芝加哥大学诺贝尔经济学奖获得者默顿·米勒教授也与我关系很好，他对我的成就十分认可，我们相互敬重，后来他也加入了芝商所董事会。

特别重要的是，我信奉弗里德曼的自由市场主义原则，这也是构成芝加哥大学货币主义信仰的根基，即自由市场能够更好地分配经济资源，政府干预越少越好。正是出于这样的信仰，我于1975年设立了"利奥·梅拉梅德金融杰出研究奖"，后来芝商所还在芝加哥大学为我捐赠了荣誉教职。不仅如此，还有一门以我的名义开设的"金融工具"期货课程，由杰出的乔治·康斯坦丁尼德斯（George Constantinides）教授担任导师。我还参与建立了贝克-弗里德曼研究所。

上述种种可见，米尔顿·弗里德曼和我私交甚好，我和我夫人贝蒂很荣幸经常去米尔顿和罗丝夫妇位于旧金山的家里拜访他们，也常常在我们亚利桑那州的家中款待他们。罗丝·弗里德曼也是一名经济学家，据说她是世界上唯一一个在经济学辩论中赢了米尔顿的人。

我们还通过弗里德曼夫妇结识了他们的许多朋友，大多是学术界的名人，并且经常会被邀请参加米尔顿担任嘉宾的活动。参加米尔顿90岁生日聚会时，前国务卿乔治·P.舒尔茨唱了一首关于他的歌。这首歌经常在芝加哥大学米尔顿的教室里回响，代表了他对学生的要求，即不能在没有事实证明的情况下建立理论：

  没有理论引导的事实，就像无帆之船，
  无舵之舟，
  无尾之风筝。
  没有理论引导的事实最可悲。

但是如果有更糟糕的事情，那就是没有事实根据的理论。

米尔顿·弗里德曼去世后，我于 2006 年 12 月 7 日在芝加哥大学洛克菲勒教堂与诺贝尔经济学奖得主加里·贝克尔、詹姆斯·赫克曼（James Heckman）和美联储主席本·伯南克一同参加了他的缅怀仪式。我向来自世界各地的与会贵宾解释了米尔顿关于货币期货的可行性研究如何成为我的指路明灯，而现在"我失去了和我一样信仰自由市场的导师和挚友"。

我想再提一下自己与芝加哥另外三所大学的联系：我在伊利诺伊大学芝加哥分校读的书；我经常在德保罗大学讲课，我非常尊重这所大学；还有我攻读法律学位的约翰·马歇尔法学院。因此，虽然我在美国许多大学讲课并获得了广泛的认可，但以上我提及的学校与我有着最深的历史渊源和联系。

第 29 章

1982 年："五月花号"

1860 年，亨利·瓦纳姆·普尔（Henry Varnum Poor）出版了历史指南读物《美国铁路和运河史》(The History of Railroads and Canals in the United States)。其竞争对手卢瑟·李·布莱克（Luther Lee Blake）则在 1906 年出版了《标准统计局》(Standard Statistics Bureau)，发布非铁路公司的金融数据。两家公司于 1941 年合并成为标准普尔公司，随后在 1966 年被麦格劳·希尔公司收购。

道琼斯公司由查尔斯·道（Charles Dow）、爱德华·琼斯（Edward Jones）和默默无闻的合伙人查尔斯·伯格斯特拉瑟（Charles Bergstresser）共同创立，并于 1885 年开始发布道琼斯指数，这是继该公司推出道琼斯运输平均指数后的第二个美国市场指数。道琼斯于 1902 年被当时著名的财经记者克拉伦斯·巴伦（Clarence Barron）收购，并在他 1928 年去世后传给了他的继女简和玛莎，她们是他第一任妻子杰茜·沃尔德伦（Jessie Waldron）的孩子。公司由简的丈夫休·班克罗夫特（Hugh Bancroft）经营，在他 1933 年自杀后，公司在其余家庭成员中一代代传了下去。

上述历史对我来说意义不大，直到 1980 年，我开始研究推出标普指数期货交易。这一产品最终成就了芝商所的时代巅峰，股指期货就此成为全球股票市场和金融领域不可或缺的组成部分。我之前说过，早在美国商品期货交易委员会正式批准现金交割之前，我就开始思考并着手筹备埃尔默·法尔克提到的股指期货。作为一个不可救药的乐观主义者（也只有这样的人才能拥抱伟大的梦想），我坚信能够推出股指期货，并且确信这个领域未来将迎来激烈的竞争，最终演变成一场混战。

我很确定4家运营着期货市场的美国交易所都会在这场德比[1]中全力以赴：芝加哥期货交易所是历史最悠久、规模最大的期货交易所；同样不容小觑的还有纽约证券交易所，其借鉴国际货币市场经验创建了纽约期货交易所，专门提供金融衍生产品交易服务；堪萨斯城期货交易所是规模最小的期货市场；除此之外，当然还有期货市场最年轻的一员——芝商所和国际货币市场。

有5个知名指数可供选择：道琼斯指数，知名度最高，也最受欢迎；纽约证券交易所综合指数，当时最大的宽基指数，包含约1 500家上市公司；标普500指数；纳斯达克指数；价值线指数。事实上，所有这些指数都在随后的疯狂竞争中短暂成功过。

有序排队

根据监管规则要求，美国商品期货交易委员会按照提交产品申请的先后顺序进行审批。由于自身实力比较薄弱，堪萨斯城期货交易所在现金交割还未获批前就急匆匆地第一个提交了产品申请。他们选择了价值线指数，并且计划对成分股进行实物交割，这简直是疯了。他们的产品还没获批，现金交割就获批了，于是芝商所排在了审批队伍的第一位。

即将被任命为美国商品期货交易委员会主席的苏珊·菲利普斯（Susan Phillips）委员打电话给我，提出了一个奇怪的要求。她说，堪萨斯城期货交易所撤回了实物交割价值线指数期货的申请，并重新提交了采用现金交割的产品申请，现在它的申请排在第三位，前面分别是芝商所和新成立的纽约期货交易所。"利奥，它们都是规模很小的交易所，上了新产品也很难做大。你看能不能让美国商品期货交易委员会先审批它们的申请？只是几天的差别。"我同意了。

菲利普斯女士说得没错，晚几天获批确实无所谓，但事实证明纽约证

---

[1] 德比是体育比赛术语，此处意为强者对决。——编者注

券交易所创立的金融衍生产品交易所不容小觑。纽交所在当时有着响当当的名声，推出的指数很有竞争力。尽管纽交所是期货领域的后来者，并已在与国际货币市场的外汇和债券产品竞争中失败，但它仍是股指领域最有力的竞争者。纽交所有知名的基准指数，有交易员和专家的支持，还把期货交易池安排在证券现货交易区旁边。最重要的是，在证券领域，芝加哥没有一家交易所的声望比得上纽交所。

尽管如此，我仍是个乐观主义者。国际货币市场的成功很大程度上得益于它是一家专门交易金融衍生产品的交易所，而且只有会员才有资格参与交易。这些会员组成了一支拥有有限交易产品清单的交易员大军，没有哪家交易所能与我们匹敌。而且，谦虚地说，我是他们进入期货交易行业的领路人，因此大多数人会毫不迟疑地追随我的指引。这支交易员大军带来了无可匹敌的流动性，正如我经常说的，流动性是市场的圣杯。

公共指数

与此同时，芝加哥期货交易所明确选择道琼斯指数作为期货标的。我对此毫不意外，甚至乐见其成。首先，如果我们两家交易所都选择道琼斯指数，必然会争个头破血流，但最终我们一定会赢；其次，我对道琼斯指数持保留态度。现在想想，这个决定对芝商所日后的发展和成功至关重要。我当然知道道琼斯指数是股票市场最知名的指数，跟踪最重要的30只工业股票的走势，但关键在于我不认为这个指数符合产业客户的套保需求。

我花了很长时间在公司内外讨论这个问题。在公司内部，委员会的成员持有不同的观点。我最信任的顾问巴里·林德倾向于道琼斯指数，因为这个指数符合他的林德-沃尔多克公司的零售业务需求，而林德-沃尔多克公司可以为新产品提供关键的流动性。基金经理的观点则不同，他们一致选择标普指数作为投资组合的基准。他们最终说服了我，我又态度坚定地说服了巴里·林德。委员会很快达成了一致——这正是我所需要的。我认为这是我职业生涯中最关键的决定之一。

此时，一个巨大的错误正在街对面的交易所里酝酿。根据律师的意见，芝加哥期货交易所认为道琼斯指数是公共指数，也就是一种公共产品，就像天气预报一样，不需要许可就能使用。这样的想法并非没有道理，毕竟道琼斯一直向全世界免费发布指数，每个人都可以自由地使用或引用道琼斯指数。直到今天，道琼斯指数仍然是反映美股市场每日表现的公共晴雨表，道琼斯公司似乎也允许并鼓励免费使用指数。因此，芝加哥期货交易所的董事会采纳了律师看似合理的建议。

这样的逻辑同样适用于标普指数。标准普尔公司与道琼斯公司一样，也很乐意媒体和公众免费使用其指数。因此，芝商所的总法律顾问杰罗尔德·萨尔兹曼也持同样的观点，认为标普500指数是公共指数，芝商所无须标普或任何人许可，便可挂牌指数进行交易。

原则问题

我对此表达了强烈的反对，不应该这样！我在法学院和米尔顿·弗里德曼那里学到了很多关于知识产权的内容——知识产权是神圣的。在我看来，标普500指数是标准普尔公司的知识产权，需要他们同意才能使用。不只是我这样想，幽默作家、政治评论家P. J. 奥罗克（P. J. O'Rourke）也曾说："如果想得到一样东西，我们应该用自己的劳动或金钱来换取，而不应该乞求、偷窃、指望天上掉馅饼或者蒙骗政府帮我们用武力豪夺。"

我和萨尔兹曼就这个问题进行了漫长的争论，但我拒绝让步，最后他只能说："好吧，利奥，如果你想白白浪费钱，就这么做吧。"正如我之前提到的，律师有时见木不见林。但即使律师判断失误的可能性微乎其微，我也不想冒险，毕竟股指期货对芝商所的未来太重要了。

事实证明，这是我做过的最重大的决定之一。1980年2月18日，在标普500指数期货推出的两年前，我和标准普尔公司董事长布伦特·哈里斯（Brent Harries）见了一面，杰罗尔德·萨尔兹曼和时任芝商所董事长杰克·桑德纳一起参加了会面，杰克·桑德纳完全支持我的决定。参会的还有标准普尔公司的总法律顾问乔治·巴伦（George Baron）。我们应邀前往哈里斯先生的顶层公寓共进晚餐。对话的开始有些奇怪，我意识到这是一个历史性的时刻：我推测哈里斯的先祖搭乘"五月花号"来到美国，而我来自比亚韦斯托克。

"这东西是我们免费发布的，你居然要付钱给我？"哈里斯先生一边调侃，一边忍住窃笑。我无法忘记这一幕，作为来自比亚韦斯托克的犹太移民后代，此时的我在纽约第五大道的豪华顶层公寓里，和一个祖上可能来自"五月花号"的人探讨一个革命性的想法。这有点儿诡异，但很有意思。

"是的，"我回答，"因为这是您的知识产权，我希望拿到独家许可。"标普的律师乔治·巴伦示意他的当事人先别表态（意思是"看看这家伙还会说什么"）。聊到最后，问题回到了我们究竟愿意付多少钱，这确实是一个难题。据我所知，从来没有人在推出玉米、活牛或瑞士法郎期货时想要或需要获得许可。我和萨尔兹曼是有备而来的，我们提出了一个新颖的办法：我们想签订一份长期独家授权合约，每笔交易向标普支付 10 美分的授权费，同时按照期货产品的史上最高单日成交量（比如每天 10 000 手）设置全年授权费上限。

标准普尔公司采纳了这个方案，我们在 1980 年 2 月 28 日签订了协议。想象一下，此时现金交割尚未获批，距离标普指数期货合约诞生还有两年，而我手里已经拿到一份挂牌交易标普指数期货的独家授权合约。事实证明，标普指数期货合约具有非凡的吸引力和价值，没过多久，其日均成交量就超越了其他期货品种，当然也超过了我们与标准普尔公司协议规定的上限。

我们还获得了将该指数转授权的权利。我们首先便授权给了芝加哥期权交易所，他们主要交易证券产品，对我们不构成威胁。事实上，得益于套利活动，标普指数期货市场日益壮大，随后进一步推动标普指数成为如今市场中响当当的招牌。

1984 年，标准普尔公司新的所有者麦格劳·希尔公司的高管艾拉·赫伦斯坦（Ira Herenstein）和鲍勃·安德里亚利斯（Bob Andrialis）打电话给我说，标准普尔公司签合同时不了解指数期货的概念，在条款谈判上吃了亏。在一些人看来，似乎是芝加哥期货市场的几个老滑头占了新人的便宜。

他们想知道我是否考虑重新谈判。

我很快说服他们，事实并非如此，当时这完全是一个未知的领域，标准普尔公司的高管也绝对称不上新手。然而让他们大吃一惊的是，我话音一转，告诉他们我会协调芝商所董事会作废原始协议，重新谈判，并把它做成一笔长期交易。我如《传道书》中所说，将面包撒于水面。随后，我授权萨尔兹曼和执行副总裁埃里克·基尔卡林（Eric Kilcollin）根据实际情况重新商谈一项合理公平的长期协议。这一罕见的举动铭刻在了美国企业史上。时至今日，芝商所仍与麦格劳·希尔公司保持着良好的合作关系。

另辟蹊径

在街对面的芝加哥期货交易所，事情进展得并不顺利。在芝加哥期货交易所推出道琼斯指数期货前夕，道琼斯公司申请了禁令。和我预想的一样，道琼斯公司认为道琼斯工业平均指数是他们的知识产权。

尽管芝加哥期货交易所在芝加哥巡回法院的审判中获胜，但伊利诺伊州上诉法院随后推翻了下级法院的裁决，批准了禁令。最终，伊利诺伊州最高法院决定维持上诉法院的裁决。[1] 换句话说，没有道琼斯公司的明确许可，芝加哥期货交易所不能推出以其指数为标的的期货产品，而芝加哥期货交易所绝无可能从班克罗夫特家族成员那里获得许可。接下来的 15 年里，芝加哥期货交易所被排除在了股指期货的圈子外。我想正是由于我坚持维护知识产权的神圣不可侵犯性，才让芝商所赢得了胜利。

芝商所旗下的国际货币市场和纽交所旗下的纽约期货交易所展开了最后的较量。我做的第一件事是向董事会提议创建全新的指数和期权部门，其业务仅包括指数和期权产品。芝商所和国际货币市场会员将自动拥有指数和期权板块的全部权利，并可以 30 000 美元的价格购买指数和期权板块的额外席位。非会员购买指数和期权板块席位的价格则为 60 000 美元。

这个计划同样进展得很顺利——1 039 名现有会员和 125 名新会员购

---

[1] 伊利诺伊州最高法院 1983 年 10 月 21 日 98 Ⅲ 2nd 109；456N.E.2d 84 号卷宗，包括了大法官菲利普·P. 西蒙（Philip P. Simon）的异议意见书。

买了指数和期权板块的席位，另外还有 123 名从 AMM 转会而来的会员。我们为新板块筹集了大量资金，会员增加到 2 724 名。在我看来，这将带来近乎无敌的流动性。

我们于 1982 年 4 月 21 日推出标普指数期货合约。上市 3 个月后，1982 年 8 月 12 日，道琼斯指数报收 776.92 点，跌至 20 世纪 30 年代以来的最低点位，触底后开启了一轮长期牛市。一些分析师认为，我们的指数期货合约提供了有效的安全网，可以让投资者持有更多的股票多头头寸，在一定程度上为牛市提供了助力。

幕后花絮

在指数和期权板块的创立过程中，发生了一些有趣的小故事。杰克·桑德纳和我一直在拉拢威廉·布罗德斯基（William Brodsky）担任芝商所的执行副总裁，我们需要有股票市场专业知识的人来帮助我们打进这一资产类别。这对布罗德斯基来说是一个艰难的决定，因为他对期货知之甚少，对我们了解更少。此外，芝商所不在纽约。他当时是美国证券交易所的高管，在纽约圈子里有很大的影响力。但正如布罗德斯基后来告诉我的："要不是看到你在一个周末就为新市场板块筹到数百万美元，我是不会来芝加哥的。"

布罗德斯基是我们的最佳人选，他善于解决复杂的问题，尤其是协调芝加哥期货市场和纽约现货交易的关系。他为所谓的"三巫日"（现货、期货和期权价格收敛）协商制定了结算流程，确保这些关联交易在合约到期时价格统一，并且创造了指数套利机会，让期货价格在一定程度上与标的现货指数价格保持一致。这是标普指数期货成功的关键。

自然而然地，布罗德斯基后来接替克莱顿·尤特成为芝商所总裁。事实上，布罗德斯基搬到芝加哥，对芝加哥和他个人的职业生涯来说都是一件好事。他在这里将自己的才能发挥得淋漓尽致，后来还成为芝加哥期货交易所创立的芝加哥期权交易所的董事长，表现依然十分出色，最近才刚刚退休。

战斗号令

最后,标普指数期货合约的竞争对手只剩一个,那就是纽交所的指数期货合约。击退一个对手和击退多个对手是完全不同的,能走到现在的对手并不好惹。纽约期货交易所的产品很不错,他们有大量经验丰富的交易员,并且期货交易池紧挨着现货股票的交易池,可以说整个纽约金融圈的人都在这里了。最关键的是,我们在芝加哥,怎么比得了美国的金融之都。

不过,流动性依然是最终决定因素。我迎难而上、全力以赴,举办了大量的研讨会和培训会,持续向会员提供宣传材料,与大大小小的团体举行会议,提醒他们我们的对手是谁,这场流动性之战关乎芝商所的生死存亡。我拜访了每一家主要的证券公司,并且要求一些非常厉害的交易员做出"与交易所共存亡"的承诺。我买下《华尔街日报》的整版广告放了一张照片,照片上的 300 名交易员身着夹克,双臂交叠在胸前,准备迎战。

我打电话给所有能想到的人,告诉他们:"把生意交给我们!"我通常会得到肯定的答复。有一次,我拜访了我的桥牌伙伴、贝尔斯登公司的首席执行官吉米·凯恩(Jimmy Cayne)。他的回应是在《华尔街日报》上又包下了一整版的广告,宣称贝尔斯登支持芝商所的标普指数产品。他还答应在产品上市首日下单 50 手,具体是买还是卖全听我的。

我的另一位朋友拉尔夫·彼得斯也很仗义。毫无疑问,拉尔夫是芝加哥期货交易所最优秀的交易员。我问他,既然这场战斗和芝加哥期货交易所无关,那他能不能竭尽全力帮助芝商所呢?他问:"你需要什么?"我告诉他,我们需要把持仓量做大,证明我们的产品广受投资界的欢迎。拉尔夫点点头,同意帮忙。当时,要想登上《华尔街日报》的金融版,新产品的持仓必须达到 5 000 手——这并不容易。交易开始大约 3 周后,拉尔夫·彼得斯来到我的办公室,给我看了他的损益表,他居然持有 1 000 手多头头寸。这个数字让人难以置信,远远超过我的预期。

每份合约价值为 50 万美元。"那你的空仓呢?"我天真地问,以为他做了价差交易。所谓价差交易,就是持有一个合约月份的多头,同时持有同一产品不同合约月份的空头,多头和空头金额相同。这是在不承担持仓风险的情况下做大整体持仓规模最安全的方式。"我没做反方向,利奥。"拉尔夫回答说,"你看,我很乐观。"我怔住了。不要忘了,1982年的美国股市正处于低谷,未来15年的牛市尚未开始。几个月后,我得知拉尔夫仍然持有多头,赚了一大笔钱。

这些努力奏效了,我们似乎占领了先机。国际货币市场的交易员大军积极响应号召,让我们轻松领先对手。几周后,看起来胜利已经触手可及。我觉得可以放松一下,便接受了邀请去伦敦演讲。

就15分钟

杰克·桑德纳和我到达伦敦几天后,我接到几通芝加哥打来的电话,说纽交所开始发力了,并在最关键的持仓量指标上占据优势。这变成了一场生死攸关的战斗。演讲结束后,我和杰克立即动身返回芝加哥。在返程的飞机上,我进行了反思。形势之所以急转直下,是因为我之前大意轻敌,没再继续在交易大厅坐镇指挥,交易员以为战斗已经结束,并且觉得自己已经尽心尽力,于是纷纷返回原来的交易池。

我意识到这将是一场比我预想的更持久的对抗。我的国际货币市场大军必须进一步扩大流动性,但我也知道交易员放不下自己原有的业务。怎样才能让他们打一场持续几个月的仗呢?突然,我有了一个想法:我们不需要交易员放弃自己的业务,一直待在股指期货的交易池里,只要他们每天来交易一会儿就可以。"就15分钟"的想法应运而生。换句话说,我们不要求交易员连续几天离开自己的交易池,而是要求他们每天在标普指数期货的交易池最多待15分钟即可。我知道,在这15分钟里,他们多少会做一些交易,有的人可能还会待得更久。如果有足够多的人响应这项计划,问题就迎刃而解了。

到达芝加哥后,我们制作了印有"就15分钟"的徽章。杰克·桑德纳和我站在交易大厅门口,给每个进来的交易员都发了徽章。我们的计划得到了交易员的理解和认可,毕竟这个请求并不过分。他们兴致勃勃地答应了,甚至有许多交易员收盘后过来给我看他们的交易记录,证明他们参与了这个计划。

正如我所料，只要交易员进入交易池里，就不会空手离开，市场的诱惑是交易员难以抵挡的。其中一些人再也没离开过标普指数期货的交易池。几周后，标普指数期货合约的持仓量再次上升，我们正一步步走向胜利。当然，我每天大部分时间都和交易员一起待在交易池里，亲力亲为地参与交易，这就是那个年代的精神。后来，这也成了我在每次新产品上市时的固定动作，并且为此亏了不少钱，毕竟有些流动性差的产品交易起来并不赚钱。

标普指数期货极大地提升了芝商所在金融业的地位。许多没把芝商所放在眼里的银行和金融机构终于开始严肃看待我们的存在。我认为这场胜利为芝商所日后的成功奠定了重要的基础。

我们的成功离不开在三个关键节点做出的决定：指数的选择、获得指数授权，以及制定营销策略击败竞争对手（主要是纽交所）。前两个决定是我经过大量思考后做出的，最后一个则在很大程度上得益于交易员的支持。在杰克·桑德纳和全体交易员的大力协助下，我们击败纽交所取得了胜利。虽然这场战斗持续了一年之久，但芝商所赢得了一个全新的重要资产类别的业务流量，以及金融界的声誉和地位。

第 30 章

1982 年：最后一块拼图

也是在这一年，我们决定继续建造芝商所的新办公楼——瓦克尔大道上的双子塔，这是芝商所两个交易大厅和永久总部的所在地。我将这个项目称为"最后一块拼图"，意在终于可以与世界一流的芝加哥期货交易所比肩，后者的办公楼矗立在拉萨尔街尽头，是芝加哥商业中心的标志。[1] 交易所搬迁的过程极其复杂，要在不扰乱市场正常运行的前提下，迁移交易大厅里的 2 000 余名交易员、经纪商和差不多同样数量的员工，称之为一个巨大的挑战绝不为过。我们最终能够顺利完成搬迁，离不开芝商所董事约翰·格尔德曼（John Geldermann）的功劳，我任命他负责推进这一地产项目。

我们从一开始便争论不休的一个问题是，如果保持当前的业务增长速度，是否要建立第二（备用）交易大厅。颇具影响力的董事比尔·穆诺指出："我们不能没完没了地建新大楼。"但仍有许多人反对，理由是何必多花 1 500 万美元建一个"永远用不上的东西"，这一点确实很有说服力。最终如我所愿，还是穆诺占了上风。随着时间的推移，整个第二交易大厅几乎成了欧洲美元期货合约的巨大交易池（公开喊价交易史上最大的交易池），池子里有千余名交易员和大量的辅助人员，交易的合约覆盖了从 90 天期到 10 年期的利率。

说到这儿，可以简单回顾一下芝商所的建筑历史：从 1927 年开始，

---

[1] 芝加哥市前市长理查德·戴利曾告诉我，我们在瓦克尔大道上建造的芝商所办公楼对芝加哥市中心的金融业发展起到了重要作用。

芝商所的办公楼位于北富兰克林街和华盛顿街 110 号。1929 年美国股灾期间，芝商所的管理者们在恐慌之下把大楼卖给了传奇实业大亨亨利·克朗上校（Colonel Henry Crown），随后又回租了交易大厅。到 1970 年，芝商所每年要付给克朗上校的租金已经涨到此前售楼的价格。

我 1967 年当选董事、1969 年当选董事长后，芝商所的业务开始腾飞。我上任的第一年，芝商所实现了惊人的增长，收入翻了一番，而那时我脑子里才刚刚有了金融期货合约的雏形。我和其他一些人都认为，老交易大厅太小了，不足以支撑我对芝商所未来发展的规划。

事实上，建新大楼的想法以前就提出过，但总是引起许多争论，特别是保守派抱团反对，因此始终未能把想法变为现实。总有人警告我说："这就像是开餐馆，虽然现在生意很好，但一旦做大就要糟糕了。"反对派意见特别强烈，甚至找来了大楼的业主、当时全美最富有的人之一克朗上校（坐拥纽约帝国大厦），劝我放弃这个想法。

身为董事长的我当年还是个愣头青，对于即将见到这样一位高高在上的大人物感到非常紧张。午餐安排在克朗上校的顶层公寓，他的管家随侍一旁。克朗上校斩钉截铁地说，建新大楼将是一个巨大的错误。他隐晦地告诉我，经济萧条即将卷土重来，现在绝不是冒险的时机，"这将让芝商所陷入危机"。

他的警告给我带来了巨大的压力。对我这样一个来自比亚韦斯托克的移民来说，一位传奇大亨发出了经济萧条的示警，我怎能忽视这样可怕的预言呢？但我也明白，芝商所是他最大的租户，失去我们将对他造成很大的打击。同时，我坚信自己的直觉。我担任董事长后的第一年，芝商所便实现了惊人的增长，会员费从我上任之初的 3 万美元一路上涨，已创下 10 万美元的最新纪录。

我知道自己有远大的规划和创新的想法，也知道自己需要空间放手去做。与克朗上校的对话让我一夜无眠，但并未改变我的判断。于是，我召集了一场全员公投，承诺把花费严格控制在 600 万美元的公有资金内。为了安抚保守派，我还保证不会举债建造新办公楼。换句话说，建新办公楼不会让我们背负累累债务。按照我的预想,普通会员都会追随我的引领,事实也的确如此,我轻松赢得了公投。

解决税务问题

然而,就在我开始与建筑师沟通的时候,美国国税局出乎意料地找上门来。这太奇怪了,芝商所是非营利机构,之前10年几乎没赚到钱。因此,交易所一直没有申报所得税[1],不知出于什么原因,这些年侥幸混了过去。但在1970年,国税局回过神来,给交易所寄来一张账单,要求芝商所补缴税款和利息共计600万美元。我的600万美元预算就这样没了!

我暗恨自己倒霉,随后决定找一位朋友帮忙。艾拉·马库斯是一名优秀的税务律师,曾在国税局当过稽查员。我请他帮忙看看税单,给点儿建议。坏消息是,国税局计算的数字基本准确,我们的确拖欠了大约600万美元的税款,正好是公投批准建造新办公楼的预算。有三条路摆在我面前,违背承诺去银行贷款、重新公投或者放弃建造新办公楼的计划。

我绞尽脑汁琢磨了好几天,突然想到一个主意。我们可以设立一个公共信托基金,把600万美元都存进去,这样就不用交税了。如果有清算会员破产,可以通过这个基金为客户提供财务资源保障。我将这个想法告诉马库斯,解释说我一直认为需要建立这样的信托基金,以此提升芝商所的形象和诚信。在我看来,这个基金也一定会得到政府和国税局的支持。

马库斯被逗乐了,他说:"利奥,想法不错,但国税局不可能同意,补缴是逃不掉的。"经过很长时间的讨论,我依然没有改变主意。我告诉马库斯,我相信他,他不应该低估自己的能力,失败了没关系,但不能不战而败。最后,他同意尽力一试,这也是我唯一的要求。

你也许已经猜到结果,这个办法奏效了,马库斯没有辜负我的信任。我们的提议最终得到了联邦上诉法院的批准,他们认为设立公共信托基金大有好处。马库斯拯救了我们,并且机智地提出可以将基金用于特定投资,

---

[1] 我在调查此事原委的过程中得知,有些董事认为非营利就意味着不需要报税。

比如使用基于信托的抵押贷款建造芝商所的第二个家。

事后，我再次拜访了克朗上校，向他表达敬意，感谢他多年来对芝商所的支持。值得一提的是，他本人和整个克朗家族都没有因此与芝商所反目。事实上，克朗上校的儿子莱斯特·克朗（Lester Crown）后来成为芝商所在华盛顿政界的重要支持者。莱斯特如今已是华盛顿最有影响力、最受尊重的人物之一，也是全美知名的慈善家。

芝商所集团慈善基金会

故事到这里并没有结束。为了使新增收入持续避税，会计师每年会按照董事会指示向信托中存入更多的钱。信托基金的规模越来越大，但仍赶不上交易所业务增长的速度。几十年过去了，信托基金已经不足以实现资金担保的目的。于是，芝商所清算公司又建立了一个更加强大的担保基金，规模远超此前的信托基金，基于复杂的公式为投资者提供资金保护。

到2005年，我们已不再需要通过信托基金避税。在律师的建议下，我们向国税局申请将信托基金用于慈善事业，由此获批成立了芝商所集团慈善基金会。基金会的年收入主要用于在芝加哥地区促进教育和其他慈善事业。基金会成立后的第一年由我担任主席。

如今，基金会和高校、学区、非营利组织合作开展了许多工作，比如：保障高危儿童顺利入托入园；为贫困弱势学生群体提供有效的K-12基础教育，帮助其在学业和职场上有所建树；帮助高校学生获得金融服务和风险管理行业的就业机会；开展学术研究，持续优化金融衍生产品理论和最佳实践。

目前基金会的规模已经超过1亿美元，在推进教育（特别是弱势群体教育）方面做出了杰出的贡献。由当初没交的那600万美元税款延伸出后续种种，似乎也不是太差的结果。

一劳永逸的解决方案

新办公楼坐落在杰克逊大街和运河街交叉口，俯瞰芝加哥河，总建筑成本控制在 600 万美元预算内。新办公楼并非建筑奇迹，只是芝加哥河畔一栋盒子形状的建筑，既配备有现代化的设施，也大大提升了会员的士气。用国际货币市场领军人物莱尼·费尔德曼（Lenny Feldman）广为人知的一句话来形容，就是："这感觉就像刚冲了个澡一样，舒服极了。"但是，国际货币市场仍没有停下高速增长的脚步，巨大的成功再次带来了难题：才搬进新办公楼两年，空间再次不够用了。

我们聘用的 SOM 建筑设计事务所提出了一个方案，通过在运河街人行道上方悬挑出去，可以将空间扩大 50%。这是在不干扰市场运行的情况下唯一可行的方案，但是需要市长批准。我们奇迹般地得到了批准，扩建后的新办公楼在之后 7 年里满足了交易所业务增长的需要，但空间不足的问题如影随形。1981 年，在我正准备为推出股指期货背水一战的时候，我意识到空间不足局限了交易池和配套设施的扩展，会大大阻碍我们取得成功。我们需要一劳永逸的解决方案。

我开始在芝加哥四处寻觅合适的地方建造芝商所新大楼，此时成本已不再是问题。在新办公楼选址的过程中，我偶然与房地产开发商拉里·利维（Larry Levy）进行了一次对话，这次对话不仅敲定了芝商所的建筑结构，也为利维带来了一系列地产开发项目，他还成立了一家国际食品服务公司。与利维的行政助理霍莉·杜兰（Holly Duran）的相遇也意义重大，随后几十年里，她一直在重要问题上担任芝商所和我本人的地产顾问。同样值得一提的是，我由此又与 JMB 地产集团的贾德·马尔金（Judd Mulkin）、尼尔·布卢姆（Neil Bluhm）和罗伯特·朱德尔森（Robert Judelson）进行了关于融资的讨论。JMB 是这群年轻人的创业神话，经过多年的发展，逐步成为全美规模最大、最受尊敬的地产管理公司。不得不说，我相信 1983 年建成于芝加哥瓦克尔大道上的芝商所双子塔在他们伟大的美国成功故事中发挥了重要作用。

再补充个有趣的事情，在双子塔中的第一座塔建成前，我在谈判中为芝商所争取到用 88.9 万美元的投资换取第一座塔 10% 的股权。7 年后，在新办公楼再融资时，芝商所获得了 2 700 万美元的股本权益。当然，这只能算是我一生中第二划算的买卖，仅次于花 5 000 美元请米尔顿·弗里德曼做的可行性研究。JMB 问我自己有没有什么想要的，答案无疑是否定的，但我后来获得了一个专属车位，一直保留至今，车位费用由我自付。

不可轻易开玩笑

这一年，我们遇到的第三个挑战还要从纽约州参议员帕特里克·莫伊尼汉（Patrick Moynihan）说起。他在参议院发言时开玩笑说："我原以为蝶式和跨式（期权）指的是明代的一种令人愉悦的情色活动。"

这是莫伊尼汉的典型做派，这位来自纽约州的参议员魅力超凡，因常在公开场合发表一些富有争议但又不乏诙谐的言论而广为人知。这句话是他在关于推动期货税收套利立法的发言中所做的开场白。话虽风趣，但这并非可以轻易开玩笑的事，说不准会导致期货市场的终结。捍卫期货市场的重任落在了我和芝加哥期货交易所董事长莱斯利·罗森塔尔、总裁汤姆·多诺万的肩上。

之前也提到，汤姆·多诺万和我互为对手，但在捍卫期货市场时，我们又是彼此强有力的战友。在加入芝加哥期货交易所之前，多诺万在芝加哥市政厅的 5 层工作，多年来一直是理查德·戴利市长的智囊，堪称最聪明的政客。他在加入芝加哥期货交易所后担任总裁，深谙政局且讲话很有分量，是芝加哥期货交易所的坚实后盾，并且在华盛顿没完没了的政治事务中与我并肩作战。

面对眼前的问题，多诺万让我邀请参议员莫伊尼汉到当时位于西尔斯大厦 67 层的芝加哥大都会俱乐部共进午餐，希望借此机会说服他改变立场。我们的努力最终宣告失败，多诺万倒是好几次提醒我，这位酗酒成瘾的参议员当天喝了好几瓶昂贵的红酒。

这个问题确实棘手。国税局认为利用期货进行税收套利是违法的，因为交易建立了无风险头寸，目的仅是规避所得税或将普通收入转换为资本利得。这个明显的税收漏洞给期货市场带来了大量的生意。事实上，美林等公司为了赚取高额佣金，还专门向高资产客户宣传这种做法。

参议员罗伯特·多尔把我叫到他的办公室，告诉我投资者如何利用所谓的"税收套利"，这个漏洞必须被堵住。我同意应该堵住漏洞，但不是用他建议的方式。按照他提议的法案，期货交易员必须在每年12月31日将全部持仓"按市值计价"，并按照"普通"税率缴纳所得税。这就意味着期货市场的参与者将被迫为尚未实现的收入缴纳所得税，有异于证券、房产或艺术品等资产交易仅在获得实际收入后纳税的做法。我向多尔指出，他提议的法案虽然可以有效禁止税收套利，但同时也将影响合法的期货业务，一旦落地，或许期货市场都将不复存在。

做出让步

美国众议院筹款委员会主席丹·罗斯滕科斯基（Dan Rostenkowski）来自伊利诺伊州，在美国政界很有影响力。在这关键时刻，他像以往一样向我们伸出了援手，委任伊利诺伊州国会议员马蒂·拉索（Marty Russo）提出立法议案，针对期货采取与证券一致的所得税规则。我们做足了准备工作，莱斯利·罗森塔尔和我在芝加哥奥黑尔机场的希尔顿酒店开了个房间，和拉索议员一起待了一整天，向他解释期货市场的运作原理、使用税收套利如何把当期收入递延到下一年度，以及如果多尔议员的法案通过，将对期货市场造成怎样的伤害。

拉索议员在这个问题上成为名副其实的专家，并为之全力以赴。他在众议院提出的议案有效填补了税收漏洞，并且无须引入烦冗的税收规定。在他和罗斯滕科斯基的领导下，众议院通过了他提出的议案，但是多尔议员的提案同时获得了参议院批准，这就意味着两个提案都将提交协商委员会审议。某天午夜过后，莱斯利·罗森塔尔和我被叫到罗斯滕科斯基的办公室，拉索议员遗憾地告知我们，协商委员会否决了他的提案。这让我们大吃一惊，对尚未实现的收入征税可能意味着期货行业的末日即将到来。

我拒绝接受这个结果，继续去游说多尔议员，告诉他我完全赞成堵上漏洞，但不应该以关闭期货市场为代价。多尔议员同意我的看法，请我提出一个合理的解决方案。经过调研，我找到了极富创新精神的律师布拉德·弗格森（Brad Ferguson）。他提出国税局或许愿意做出一定的让步，补偿法案对期货行业造成的伤害。随后，我又再次与多尔议员和国税局进行了沟通。

最终，他们接受了弗格森的建议。为了堵住税收漏洞，期货交易员仍需在每年年底将全部持仓按市值计价，但为了补偿由此造成的业务损失，期货行业将采用更优惠的混合税率。在按市值计价得出的收入中，60%按照资本利得征税，40%按照普通收入征税。这是一个效果绝佳且合情合理的让步，不仅避免了期货行业走向末路，还带来了额外的期货业务，这种税收模式一直沿用至今。

第 31 章

1982 年：卡尔·桑德堡·梅拉梅德[1]

1982 年是个多事之秋，上述种种事件足以让这一年入选芝商所 10 年来的"最重要年度"。这一年还有一件值得载入史册的大事，那就是国际货币市场的 10 周年晚宴，米尔顿·弗里德曼受邀担任主宾。

不过，当晚的亮点并不是米尔顿·弗里德曼精彩的贺词及对我的称赞，也不是他一如既往地打破晚宴惯例，成为全场唯一没有穿礼服的来宾。

1982 年的那个晚上，在我朗诵了一首自己创作的诗歌后，全世界最著名的经济学家、诺贝尔经济学奖获得者米尔顿·弗里德曼和全场观众一道起立鼓掌 5 分钟之久。在这首诗中，我将国际货币市场的大获成功归于交易员。

恍如昨日

一切恍如昨日：
北富兰克林街 110 号的新旧交易大厅，
青铜鸡在门口肃立，
崭新的木桌，
黑板和记录员，
还有那记录交易的玻璃间，
老旧的行情收录器，

---

[1] 卡尔·桑德堡（Carl Sandburg）是美国著名诗人。——译者注

捧着规则簿的肯·麦凯，埋头于数据的沃尔特·科瓦尔斯基。
还有在交易所大厅里留下粪便的那头西部冠军公牛。

一切恍如昨日：
看看交易所的保守派，
领带上沾着烟灰的哈罗德·福克斯，
轻声说着法语的德拉特伯爵，
萨姆·施奈德大喊着"lackity，lackity"，
欧文·马纳斯特时刻念叨着"交易不贪，一秋赚翻"。

别忘了还有新势力，
卢·玛达正在考虑退休结婚，
马洛·金指控有人逼仓鸡蛋（还是猪腩来着），
戴夫·亨纳低价抛售猪腩（还是鸡蛋来着）。

朝记录员大喊大叫的是比尔·穆诺，
以为自己破产了的莱尼·费尔德曼喊着要暂停交易，
还有杰克·桑德纳，首次亮相便扇了埃迪·卡希尔一巴掌，还击倒了沃利·维茨莱夫斯基。

我清楚地记得，一切恍如昨日：
"少壮派激进成员"聚在经纪商俱乐部里密谋变革。

我们随即取得首胜，罗伯特·奥布赖恩当选为董事长，芝商所迈入了新时代！

50周年之际，我们在林肯公园动物园建起禽蛋馆，
尝试推出爱达荷马铃薯合约——这已是第七次尝试。

难道不就是在昨日，他们说
鸡蛋每个月至少逼仓一次，芝商所才有生意做，
废钢冻虾合约的推出为时尚早，
活物怎能用来交易，活牛就是个例子，
猪腩，听名字就够呛，
女交易员会干扰我们的思考，
建新办公楼会让交易所破产，
国际货币市场就是个失败之作。

一切恍如昨日，
我和罗恩·弗罗斯特、E. B. 哈里斯、马克·鲍尔斯聚在一处，
为即将推出的新产品应该如何命名而争论不休。

我是董事长，所以最终听从了我的选择。

恍如昨日，国际货币市场的席位费才 1 万美元，
阿尼·鲁宾在它涨到 1.1 万美元时火急火燎地卖了出去。

恍如昨日，我们自己新任命的国际投资家们，
国际货币市场的首届董事会，在上任后的第一次欧洲之旅，
想向全世界宣告我们绝妙的想法，却连一个听众都没有！

还有巴里·林德的发现，手里的钱兑换成外币居然可以让人破产。

恍如昨日，
莫里斯·利维按照他关于银行间价格的看法，关停了 36 个不活跃的货币期货合约。

恍如昨日，
"黄金窗口"关闭[1]，
随后连着10个涨停板，乔治·福西特和我的瑞士法郎空仓保不住了。

恍如昨日，
一位纽约银行的高管礼貌地要求我们离开他的办公室，
担心我们会动起手来。

还有美联储主席阿瑟·伯恩斯，无疑是在敷衍我们，
更多是在好奇，米尔顿·弗里德曼怎么和芝加哥的一群生猪贩子混在了一起。

恍如昨日，墨西哥比索贬值，
全世界都认为国际货币市场也将一文不值。

恍如昨日，亨利·杰里克运行了1英里长的计算机代码，
言之凿凿地证明国际货币市场会让英格兰银行破产，
把我们惊得魂飞魄散。

恍如昨日，诺贝尔经济学奖得主保罗·萨缪尔森在国际货币市场的开业宴会上告诉我们，国际货币市场注定失败。

是的，恍如昨日，E.B.哈里斯向我坦诚，我们是无知者无畏！头脑一热就把事儿给干了！

---

[1] 1971年，美国总统尼克松宣布停止美元对黄金的兑换，美元金本位制就此终结。——译者注

我们是谁?

我们是一群饥肠辘辘的家伙。

我们是交易员,
我们从不关心——
鸡蛋还是黄金,
猪腩还是英镑,
火鸡还是国库券。

我们是初生的牛犊,满怀天真,
身处我们并不理解的世界,
因无知而无畏。

我们一腔孤勇,无所顾忌,嘈杂吵嚷,敢为人先!

我们不谙世故,不知手中的胜算少得可怜。

我们不知面前的困难大过天:
不知我们永远没法赢得银行的信任,
不知我们永远得不到政府的支持,
也不知我们就连芝加哥这个地方都没选对。

第 32 章

1983 年：普彻

我在第一本回忆录《逃向期货》中记录了自己第一次见到交易大厅时的感受：

> 我就像是进入镜子的爱丽丝，镜中世界不只有一个疯帽子，而是有几百个。交易员们朝着彼此大喊大叫，比画着各种各样的手势。我一下子就着了迷，呆呆地看着助理们像兔子一样在交易大厅里跑来跑去，把买卖订单交给交易池中的经纪商。如果这不是爱丽丝的镜中世界，那一定是"阴阳魔界"，存在着光影、声音和思维的独立维度，也可能二者皆是。无论是什么，交易大厅里充满了神奇又令人激动的生命力。尽管我当时懵懵懂懂，但很清楚的一点是，我想成为其中的一分子。[1]

的确，对外行来说，交易所公开喊价大厅里的景象几乎无法用语言形容：乌泱泱的一群人奔来跑去，鲜艳的夹克交织成五颜六色的海洋，交易池里嘈杂的喊叫声不绝于耳，还有电子牌上一串串不停闪烁的数字，一眼都看不过来。这样的交易大厅让我一见钟情。我在这里开始交易鸡蛋和猪腩，学着了解市场。在这里，我学到了期货市场为何存在、如何运作，以及如何服务于国家的资本市场。出于对交易的热爱，我放弃了成功的律师

---

[1] *Escape to the Futures* by Leo Melamed, John Wiley, 1996.

生涯，脱离了预想的职业轨道，最终加入了芝商所。

公开喊价

对没见过老式市场的年轻人来说，需要先解释一下什么是公开喊价交易：这是一种交易的组织形式，交易员和经纪商聚集在交易池（也叫作交易场）中，通过叫喊和手势来表示希望买卖的特定产品的数量和价格，再通过量价的竞争达成交易。

之前很长一段时间，期货市场普遍都是采用这种交易形式。公开喊价的历史几乎和市场本身一样悠久，二者紧密交织在一起。据说公开喊价交易最早可以追溯到1730年的日本大阪，当时日本各地的封建地主都在大阪建有仓库，以贮藏农民上缴的贡米。为了避免收获季之间的价格波动，他们在一位名为"淀屋"的富商家中成立了市场，后来被称为"堂岛米市"。当时的商人们聚集在堂岛米市，通过叫喊和手势来协商米票的价格，这被视为历史上首个有组织的期货交易所。

我在成为职业交易员之前，已经很受交易大厅的欢迎。毕竟，我是从底层一步一个脚印走上来的，从跑腿送单起步，当上了美林证券的话务员主管，后来又成为会员。不仅如此，我上学时读的是法律专业，拥有法学博士学位。这让交易大厅里的人们对我有种特殊的认可，也让我成为（半隐秘的）经纪商俱乐部的一分子。总而言之，我是被交易大厅全心接纳的一员，也是公开喊价交易的忠实支持者。

因此，我作为交易大厅的一员，和几乎所有人一样，坚信公开喊价是交易的精华，对流动性的形成至关重要，是产生持续买卖订单流的关键。另外，这也是一种直觉：一群交易员在交易池内向彼此叫喊着一串串价格和数字，每个人都希望拿到最低的买价和最高的卖价，或是成功替客户执行订单，这种交易形式一定可以带来持续的、竞争性的买卖报价，满足市场的预期。这种交易形式已在全球延续了250年，时至今日，每当电视上或电影里出现期货交易，呈现的总是公开喊价交易的画面。

必须得说，随着期货市场越来越成功，公开喊价确实是唯一可行的交易执行形式。但是要记住,过去公开喊价交易的执行都是通过黑板来实现的。

告别传统

在芝商所/国际货币市场发展的关键节点,有人提出了一个解决黑板空间不足的办法:用拍立得相机拍下黑板上记录的已执行交易,这样就可以循环使用黑板。我们安排了交易大厅的一位高级职员负责这项工作。起初效果非常好,但一段时间后我们接到了匿名举报:这位负责人给自己弄了个小房间,最初用来存放摄影器材,后来开始在房间里用拍立得给应聘者拍照片,还要求女性应聘者裸露上半身拍照。这下可麻烦了,这一事件加速了黑板交易的消亡,剩下的就是芝加哥警方的事情了。

1971年,美国全国证券交易商协会的子公司纳斯达克交易所成为全球首个电子化股票市场。虽然纳斯达克交易所只是使用了计算机生成的公告板,并没有实现买卖双方直连,但总归看到了努力的迹象。

1975年,美国证券交易委员会提议在证券市场建立自动化的中央限价订单簿,并在次年正式发布自动化要求。朱尼厄斯·W. 皮克(Junius W. Peake)教授和莫里斯·门德尔松(Morris Mendelson)教授向委员会提议建立电子化辅助的证券集中竞价市场。这个想法引起了强烈的反响,遭到经纪自营商的坚决反对,他们认为这将"摧毁资本市场"。纽交所也加入了反对阵营。

面对压力,美国证券交易委员会彻底放弃了提议。但皮克教授坚持了下来,并在1981年推出首个电子化期货市场,总部设在百慕大,名为"国际期货交易所"。各大交易所纷纷站出来反对,称其为"勉强可以接受的黑匣子"。见到皮克教授后,我对他的勇气大加赞赏,但也指出若想实现自动化,唯有靠成熟的期货交易所来推动。

1977年,我接到《霍夫斯特拉大学法律评论》的约稿。在随后发表的文章中,我断言期货市场只有通过公开喊价的交易架构才能成功,公开喊价是创造流动性的唯一方式,也是最佳方式。当然,我的判断是基于那个年代的现实、智慧和技术能力做出的。毕竟在 1977 年，个人计算机的发展还处于起步阶段，比尔·盖茨才刚离开哈佛大学，我们看到"windows"（视窗系统）想到的还只是窗户、"screen"（屏幕）还只是厨房挡苍蝇的纱门、"mouse"（鼠标）还只是老鼠、"apple"（苹果公司）则只是一种水果而已。[1] 在这种环境中，人们理所当然地认为："只有通过面对面的互动才能创造流动性。"[2]

艺术引领科学

时移世易，10 年后，技术的惊人进步让人无法视而不见，人类文明的方方面面都悄然改变。

1983 年发生的一件事深刻地影响了我的想法。当时我正在创作自己的第一本科幻小说《第十颗行星》[3]，这本书随后在 1987 年出版。我在书中放飞想象，凭空创造了许多新技术。信不信由你，随着时间的推移，其中一些技术已经或即将被发明出来。

我创造的角色中有一个叫作普彻（Putral）的主计算机，负责同时运行无数个任务，维持一个居住着 500 亿智慧生物的高级外星文明的运转。普彻是这个外星文明的核心，将谷歌、维基百科、推特、脸书、微信、PayPal、联合国、五角大楼、哈佛大学、云平台等所有功能集于一身，运行的速度堪比光速，可以毫不费力地完成万亿件任务。有位读者曾说，我唯一的错误是起错了名字，它不应该叫普彻，而应该叫谷歌。

事实上，《第十颗行星》并不是我第一次在写作中放飞想象。我还在洛厄尔文法学校读八年级的时候，菲老师就要求我们为即将到来的感恩节写个小故事。我的故事获得了班里第一名，写的是火鸡通过罢工来反抗被摆上感恩节餐桌的命运。那可是 1945 年，远早于多琳·克罗宁（Doreen Cronin）在 2000 年出版的获奖童书《咔嗒，咔嗒，哞》（*Click, Clack, Moo*）。

---

1 *For Crying Out Loud*, John Wiley & Sons, 2009.

2 *For Crying Out Loud*, John Wiley & Sons, 2009.

3 *The Tenth Planet*, Bonus Books, 1987.

她在书中写道：奶牛不产奶，母鸡不下蛋，除非农夫布朗满足它们的要求。

说实话，我的灵感来自伟大的意第绪语幽默作家肖洛姆·阿莱赫姆，他写过一个鸡群在赎罪日前罢工的故事。按照犹太传统，要在赎罪日举行一种叫作"卡帕罗特"的仪式，拧断一只鸡的脖子，然后把它捐给穷人做赎罪日晚餐。

我能够幻想和创造出普彻这样的角色，并不是凭空想象。事实上，我以人类文明在过去 10 年间的技术进步为基础，进行了大量推理演绎，思考未来技术将把我们带向何处。这让我意识到：如果我可以想象外星世界中存在普彻这样无所不能的超级计算机，为什么现实文明中就不能依靠当前的技术能力，制造一种较为简单的计算机系统，来运行期货交易所的交易执行过程呢？如果现在做不到，未来还要多久？

就这样，普彻这个虚构的角色成为我个人想法转变的催化剂，我意识到公开喊价交易终将成为过去。毫无疑问，科学总是跟随着艺术的脚步：儒勒·凡尔纳在 1865 年用想象将我们带上月球，100 年后的 1969 年，阿波罗 11 号载着尼尔·阿姆斯特朗实现了登月。

改变

1986 年，看着芝商所里的人群在喧哗拥挤中穿梭往来，办公桌前的我茅塞顿开。公开喊价交易系统终将逐渐湮没于记忆，当科技以光速在进步，这种系统还能在这个世上存活多久？电子交易的时代注定要到来。

梅纳德·凯恩斯的话语像霓虹灯一样在我眼前闪现，他说："当事实改变，我的想法也随之改变。那么先生，您呢？"这句话仿佛某种神圣的指引，我站在办公桌前，突然明白了自己的命运。作为董事长，我不能眼见着芝商所囿于过往，必须做些什么，也必须公开承认自己之前的观点是个彻头彻尾的错误。

现在想想，正是由于我愿意承认自己的错误并遵循凯恩斯的指引，才得以挽救芝商所。我毫不怀疑，自动化的系统可以让交易的速度更快，效率更高，更公平准确，成本也更为低廉。这样的系统将很快取代公开喊价交易。

在和芝商所副总裁埃里克·基尔卡林及他的老朋友、芝加哥大学杰出经济学家肯尼斯·R. 科恩（Kenneth R. Cone）秘密碰面后，我请他们粗略研究了一下，还要多久才能开发出我们所需要的技术。他们的反馈非常积极，足以让我相信这样的技术触手可及。为了验证他们的看法，我悄悄拜访了路透控股公司的高层。我非常清楚自己的使命和对于未来的愿景，我的责任就是带领芝商所去往既定的方向。随后20年里，我的大部分时间都用来克服重重困难，实现这个神圣的目标。

我从未低估这条路上的艰难险阻。按照我的估计，与实现这个目标相比，推出外汇期货简直是小菜一碟。正如历史学家芭芭拉·塔奇曼（Barbara Tuchman）所说："人们不相信与他们的计划或事先安排不相符的事情。"我的决心已定，尽管电子化交易是对传统的挑战，但它的到来不可避免。我对此坚信不疑，满脑子想的都是这件事情。电子化时代终将来临，如果不是我，还能由谁来推动呢？如果不是现在，还要等到何时呢？电子化势在必行。正如我告诉皮克教授的："电子化将由某家大型交易所来实现。"

在当时的市场环境中，公开喊价交易的地位堪比宗教，或者说是异教。一直以来全球的交易所都在使用公开喊价交易，这进一步加深了市场对这种交易形式的推崇。如果想争取一丝渺茫的机会，我需要精心制定一份长期蓝图，明确在芝商所内外部需要开展的工作。我冥思苦想了几周，又和几位市场内部人士聊了聊。几乎没人愿意思考这个问题，大多数人认为我彻底跑偏了方向，劝我赶紧打消念头。

如果想成功推出电子化交易，我需要获得会员的批准，而公开喊价交易一直是他们的主要收入来源，并且大多数会员都认为电子化交易是魔鬼的产物，认为利奥·梅拉梅德是来抢走他们饭碗的。换句话说，我在他们眼中成了超级反派达斯·维德[1]。

---

[1] 达斯·维德是电影《星球大战》里的头号反派人物。——译者注

第 33 章

1984 年：骆驼鼻子[1]

我的决心已定，唯一的问题是具体该怎么做，这让我绞尽脑汁。我需要制订一个计划，在不利的环境中争取到最大的赢面。打个比方，我所处的环境就像是那个还相信地心说的世界。

我成立了一个研究委员会，对外声称其目的不带有任何威胁性，单纯是为了"研究和探寻即将到来的全球化时代的需求"。作为委员会主席，每位委员都由我精心挑选。我希望他们都是受到董事会和会员尊敬的人，并且能够挣脱现实的约束，以开放的态度看待我所坚信的、无法阻挡的技术趋势。如果全面向公开喊价交易宣战，我希望他们能够坚定地做好战斗准备，同时，我也希望他们能够勇于反对我的看法，提出自己的意见。

为了记录历史，请允许我一一记下他们的名字：巴里·林德，他是我最亲密的、最信赖的顾问，他能够以现实的视角解读未来，再反过来推演当下；吉姆·奥利夫（Jim Oliff），他是布兰迪斯大学的文科毕业生并获得了西北大学法学学位，他是一位诚实坦率的分析师，当他与我观点相左时，总会开诚布公地讨论；布赖恩·莫尼森，他满脑子新奇的想法，知识渊博，才华横溢，并且直言不讳，是我心目中芝商所的下一任董事长人选，莫尼森不仅是我的朋友，也是我的桥牌搭档，我们一起赢得了 1986 年全美队式桥牌赛的冠军；约翰·格尔德曼，他是坚定的保守派，备受交易大厅群体的尊崇；威廉·谢泼德（William Shepard），他善于思考，逻辑清晰，但

---

[1] 骆驼鼻子（The Camel's Nose）比喻一件看似无害却可能造成严重的不利后果的小事。——译者注

在犯错时也常常固执己见；当然，还有前董事长杰克·桑德纳及两位值得信赖的员工埃里克·基尔卡林和肯尼斯·科恩，他们都在私底下支持这个想法。

艰巨的任务

研究委员会的审议持续了大约 6 个月。我有意放慢了节奏，希望每个人的想法都得到充分的讨论，不遗漏任何问题，同时确保每个人都了解已知的事实：某些证券市场已经开始试水电子交易；路透控股公司在电子交易技术领域已经走在前沿，不仅在尝试名为 Instinet 的证券交易系统，还在捣鼓外汇交易系统，有可能在二者中引入电子交易流程；百慕大还有一家叫作"国际期货交易所"的交易所，已经在使用电子交易系统，但还没有发展起来。

同时，我希望所有人认识到，迄今尚无任何重量级的期货交易平台在认真考虑或者有足够的勇气引入电子交易。恰恰相反，电子交易被认为无异于自杀，如果研究委员会提出走电子化道路，大概率会被驳回。但正如我希望看到的，每位委员的思考都指向了几点事实：首先，若要应对全球化时代的竞争，并且抓住我们梦寐以求的亚洲市场机遇，必须以某种方式提高产品的可获得性，将交易时间延长至美国本土时间以外；其次，技术浪潮将继续席卷全球，公开喊价交易无法置身事外；最后，芝商所必须进化，以某种方式逐渐转向以技术为基础的交易架构。

最终推动我们做出决定的是市场上的传闻，据说芝商所的主要竞争对手芝加哥期货交易所计划推出夜盘[1]，将公开喊价交易延长至夜间，后来他们确实也这样做了。夜盘交易并不新鲜，交易时段是可以灵活调整的，并且实际上也常在业务创新或变更时随之调整。夜盘的想法受到了媒体关注，引发了关于延长交易时间利弊的讨论，甚至为芝加哥市场赢得了"引领时代"的美名。

但研究委员会同意我的看法，所谓的"夜盘"解决不了问题。换句话

---

[1] 我记得芝加哥期货交易所在推出夜盘时与美国期货行业协会共同举办了名为"夜以继日"的宴会，其间还演出了一首同名歌曲。

说,将公开喊价交易延长至夜间的做法最多只会在一两个月内有效,长远来看无法成功。于我而言,这样的做法与其说是解决问题,倒不如说是个笑话。当然,芝加哥期货交易所确实没有其他选择,只能一条路走到黑,因为他们的会员永远不会赞成任何威胁到公开喊价交易的做法——绝无可能。我们一致同意,唯有技术能解决问题。

开辟新道路

我们知道,如果想推出电子交易,必须获得会员公投批准,这是一个艰巨的任务。在此之前,还要先获得董事会批准。计票时,研究委员会对于获得董事会的支持非常乐观,但认为获得公投批准的可能性几乎为零。"绝不可能",这是我们大概率将得到的回应。

但我知道什么办法可能有效。在我看来,唯一的办法是向会员承诺,电子交易系统永远不会威胁到常规交易时段,也就是他们当前的收入来源。研究委员会对此一致表示同意并决定,计划推出的电子系统不会挂牌公开喊价交易的现有产品,除非事先通过公投,获得会员的明确批准。这是电子交易获得公投批准的唯一希望。

所有人都同意这个想法,我们甚至考虑会员或许还会允许将他们严防死守的产品在常规交易时段结束后放在电子盘挂牌交易。事实上,这样的安排可以让会员在常规时段收盘后继续交易,这样的机会恰好是他们目前缺乏的。

在我们看来,会员也会同意在电子交易系统上不受限制地挂牌新产品,因为新产品并不会分流他们现有的收入,反而会增加他们的交易机会。为了强调这一关键点,我们决定将电子系统命名为"盘后交易"[1]。电子系统的目标用户来自公开喊价无法覆盖的时区,即在美国常规时段外进行交易的用户。我们同意限制电子系统的运行时间,比如从晚上 6 点到次日早上 6 点。在我看来,这种开创性的举措打出了一张"感情牌",凭借大家对芝

---

[1] 随后很快更名为 Globex 并沿用至今。

商所的热爱来捍卫它的未来。审议结束后,研究委员会一致得出的结论也是如此。

最后,为了以更郑重的态度制定方案,我们决定正式接洽路透控股公司,说服这家当时最负盛名的通信公司接受我们的想法。

协商与发展

路透会接受这一挑战吗?明面上没人知道答案,但我知道。我私下拜访了路透的高管安德烈·维尔纳夫(Andre Villeneuve),他的态度非常积极。我们提出的请求非常大胆,但他们愿意接受。我得知路透正在搭建一个名为 Instinet 的电子证券交易系统,这与我们的提议不谋而合。路透的一位董事直接问我是否真的相信"顽固的公开喊价交易员有可能放弃他们的立场",我在心中默默祈祷,给出了肯定的答案。

路透最终和芝商所签订了一份长期协议,旨在针对美国常规交易时段之外的时间段建立一套全球性的期货及期货期权自动化交易系统。路透任命安德烈·维尔纳夫和约翰·S. 赫尔(John S. Hull)两位高管负责推进这项革命性的任务。有传言称,路透搭建这套系统的成本超过 1 亿美元。

研究委员会随后提出,在方案中应当引入与盈利挂钩的激励措施,算是给会员点儿甜头。研究委员会提议建立盘后交易组织,负责向非会员用户收取使用费,相关收入基于会员持有芝商所、国际货币市场及指数和期权板块的股份比例,按照 7-2-1 的比重[1] 向会员分红后,净收入的 70% 归会员所有,20% 归结算会员所有,剩余 10% 归盘后交易组织所有。

方案获得研究委员会一致通过后,我在 1987 年 8 月将方案提交给芝商所董事会审批。在此之前,吉姆·奥利夫和我已经向部分董事透露了我们的大致想法,所以正式提出的方案并没有让人感到特别意外。当时,媒体误认为我们会效仿芝加哥期货交易所推出夜盘,误打误撞帮了我们的忙。经过长时间的讨论,芝商所董事会一致批准了这一开创性的提案。我们计划

---

1 原文为"按照 3-2-1 的比重",与下文不符,故做出相应的调整。——译者注

在 1987 年 9 月 2 日向会员公布方案内容，并在 1987 年 10 月 6 日举行公投。

我对这个方案信心十足，早在 1 年前便为将来可能发生的事情绘制了蓝图。我在 1986 年面向会员出版的《创造市场，创造历史》(*Making A Market, Making History*) 中写道：

> 15 年前，我们对自己和金融界做出承诺，要把国际货币市场打造为首屈一指的金融期货交易平台。我们告诉银行，国际货币市场将成为他们交易外汇的可靠伙伴；我们向企业承诺，可以使用国际货币市场的外汇合约冲销汇率波动带来的财务风险；我们向媒体放话，期货合约将彻底改变金融市场的面貌。最重要的是，我们对自己许诺，要将国际货币市场打造成其他平台羡慕不已的行业领袖。

我们这一代的科技天才让 24 小时金融市场成为可能。微电路将世界各地的市场紧密连接在一起，全球金融市场已经成为不眠不休的巨兽，昼夜不息地运转。这就是摆在我们面前的未来，转瞬即至。只有远见和行动力能帮助我们抓住全球市场的机遇。国际货币市场从不逃避未来，而是始终掌控着未来的方向，我们的脚步将引领众人。

盛大揭幕

如何公布这项方案和方案本身同样重要。经验告诉我，如果一个方案在完全成形之前（通过泄密、暗示或传言）走漏了消息，往往会出现信息的歪曲，引致谎言或流言蜚语，阻碍它获得批准。因此，我和我的行政助理阿利桑·波斯纳（Alysann Posner）在完全保密的环境中准备了方案介绍材料和演示幻灯片，并且附上警告："泄密将受到与死亡同等的惩罚。"在我的记忆中，这也许是我们有史以来首次成功避免了泄密。事实上，就在我们公布方案内容的前一天，《芝加哥太阳报》的著名记者戴维·格雷辛（David Greising）还发表了专栏文章，预测芝商所将效仿竞争对手芝加哥期货交易所开设夜盘。

最后,最容易被忽略的基层工作人员恰恰是我们成功的关键。举个例子,面向会员和媒体介绍盘后交易的宣传册是由芝商所生产和创意服务中心主管罗恩·伯顿(Ron Burton)负责制作的,罗恩确保了宣传册的制作完全保密。揭幕会议定名为"期货,未来可期",在当时尚未启用的第二交易大厅举办,共有千余名会员到场。会议由我开场,随后是杰克·桑德纳发言,最后由路透的两名高管收尾。我们介绍了对电子交易系统运作模式的展望,在会议结束时向会员发放了名为"期货,未来可期"的宣传册。宣传册内容由波斯纳和我共同起草,旨在再次强调会议宣讲的内容,并且解答我们预想到的问题。总而言之,这次会议涵盖了研究委员会和我能想到的所有内容,希望可以为1个月后的公投争取更多的支持。会后,我计划向全世界宣布这项革命性的方案。

在这之后,就需要由我的团队和我来说服会员投票支持了。1987年9月2日,我按照既定的计划向会员郑重表示,关闭公开喊价交易大厅将是极其愚蠢的做法,但我同时发出警告:"未来必将由技术主宰,若不做好准备,同样是自寻死路。"

尽管我们在揭幕会议上获得了积极的反馈,但远远无法确定能否获得公投批准。人类一思考,上帝就发笑。延续千年的传统不会在一夕之间消失,总有反对意见占上风的时候。而我担忧的反对力量将来自四面八方,来自证券业和期货圈,来自美国境内外。反对者将带着致命的武器,宣称梅拉梅德的所作所为就是俗话说的"帐篷内的骆驼鼻子"。不得不承认,在我的灵魂深处认为他们说的也许没错。但我又想,如果公开喊价交易由此走向终结,至少这是由技术的进步和会员的开明推动的。

此时,我还没有收到经纪商的反馈。他们必然清楚,自动化的交易执行意味着经纪商的业务将不复存在,会敲破他们的饭碗。在指导团队为公投做好准备的时候,我提醒他们,即便取得公投胜利,也才仅仅是个开始,我们还将面临更大规模的、持续数年之久的冲突。[1]

---

1 参见1988年年报"第三个里程碑"。

第 34 章

弘树

1985 年，我的导师兼挚友米尔顿·弗里德曼邀请我和他一同在东京的一场金融研讨会上发言。研讨会由安达信会计师事务所的日本业务主管米切尔·富尔舍（Mitchell Fulscher）组织。能够与 20 世纪最伟大的经济学家同台发言是我无上的荣幸。这次经历也成就了我和富尔舍先生延续一生的友谊，他是一位能力极强的市场专家，后来成为我在日本相关事务上的眼睛和耳朵。

发言结束后，一位日本人来到我面前，他在和我握手时稍显迟疑。"晚上好，梅拉梅德先生，"他用英语说道，"我叫杉原弘树（Hiroki Sugihara）。"我全身一阵战栗，站在我面前的是杉原千亩的长子。当年在立陶宛考纳斯的时候，我 8 岁，弘树应该只有 5 岁。但那时的我并没有去过日本领事馆，因此我们从未谋面。

弘树告诉我，他已决定尽其一生来纪念他父亲的人道主义行为。从东京相遇的那一刻开始，我们之间就形成了一条纽带。在他的建议下，我提出尽自己所能来帮助他宣传，并信守诺言至今。

光荣的一生

多年来，弘树在美国和日本组织了许多纪念活动，我们聚在一起讲述自己的故事，纪念他的父亲。弘树常常忆起在立陶宛的时候，他父亲把全家人叫到一起，解释他为什么给犹太人签发过境签证。他父亲说："我的直觉告诉我，给他们一个活下来的机会才是正确的。"这些话深深地印刻在了弘树的记忆里。

在杉原帮助逃离的 6 000 人中，有一半以上都获准入境了其他国家，其中最多的是澳大利亚、加拿大和南美洲国家。剩余的难民被转移到上海虹口区——当时日本人在上海的聚居区，并在那里平安度过了之后的太平洋战争。米尔犹太学院和特尔舍犹太学院[1]的学者们也安然无恙，米尔犹太学院是东欧唯一幸免于大屠杀的犹太学院[2]。

杉原千亩的英雄事迹公开后，他被誉为日本的奥斯卡·辛德勒。1984 年，杉原千亩到访以色列，被犹太人大屠杀纪念馆誉为"国际义人"。我也向华盛顿特区的美国大屠杀纪念博物馆为他争取到了类似的荣誉。1993 年，杉原千亩被授予立陶宛拯救生命十字勋章。在立陶宛考纳斯和维尔纽斯及以色列特拉维夫还有以杉原命名的街道。杉原故去后仍获得了多项荣誉，包括 1996 年获得由波兰共和国总统追授的指挥官十字勋章。

正是源于杉原千亩及日本带给我的印象，我十分尊重日本人民，并与之建立了长久的友谊。值得记住的是，当年大量涌入的犹太难民大多身无分文，怀揣着逃离纳粹迫害的一线希望，得到了日本民众不遗余力的帮助。

回忆

这些年来，我继续通过各种途径寻觅和留存与杉原总领事有关的回忆。杉原的亲戚、子女、孙辈及来自日本的政府官员、作家和电影制作人都成为我芝加哥办公室的常客，我经常和玛莎·利昂（娘家姓为伯恩斯坦）一起安排这些访客的接待。同时，我也继续帮助日本记者、作家和电影制作人创作纪念杉原的作品。1992 年，我还协助安排杉原的家人访问华盛顿特区的美国大屠杀纪念博物馆并接受表彰。

当年像我一样的难民都是通过敦贺港入境日本。如今，敦贺港也在努力打造"人道之港"，希望吸引世界各地的游轮来停驻参观。应前市长秋田晶（Akira Akita）之邀，贝蒂和我与美国大屠杀纪念博物馆馆长萨

---

[1] 犹太学院指正统犹太教学院或神学院。
[2] 米尔犹太学院目前是世界上最大的犹太学院。

拉·布卢姆菲尔德（Sara Bloomfield）一同访问了敦贺港，参加纪念活动并植下杉原纪念树，敦贺代表团中还有日本副大臣高木毅（Tsuyoshi Takagi）阁下。

2015年，我受邀与日本首相安倍晋三会面，并有幸获得了杉原千亩的母校——著名的东京早稻田大学授予的荣誉学位，我还在仪式上向他敬献了花圈。第二年，我帮忙安排安倍首相访问美国大屠杀纪念博物馆，他在那里点燃蜡烛纪念杉原。杉原的孙女杉原织叶（Oriha Sugihara）还创建了东京杉原博物馆来纪念她的祖父。

2017年11月3日，我有幸获得日本天皇颁授的旭日章，这是日本政府向皇室和国家元首以外的个人授予的最高荣誉[1]，相当于美国的总统自由勋章。我获奖的理由是开创了全球金融期货市场，为日美关系做出杰出贡献，以及宣传杉原千亩总领事在二战期间拯救生命的事迹。

多年后，我的童年经历让我对中国人民产生了同样的喜爱。1983年，我作为芝商所董事长首次到访中国。

---

[1] 1904年日俄战争后，雅各布·希夫（Jacob Schiff）因其为日本赢得战争所做的贡献，成为被日本天皇颁授旭日章的首位外籍人士。

第 35 章

1985 年：与中国结缘

1985 年 7 月 25 日，时任中国国家主席的李先念成为首位访问美国的中国国家主席，他此行访问了芝商所，这是前所未有的事情。美国财政部甚至专门来电询问，中国国家主席是不是真的要来芝商所，答案是肯定的。

按照接待贵宾的惯例，我们为李先念先生和他的随行人员安排了参观交易大厅的行程。但在主席到访的几天前，负责保障外国领导人访问期间安全的美国财政部安保人员拜访了我们。我的助理卡萝尔·塞克斯顿（Carol Sexton）碰巧是芝加哥市长简·伯恩（Jane Byrne）的妹妹[1]，她告诉我财政部的工作人员会在接待前夜带着警犬来交易大厅做地毯式排查。我很惊讶，请她去打听一下排查的目标是什么，她带回来的答案是"任何可能有问题的东西"。我思考了几秒后问她："比如某些管制药物？"卡萝尔肯定地点了点头。

要知道，那时的交易大厅里挤满了交易员和他们的雇员，很多都是二三十岁的年轻人。我完全猜不到每个人的桌子里有些什么，更别提有好几百张桌子。我花了 10 秒想象第二天可能出现的新闻头条："芝商所交易大厅里有大麻！""芝商所的毒品交易？"一想到这儿，我立刻对塞克斯顿说："转告财政部的人，取消参观交易大厅的安排，我们也不需要警犬排查。"最终，李先念先生到访交易所，在芝商所的二层看台上俯瞰交易

---

[1] 简·伯恩在 1979 年成为芝加哥市首位女性市长。由于担心被指控假公济私，她并没有安排妹妹卡萝尔·塞克斯顿在市政府就职，而是请我给她安排工作。我答应了她的请求，结果证明这对芝商所大有好处，塞克斯顿的能力很强，很快便成为芝商所的公共关系部门负责人。

大厅，与芝商所董事长布赖恩·莫尼森和我一起待了几个小时，提了许多问题。随后的历史大家都知道了，邓小平推动中国告别旧有的经济政策，走上市场化经济改革道路。随后 40 年，中国沿着这条道路前行，直至达到今日的国际地位。

每当有中国政要访美时，我总会盛情邀请他们来芝商所参观。渐渐地，我被视为可以帮助中国发展资本市场和期货市场的顾问。

1985 年李先念先生的到访为我和中国的友谊奠定了基础。这既不是偶然，也非运气。千里之行，始于足下，人与人的关系亦是如此，需要用时间来铸就，和亚洲国家打交道尤其如此。在接待国家领导人参观交易大厅时，我其实遵循了中国古代思想家最早提出的概念性真理，即百闻不如一见。在我看来，邀请宾客来交易大厅亲身感受一下忙乱的氛围，远比万语千言有效。邀请有身份、有地位的人来交易所参观，不仅可以宣传交易所运作的方式和存在的意义，而且有助于推动自由市场体系的发展壮大。

期货交易在中国拥有悠久的历史，但多是以投机商号或赌场的形式存在，并不是世界范围内所认可的交易所。中国证券监督管理委员会于 1992 年成立后，国务院期货监督管理机构做的第一件事就是取缔了大部分商号或赌场，批准设立了三家期货交易所：郑州商品交易所（1993 年正式推出期货交易）、大连商品交易所（1993 年）和上海期货交易所（1999 年）。2006 年，经国务院同意、中国证监会批准设立中国金融期货交易所，我在这个过程中也发挥了一些作用。

参观芝商所的中国贵宾里有一位备受尊敬的中国经济学家——成思危，他曾任中国全国人大常委会副委员长，拥有加州大学工商管理硕士学位，能说一口流利的英语。他是推动中国建立类似纳斯达克模式的创业板的主要推手，引导风险资本流入高科技公司，因此被誉为"中国风险投资之父"。我们所从事的工作有很多相似之处，因此一见如故。

最重要的是，我关于发展中国期货市场的想法在中国得到认同，我开始帮助创建一家金融交易所来挂牌交易中国股指和其他金融工具，中国金融期货交易所应运而生。我曾组织研讨会，邀请中外专家学者共同探讨期货市场的价值，其中包括诺贝尔经济学奖获得者迈伦·斯科尔斯。过了一段时间，我在中国金融圈的名气也大了起来，常常受邀发言介绍芝商所和期货市场。我获得了北京大学和清华大学的荣誉学位，撰写的三本关于金融期货的图书被译成中文并纳入教学读本。芝商所还发起了一系列中美互访项目，由芝商所团队传授和讲解期货在资本市场发展中的价值。

巩固中美关系

后来，我被提名为中国证监会国际顾问委员会委员，这一委员会在中国有很高的声望。芝商所的高层作为顾问在中国原油期货合约的推出过程中也发挥了重要作用。经过10余年的筹备，中国原油期货终于在2018年3月在上海国际能源交易中心挂牌交易，成为中国首个允许跨境交易的平台，这一点也是我自始至终坚持的。同样，我还提出将纽约商品交易所的芝商所旗下的黄金期货与上海黄金现货产品进行交叉互挂，跨境交易对两国市场的发展都有好处。

我也是中美金融圆桌会议成员之一。圆桌会议由中方主导来探讨当前问题，并在中美私人部门之间建立长期对话机制。

很遗憾，最近几年中美关系不断恶化，这既不利于中美两国，也不利于全世界的发展。作为全球最大和第二大经济体，中美必须想办法消除分歧，寻求共同利益。我坚信，中美两国人民对彼此都抱有最高的敬意，我们都拥有光辉的历史和对各自文化的热爱，我相信两国有智慧、有能力做出正确的判断。

第 36 章

1986 年：Globex 革命

战争打响后，我们取得的胜利让人难以置信。1987 年 10 月 6 日，我们创造了历史：88% 的会员投票支持启动 Globex（此前名为盘后交易[1]），3 939 票赞成，526 票反对。这场大胜仗让我更加坚信几个原则：第一，坚守自己的理念；第二，精心准备理念的传播、解释和推广；第三，用尽每一分智慧、时间和精力；第四，尊重反对意见；第五，如果你真的相信，就不要轻易放弃。

伟大已不足以形容这场胜利。这要是在拉斯维加斯，赔率可能会高达 10 000∶1。我们改变了市场，不，世界的进程。我们让本应随历史逝去的市场焕发了新生。如果说 1951 年鲍比·汤姆森（Bobby Thomson）的本垒打是"全世界都能听到的一击"，那么期货交易的电子化或许是"整个太阳系都为之震动的巨响"。

最重要的是，我意识到仅仅有好的想法还不够，成功需要将好的想法落于实处。我千方百计地去争取每一票：我亲自与几乎所有会员都进行了一对一的会面，召开会议向大小团体一一解释，设宴招待交易员和他们的妻子，与他们的父母、曾经的老师去沟通。我连街头的陌生人也不放过，甚至还与牧师和犹太拉比交谈！对技术的渴望融入了我的生命、呼吸和梦想。面对批评、否定和怀疑，我从不愤怒，而是诚恳、平等地做出回应，倾听他人的观点。

---

[1] 最初命名为盘后交易，旨在说明电子系统将仅用于盘后交易。

投票结果为技术系统项目的推进开了绿灯。对一个以公开喊价交易为生的群体而言，能够将个人利益置于一旁，以压倒性的票数支持对交易所最有利的事情，这足以证明只要有可信赖的领导，理性完全可以取胜。这是一场伟大的胜利，如果我的判断正确，这场胜利将彻底改变全球所有市场的交易架构。

放在今天，几乎无法理解我们在1987年取得的胜利究竟是多么大的突破。这场变革开启了一种全新的现实，在这里，电影《至尊神探》[1]里的技术不再是切斯特·古尔德的想象，而是照进了每个青少年的现实；世界各地的交易员桌上都摆着电子屏幕；全方位的市场信息以网络空间的速度持续传输；高层政府官员表态稍有风吹草动，便会带来主要市场价格的波动；信息通过彭博系统和类似的网络传播；了结合约不再需要进行实物交割，通过现金结算即可完成；金融期货交易遍及各个大洲，从阿根廷到澳大利亚，从意大利到印度，从中国台湾到土耳其。

把它称为一场变革，就像是把《独立宣言》看作一份办公备忘录——过于轻描淡写了。电子交易的出现不仅是期货市场发展的分水岭，其重要性甚至可以与电子邮件对仅见过邮政服务的世界造成的冲击相提并论。

声明

1987年9月28日，也就是投票前一周，我在《巴伦周刊》的全球市场特刊上撰文向公众解释了我的想法：

> 计算机芯片和电话的结合改变了世界，我们从大大小小、零散独立的金融市场变成了一个连续的整体。三个主要时区（欧洲、北美和远东）的界限不再泾渭分明，相互割裂的市场不复存在，再也无法不受外部影响仅围绕自己独特的市场中心、产品、交易时间和客户来运转。

---

[1]《至尊神探》（*Dick Tracy*）是1990年上映的美国动作电影，根据切斯特·古尔德（Chester Gould）创作的同名连载漫画改编。——译者注

如今，新闻可以瞬时传播至各个时区。当信息流要求市场做出回应时，理财经理不再等待当地市场开盘，随时可以建仓或者调仓，这就是我们所知的"全球化"。在全球化的浪潮下，所有金融中心都要直面与彼此的竞争，这给身处其中的每个人都带来了机会、挑战和危险。[1]

我们的声明在全球各大金融中心都引发了地震，各地新闻媒体纷纷来采访我的看法。我对此回应道，这一提议以我们对未来的判断为基础，旨在为即将到来的计算机技术和全球化时代做好准备，保持我们的竞争力。关键问题在于说服交易员投票支持这一提议。我们的办法是郑重承诺，没有他们的同意，绝不会分流他们的现有收入来源。这是一个神圣的承诺，永不触碰交易池的业务，除非得到交易员的允许。这个办法奏效了。

全球最大的交易所之一的会员们批准启动电子交易，这不仅是一场变革，更是向全世界的交易所释放信号。他们必须跟随芝商所的引领，拥抱技术的快速进步，否则就等着成为没有未来的古旧化石。果然，接下来的1年里，几乎每家交易所都宣布计划探索或建立技术系统，拓展市场覆盖范围，芝加哥期货交易所也是如此。[2]

我很清楚，我们的声明和我在1977年发表于《霍夫斯特拉大学法律评论》的文章完全矛盾，当年的我断言"自动化交易无法取代公开喊价交易"。10年过去了，技术的进步彻底改变了世界的面貌，我选择遵循约翰·梅纳德·凯恩斯的忠告，"当事实改变，我的想法也随之改变。"于是，我对芝商所的会员如是说：

芝商所认为，盲目地认定公开喊价交易永远是最完美的选择将造成一种虚假的安全感，意味着放弃改善或优化经营方式的机会。这既愚蠢又危险，甚至可能导致灾难。我们必须尊重传统，但绝不能为传

---

[1] 《巴伦周刊》全球市场特刊，利奥·梅拉梅德声明，1987年9月28日。
[2] 多数交易所都考虑的是使用局域网，而非像Globex那样追求全球互联的理念。

统所限。我们必须认识到一个更重要的事实：忽视或惧怕拥抱现实的人，将很快被历史湮没。[1]

推陈出新

当时全球最大的期货市场——芝加哥期货交易所董事长卡斯滕·马尔曼（Karsten Mahlman）将芝商所的声明比作氢弹，说这将导致期货市场消亡。真的吗？数据更有说服力。

1991年，在Globex推出前夕，美国各期货交易所（包括芝商所、芝加哥期货交易所和纽约商业交易所在内）的期货和期权成交总量仅为3.25亿手合约。2018年，已将上述交易所并入麾下的芝商所集团通过Globex成交的期货和期权总量达到44亿手合约，日均成交约1 740万手[2]，其中金融期货和期权的成交量占比约为75%。就在我写下这些文字之际，仅迷你标普合约每天通过Globex成交的名义金额就高达2 000亿美元左右，并且还将持续增长。

事实证明，Globex的确造成了公开喊价交易的消亡——当年的公投的确是"骆驼鼻子"，这一点他们没说错。但我也信守了自己的承诺，这一路走来的每一步，随着Globex电子交易逐渐侵占公开喊价交易的领地，会员总是可以通过公投来行使最终决定权。换言之，每次Globex挂牌与公开喊价交易存在竞争的产品，都事先得到了会员的批准。

我始终坚信会员能够理性地做出决断，允许我们引领芝商所走向正确的方向。说到底，我们要做的是花时间去说服交易所和行业（以及其他市场）中的大多数人，让他们明白电子化关乎芝商所的生死存亡。要做到这一点并不容易，这些人需要引领、劝诱和教导，但电子交易的效率、速度、公平性、相对成本和无限的交易量潜力终将取得压倒性的胜利，我对这一点从不怀疑。虽然花费的时间超出预想，但最终证明我的判断是正确的。

尽管无法量化，但Globex为期货市场带来的增长和成功远超公开喊

---

[1] 1988年利奥·梅拉梅德致芝商所会员年报。
[2] 今天的数据比这一数字还高。

价交易。[1] 毕竟为交易员建再大的交易池，又能大到哪儿去呢？最重要的是，如果没有 Globex 所代表的发展潜力，芝商所后来上市也不会取得如此大的成功。

不进则退

纵观历史，无比成功的龙头企业因无视或忽视技术变革而一朝失败的例子比比皆是。排名不分先后，柯达、摩托罗拉、黑莓、宝丽来、巴诺书店、诺基亚、睿侠（RadioShack）和奔迈（Palm）等都是如此。无数成功的企业由于忽视或错失技术的变革，走向失败或失去发展潜力。

再看看两个截然相反的例子，那些预见并抓住数字经济机遇的人和公司。杰夫·贝佐斯深知网络服务的前景，将亚马逊一手打造成无可匹敌的电商王者。还有里德·黑斯廷斯（Reed Hastings）和马克·伦道夫（Marc Randolph），网飞在他们的手中从 DVD（数字通用光盘）出租送货上门服务一步步发展为媒体服务巨头。

我坚信自己的判断，甚至敢对芝加哥期货交易所公开宣称：

> 错过眼前的预兆是对时代的视而不见。我们不能否认，技术已经并将继续占领金融市场的方方面面，正如我们无法限制金融衍生产品被用于风险管理。未来的市场将是自动化的，未来的交易员将通过电子屏幕交易。胆敢无视这一现实的人注定被时代抛弃。

后来，芝加哥期货交易所向着自动化迈出一小步，启动了所谓的 A 计划。[2] 但面对全球化带来的威胁，他们并没有放弃公开喊价交易，而是选择建立公开喊价夜盘，交易时间为下午 6 时至 11 时。[3] 夜盘启动当晚，他们

---

[1] 这并不是说公开喊价交易无法在某个特定产品的利基市场继续存在。
[2] 主要得益于芝加哥期货交易所会员伯顿·格特曼（Burton Gutterman）的努力推动。
[3] 在我看来，我们两家交易所针对全球化所做的回应具有本质区别。芝加哥期货交易所的领导层选择向交易员的意愿屈服，无视席卷全球的技术浪潮。

在会员的全力支持下收获了很高的交易量，其首席经济学家理查德·桑德尔博士盛赞这是个"全垒打"。[1] 我觉得这是个悲伤的笑话，情况由此急转直下。

历史上少有这样的时刻，可以清晰展现出我们两家交易所的差别：芝商所大胆地做出声明，芝加哥期货交易所则选择安于现状。我曾对会员说："想用每晚几小时的夜盘来抵御来自亚洲的竞争，就像藏在纸板箱里躲避龙卷风。"《芝加哥论坛报》对此做出了正确的解读：

> 芝商所宣布了革命性的计划，通过计算机交易，而非夜盘来抓住全球业务机遇。如果这一提案如期通过，已有百年历史的期货行业将大踏步地迈向高科技电子时代，首次朝着自动化交易做出重要尝试。[2]

不可阻挡的技术进步

2006年，在我被授予"梅拉梅德-阿迪蒂创新奖"的庆祝活动上，我的好朋友、美国国际集团前法律总顾问汤姆·拉索告诉观众，我的Globex宣言"很像是托马斯·弗里德曼2005年所著的《世界是平的》一书中的内容，只不过利奥在10年前就提出来了"。

正如我所说："事实上，金融市场要成为一个持续运行的全球市场，（已经）没有任何时间和空间的阻碍。一家公司可以开在世界上随便哪个地方，使用来自随便哪个地方的资源，在随便哪个地方生产，产品可以销往随便哪个地方。突然间，地球上的每个国家都在同一个市场中竞争。"

在我的设想中，全球每家期货交易所都将使用Globex电子交易系统。1991年，我甚至找到纽交所董事长约翰·费伦（John Phelan），花了1个小时向他从头至尾地介绍了Globex的原型。我记得费伦先生最后说的是："在我有生之年没戏。"

---

[1] 桑德尔博士在芝加哥期货交易所推出30年期美债合约的过程中发挥了关键作用，这是芝加哥期货交易所最成功的金融产品。

[2] Carol Jouzaitis of the *Chicago Tribune*, Oct 5, 1987.

和那时的许多杰出人物一样,约翰·费伦在这件事上看走眼了。技术的进步必将打破现状,进而影响人类文明的方方面面,在毫厘之间或千里之外,在分秒之内或数年之后。技术带来的改变不可估量、无法计数,一项发明促成另一项创造,无穷无尽。现状就像轰然坍塌的多米诺骨牌,不堪一击。

当然,一切都是相对的,但在所有文明中,我敢说过去30年间,甚至过去10年间技术进步的规模绝对是前所未见的。推出Globex几年后,美籍以色列经济史学家、西北大学经济学教授乔尔·莫基尔(Joel Mokyr)对此讲得很精彩:

> 经济史学家的责任是让人们不要忘记1 800年前世界的面貌。增长缓慢得难以觉察,大量人口生活在贫困中,收成不好可能造成百万人死亡。几乎一半的婴儿在5岁前夭折,那些坚持到成年的则大多发育不良、病弱、目不识丁。技术的进步改变了世界。从18世纪末开始,得益于当时所谓的"实用艺术"的创新和进步,人们的生活开始改善。改变萌发于英国,随后蔓延至欧洲其他国家,最后到达世界各地。
>
> 从分子遗传学、纳米科学到中世纪诗歌研究,技术的影响无处不在。量子计算机虽然仍处于实验阶段,但有希望将算力提高数个量级。随着科学进入新的领域、能够解决超越当前想象的问题,发明家、工程师和企业家都已准备就绪,基于新的发现来发明新的事物和工艺,继续改善我们的生活。[1]

继续加速

我喜欢把技术产生的效果分为两类——规模和速度。我常说,20世纪的技术引领文明从宏观走向微观。举例来说,20世纪初,阿尔伯特·爱因

---

[1] *The Wall Street Journal*, August 8, 2014.

斯坦让我们了解了宇宙——宏大的宇宙。随着时间的推移，计算机技术引领我们进入原子、亚原子粒子和量子力学的领域——微小的粒子。生物科学领域也是一样，20世纪初从大分子起步，随后计算机技术的进步逐渐将我们带入DNA（脱氧核糖核酸）和基因工程的微观世界。

投资管理也遵循了类似的发展轨迹。20世纪80年代初期，量化分析师（即所谓的宽客）使用计算机技术对风险和回报进行分解、再包装和再分配，从而实现风险和回报的交换。随后出现了金融衍生产品，金融衍生产品合约的价值衍生自标的物的表现，标的物可以是资产、指数、利率、资产组合等。使用金融衍生产品的目的在于增强潜在收益，让风险更适合特定投资者或更容易被其接受。

金融衍生产品可以说是金融领域的粒子物理学和分子生物学，美国信孚银行前董事长查尔斯·桑福德（Charles Sanford）将其称为粒子金融。经过爆发式的增长，金融衍生产品现已成为最热门的新型金融工具。据估计，九成以上的世界500强企业使用场内外金融衍生产品来管理业务敞口。

但金融衍生产品也可能引发严重的市场风险，正如我们在2008年金融危机中吸取的惨痛教训，银行和其他金融机构为了追求高回报，无视内部安全措施和理性判断，犹如在金融市场（特别是房地产领域）安装了定时炸弹，这样的行为理应受到谴责。诺贝尔经济学奖得主、耶鲁大学教授罗伯特·席勒对此总结道："房地产泡沫是美国及全球金融市场纸牌屋轰然坍塌的核心原因。"

美国证券交易委员会前任主席小阿瑟·莱维特明智地指出："场外金融衍生产品的销售必须透明，确保与各类结构化投资工具相关的风险得到充分披露。"[1] 诺贝尔经济学奖得主加里·贝克尔补充提出，需要提高相对于银行资产的资本金要求，防止金融机构资本比率的过度杠杆化。[2]

1　Arthur Levitt, Jr., *The Wall Street Journal*, March 21, 2008.

2　Gary S. Becker, *The Wall Street Journal*, October 7, 2008.

规模与速度

然而，上述种种及《多德-弗兰克法案》的通过都没能阻挡数学和量化分析在交易中的进一步应用。随着时间的推移，一种全新的交易方法出现了：算法交易，即通过高度机密的自动化计算机程序和人工智能，遵循基于时间、价格、模式、数量和成交量预先设定的指令，以极高的频率执行交易。算法交易的世界由詹姆斯·西蒙斯、瑞·达利欧（Ray Dalio）、肯尼斯·格里芬[1]等人一手打造并统治。詹姆斯·西蒙斯在1982年创立名为"文艺复兴科技"的对冲基金公司，被认为是首个算法交易巨头。这些所谓的宽客成为市场上最大的玩家，据说年成交量占全市场的三四成。

另外还有速度，毋庸赘言，技术不仅让一切都变得更快，而且在多数情况下效率更高。这从人类诞生之时、混沌初开之际便已在发生，未来技术的进步也不会放慢脚步，摩尔定律已经成为过去。[2]

技术变革的步伐将继续加快——这样说算是保守了。正如莫基尔教授所说，我们已经达到难以理解的（量子）速度，进入了曾经只存在于科幻小说中的拥有人工智能的机器人时代。我们将在信息处理中运用了不起的量子力学定律——它的"计算速度比最先进的超级计算机还要快许多个数量级"[3]。这将产生令人难以置信的影响，有时是公开且声名狼藉的，有时则是缓慢且潜移默化的。

曾经，电气时代的到来难道没有改变一切吗？当然有。我们当时立刻认识到了它将引发的改变吗？当然没有。在使用煤气灯的年代，天黑了只能上床睡觉。有了电之后，我们的白日时光成倍延长。前后两个时代截然不同，我们如何能在二者之间对比日常琐事、医疗进步、效率提升、创造就业或金融影响的差异？不能。这是一种新常态。

今天同样如此吗？以美联储当前看似无法实现的2%通胀目标为例，没人知道为什么没有达到这个目标。技术改变了一切吗？也许我们并未充

---

1 肯尼斯·格里芬2019年获得了"梅拉梅德-阿迪蒂创新奖"。
2 摩尔定律认为，微处理器上集成的晶体管数目每两年翻一番。
3 The Wall Street Journal, The Quantum Computer Threat, November 11, 2019.

分考虑技术造成的影响？我们是否已准备好使用新的工具来衡量通胀？

但是，需要警惕的是，与现在和未来的反科技力量相比，过去的卢德派可谓是小巫见大巫。当年破坏纺织机器来抗议自动化那一套，放在今天的网络世界简直是闹着玩。已经有人提议征收技术税来减缓技术的进步，但这不可能成功，技术的进步不可阻挡。

我亲身经历了 Globex 与交易大厅和经纪商之间的战争，虽然最终获胜，但这场胜利耗时超过 10 年，其间我还多次收到死亡威胁。随着这场战争日益残酷，我甚至不得不聘请一位警察下班后在我的办公室门口值守。我之所以能够坚持到最后，是因为我知道这是交易所求存的唯一途径，别无他法。国内外许多竞争对手都对我们虎视眈眈，如果我们保持现状，饭碗就要被他们抢走。不是我自夸，芝商所集团能够发展至今，离不开我当年的固执和坚持。

适应

我们身处一个幸运的行业，消失的工作岗位很快便会被新岗位取代。几年内，使用算法等新技术的自营交易公司逐步发展壮大，雇用了数百名前场内交易员、技术人员、理论家、教师和刚毕业的学生。如今，这些工作岗位成倍增加，为成千上万的交易员和支持人员提供了就业机会，更别提银行和其他金融机构在建立类似的交易业务时保留的大量雇员了。再想想看那些和金融关系不那么大的工作是如何发展演变的，比如地产经纪、建筑师、会计师、财务顾问，还有许多未来将会出现的新岗位。我敢说，电子交易创造的就业总数远超过交易大厅流失的岗位数量。事实上，一个全新的产业诞生了。

遗憾的是，我不认为其他行业的新旧岗位交替像我们这样及时，许多行业可能需要更长时间，随之而来的拔河角力也因此更加明显，需要用坚定的决心、创新和大规模的教育改革来解决困境。美国人的创新能力也许是我们与生俱来的、最重要的权利，但我们对此并没有专利。

过去几十年间，许多美国企业，特别是科技企业，将制造业外包转移到中国和其他劳动力价格低廉的地方,这给美国民众带来了极大的好处,能够以低廉的价格购买各类新产品,但这也有不利的一面。

令人担忧的问题

我在字里行间已经表明本人是技术的忠实拥趸,原因不再赘述,但这并不意味着我不清楚技术存在不容忽视的负面影响。在多数情况下,技术带来的影响利大于弊,一些弊端可以被纠正,或最终实现自我纠正。从长远来看,技术虽然导致了一些岗位的消亡,但也创造了更多的就业岗位。我想强调的是技术进步内在影响的累积,这也是让我深感担忧的原因所在:技术已经成为造成贫富差距不断扩大的主要因素。

这种差距从教室便已经开始。皮尤研究中心的一份报告显示:

> 尽管技术的价格持续下降,互联网看似日益普及,但贫富之间的数字鸿沟依然无处不在,受过教育的富裕人群比其他人更容易获得良好的数字资源。在教育问题上,数字鸿沟的影响尤其深远。对低收入学区的儿童而言,无法获得充足的技术支持将阻碍他们获取必要的技术技能,这些技能对于在当前经济形势下获得成功至关重要。低收入学校中有56%的教师表示,学生无法充分获得技术是使用技术手段辅助教学面临的"重大挑战"。[1]

当然,这还不是结束。根据无党派智库美国国会研究服务部的资料显示:"在收入结构的底层,技术扮演着过去低技能工人的角色……不仅如此,计算机和通信系统的进步让更多的美国企业将就业岗位转移到劳动力成本更低的国家。更多的工人竞争更少的工作机会,导致低技能职业的薪酬逐渐下降。"[2]

显然,随着社会转向更加高效的技术、外包和数字化,穷人被甩在了

---

[1] 皮尤研究中心互联网与美国生活研究项目。
[2] 美国国会研究服务部报告,2012年3月。

后面。这种差异不仅影响着低技能工人,还将随着时间的推移逐渐上行,影响更多的技术人员。根据人口统计局的最新数据,美国的收入不平等程度已经达到自有记录以来 50 多年的最高水平。

乔治·H.W. 布什总统曾在另一场合指出:"这不会长久。"如果不采取措施缓解或改善美国的收入不平等状况,我们的经济体系也将深受其害。

第 37 章

1987 年：股灾（上）

苏联经济学家尼古拉·康德拉季耶夫（Nikolai Kondratieff）提出的周期理论认为，工业经济遵循周期性的变化：经济扩张带来重大产业变化，随后再出现经济收缩。康德拉季耶夫周期在极端繁荣和极端萧条之间交替，平均为 54 年，但每个周期的实际长度并不固定，很难做到精准地预测时间。

1673 年郁金香狂热、1711 年南海泡沫破裂，以及 1929 年华尔街崩盘发生之际，我还没有出生。但我亲身经历了 1987 年 10 月 19 日的"黑色星期一"，并且身处风暴中心。那一天，道琼斯指数暴跌 22.6%，是美股历史上单日下跌最惨痛的一天。[1]

至暗时刻

30 年后的今天，已经无法重现"黑色星期一"带给我的感受，那种致命的恐惧足以吞噬我的身体和灵魂。我的第一个想法是，期货可能要挨骂；第二个想法是，芝商所或许要关门。我们见证了道琼斯工业平均指数单日下跌 508 点，约 1 万亿美元的市值蒸发——创下单日跌幅历史纪录。这一天，有好几个瞬间感觉像是世界末日。

事后，财政部长詹姆斯·贝克（James Baker）认为是德国加息惹的祸，另一些更为现实的观察家则将其归咎于贝克发起并在 1987 年 2 月 22 日签署的《卢浮宫协议》。这一协议旨在人为地终结由 1985 年《广场协议》

---

[1] 我还在 2001 年互联网泡沫破裂和 2008 年金融危机后担任顾问。

（也是由贝克首先发起）引起的美元持续贬值。[1]《卢浮宫协议》签署后，美元仍继续贬值，瑞士法郎、日元和德国马克等货币则大幅升值。影子公开市场委员会主席、卡内基梅隆大学教授艾伦·梅尔策（Alan Meltzer）曾就此告诫美国财政部，要"停止将美元汇率作为调控目标"。但最猛烈的指责还是来自以纽交所为首的纽约金融界，他们认为在芝商所进行的、被称为"程序化交易"的东西是引起股灾的罪魁祸首。尽管几乎没人知道什么是程序化交易，但不妨碍许多人盲目地跟风批评。

事实上，美国股市在此前经历了多年的螺旋式上升，但高估值背后的基本面支撑日益薄弱。白宫经济顾问委员会前主席赫伯特·斯坦曾打趣说："如果一件事不能永远持续，它必将停止。"白宫经济顾问委员会时任主席贝里尔·斯普林克尔认为，美国的货币政策过于紧缩，"如果不做出改变，可能造成美国金融市场崩盘"。在股灾发生的前一个周五，里根总统应他的要求出席高层会议，贝里尔在会上表达了对《卢浮宫协议》负面影响的担忧，他说"这给金融市场带来了危险"。多么有先见之明！美联储主席艾伦·格林斯潘后来在国会做证时也一针见血地指出：

> 过度高企的股价反映出，人们对实际收益率上升和折现率下降的预期到达了令人难以置信的程度。市场早晚会被最后一根稻草压垮，即便不是在10月，也不会晚太久。股灾的直接诱因是偶然的，但市场暴跌迟早会发生。

坏消息

早上 6 点，纽交所董事长约翰·费伦打电话告诉我伦敦股市大跌，相当于道琼斯指数 200 点的跌幅，这个数字让人不敢相信。我知道他想说什么，我前半夜几乎没睡，一直盯着海外市场行情。东京的日经 225 指数下

---

[1] 1985 年 9 月 22 日，法国、联邦德国、日本和美国在纽约广场酒店签署《广场协议》，同意通过干预货币市场来降低美元对日元和德国马克的汇率。随后，美元大幅贬值，直至 1987 年在巴黎卢浮宫签署《卢浮宫协议》。

跌 2.5%，香港似乎陷入了恐慌，英国富时指数截至午盘下跌 10%，我们将面临非常糟糕的一天。

我一到办公室就立刻打电话给清算公司主管约翰·戴维森（John Davidson）、信息管理系统主管唐·瑟皮克（Don Serpico）和清算公司委员会董事长巴里·林德，提醒他们即将发生的事情。随后，作为芝商所执行委员会主席[1]，我召开了执委会紧急会议。执委会所有人后来一直待到第二天晚上 6 点 30 分。

随后，我又抽空赶去了交易大厅，看看准备上午 8 点 30 分（中央标准时间）开盘的经纪商和交易员的情况。交易池里已经聚集 100~150 名会员，他们一看到我就围了过来。标普的交易池里聚集了交易所经验最丰富的经纪商和交易员，他们在波动最剧烈的市场做交易，那里需要资金雄厚的冒险家和有能力的经纪商。在那天之前，我从没在他们眼中看到过如此强烈的恐惧。他们连珠炮似的问了我很多问题，但我一个都答不上来。几个经纪商私下告诉我，他们的手里塞满了卖单，一张买单都没有。"尽力而为"是我能给出的唯一建议。

标普指数开盘下跌超过 2000 点，整整一天，市场恐慌情绪持续发酵，没有任何事情是确定的。我好像陷入了一场光怪陆离、毫无逻辑的噩梦。这样的崩盘前所未见，股市一泻千里，似乎看不到尽头，也几乎没有买家。这意味着什么？随着时间一点点过去，我焦虑得胃里都打了结。让我担心的主要有两点：眼前的问题是如何堵上巨大的资金窟窿，需要多少钱来完成结算、轧平多空之间的应收应付，如果付不出钱又该怎么办。长远来看，期货市场必将面临指责和批评，即便我深知这完全没有道理。

芝商所是美国境内开盘最早的交易所，不可避免地承担了向美国投资者传达灾难性消息的责任，这可不是什么让人羡慕的事情。历史告诉我们，带来坏消息的信使很可能被砍头。而我没有任何人可以求助，我是老大，只能孤军奋战。

---

1 执行委员会成员还包括当时的芝商所董事长杰克·桑德纳。

新提议

1987年2月,在股灾发生的几个月前,我和美国商品期货交易委员会主席苏珊·菲利普斯见了一面,希望委员会允许芝商所对标普期货合约设置每日涨跌停板,就像农产品合约一样。涨跌停板将限制市场在单一交易日可以上涨或下跌的幅度,我知道这是一个奇怪的要求,获得批准的可能性微乎其微。

苏珊·菲利普斯是经济学家,之前曾是艾奥瓦大学的企业管理学教授。我和她在多年前有过一面之缘,当时她向艾奥瓦大学提议创建电子选举市场,交易员可以通过这个市场押注重要政治选举的结果。我认为这个想法很好,于是去拜访了她并表达祝贺和支持。[1] 随后,我在1983年坚定地支持苏珊·菲利普斯出任商品期货交易委员会主席,她由此成为首位担任联邦机构负责人的女性。她在任职期间表现出色,后来还担任过美联储理事。重点是,菲利普斯主席和我关系很好。

尽管如此,对我这样一个自由市场的坚定拥趸而言,提议限制市场波动是一个艰难的决定。当她问我为什么提出这个要求时,我没有多说什么。真正的原因是我很担心股市崩盘,而期货脱离不了干系。就像我们在1987年10月经历的那样,期货市场在极端情况下会受到批评指责,而引入涨跌停板可以避免这一点。但是,作为芝商所董事长,我不愿向政府高层官员公开表示对股市崩盘的担忧(还要回应随之而来的各种媒体问题),这样做甚至可能引发市场的挤兑。

苏珊·菲利普斯是个很有思想的人,她的回答是,尽管她内心自由市场的一面持反对意见,但如果股票交易群体都同意的话,她不会阻拦。我安排好在1987年3月全美期货协会的博卡拉顿会议上向主要的股票交易公司提出我的想法,但很快得知完全没戏,金融圈不可能支持。"梅拉梅德先生,这可是金融期货,不是猪腩期货。"我忍住没再解释。

---

1 这个市场时至今日仍在运行。

转折点

1987 年的股市是什么样子的呢？经过 1973—1974 年的熊市，股市跌入谷底，几乎没有人看多后市。情况直到 1982 年才有所好转，虽然上涨的速度很慢，但看涨的情绪逐渐升温。我们在 1982 年推出股指期货，恰好赶上了这阵东风，可以说是歪打正着，在牛市环境中新产品的发展速度大大加快。我们得承认，伯纳德·巴鲁克（Bernard Baruch）说的没错，只有专业人士才是真正的空头。从 1982 年 8 月到 1987 年 8 月，道琼斯工业平均指数从 776 点一路涨到 2722 点，涨幅高达 257%。到了 1987 年 10 月，股市已经深陷狂热。

当市场开始下跌时，我其实并没有很意外——用发蒙来形容可能更恰当。让我感到意外的是崩盘的规模之大。我从几个月前就开始看跌，经济增速放缓，通货膨胀上升，估值过高，收益预期不断下滑，市场在股灾发生前的几周已经非常疲软，显现出见顶的迹象。10 月 17—18 日那个周末的财经消息和头条新闻格外悲观，我正因为在周五收盘时平掉了自己的空仓而懊恼不已。从盈亏来讲，平仓是个巨大的错误，但我实际上因祸得福。

那一整天，我在没完没了的电话、执行委员会会议和交易池之间来回奔波。交易的速度几近疯狂，但我意识到我们的价格和纽交所的价格严重脱节。我从未怀疑交易池中通过交易形成的价格反映了真实的市场，但我听到的纽约市场价格就像来自另一个宇宙。后来，启动国会调查无从避免，我被推上了舞台中央：我不仅是期货教父，还一手创造了股指期货，这个点子就像是我发明的一样。此时距离推出股指期货才过去 5 年，仍有很多争议，许多人认为股指期货可能是引起股灾的原因。在这种情况下，如果作为芝商所超级领袖的我从股灾中获利，必将引起错误的联想。就像之前说的，股灾当天我的名下已经没有任何期货头寸，可以说是因祸得福，是上帝帮了我一把。

保持市场运行

在 1987 年 10 月 19 日和 20 日这两个可怕的交易日里，我和美国金融界的大佬们进行了无数次谈话：美联储主席艾伦·格林斯潘、白宫经济顾问委员会主席贝里尔·斯普林克尔、商品期货交易委员会代理主席卡洛·海因曼（Kalo Hineman）、纽交所董事长约翰·费伦，以及多位美国参议员和众议员。其中一些人来参观过我们的交易大厅，其他人则曾与我在华盛顿结识。尽管我没有刻意记录和哪些国会议员有过交流，但我记得有丹·罗斯滕科斯基、南希·佩洛西（Nancy Pelosi）、查克·舒默（Chuck Schumer）和吉姆·赖特（Jim Wright）。到了那天晚上，我手里已经攒了一长串需要回电话的参议员名单。[1] 在接下来几天和他们的交流中，我尽力让他们明白为什么应该尽一切努力保持市场运行。如果关闭市场，我们将失去用以解读市场信息的最重要的度量工具。

当休市的钟声终于响起，每个人都默默感谢上帝，一整天的下跌终于告一段落。经纪商散落在交易大厅各处，他们的职员和跑腿员开始检查订单成交记录，迫切希望不要有太多废单。期货和现货市场很不一样，纽交所交易的是海量的个股，但实际发布的指数点位是通过计算各成分股的最新成交价得出，道琼斯工业平均、标普500等指数都是如此。道琼斯工业平均指数要计算30只成分股价格，标普指数则要计算500只成分股价格。

而期货市场交易的是单一品种，可以是货币、活牛或标普500指数。因此，最后一笔交易直接决定了期货的最新价格，并且不需要任何额外计算，立即向全世界发布。"黑色星期一"当天的期货市场和其他时候没有什么区别，除了标普指数的开盘价低到惊人。纽交所这一天的情况则完全不同。

即便在正常的环境中，现货市场往往也需要更长的时间来消化信息。

---

[1] 打来电话的美国参议员包括：唐纳德·里格尔（Donald Riegle）、菲尔·格拉姆（Phil Gramm）、艾伦·狄克逊（Alan Dixon）、阿尔·达马托（Al Damato）、理查德·卢加尔（Richard Lugar）、约翰·梅尔彻（John Melcher）、威廉·普罗克斯米利（William Proxmire）、理查德·谢尔比（Richard Shelby）、保罗·西蒙（Paul Simon）、帕特里克·莫伊尼汉（Patrick Moynihan）、艾伦·西姆森（Alan Simson）、克里斯·多德（Chris Dodd）、约翰·麦凯恩（John McCain）、艾伦·克兰斯顿（Alan Cranston）、威廉·科恩（William Cohen）、鲁迪·博希威茨（Rudy Boschwitz）和查克·格拉斯利（Chuck Grassley）。

"黑色星期一"当天,纽交所的许多风向标股票根本没有交易[1],还有很多股票在开盘数小时后才开始有交易,而道琼斯工业平均指数和标普 500 指数点位仍然是用成分股的最新成交价来计算。

因此,在许多个股尚未产生交易的时候,指数点位是基于上周五的成分股收盘价来计算的,这就造成了计算结果的严重偏离。当天上午,道琼斯工业平均指数和标普指数的点位在大部分时间里完全失准,远高于标普指数期货的价格。相比之下,芝商所的标普指数期货价格则充分反映了最新交易的实际价格。这一差异是非常重要的。事实上,纽交所在"黑色星期一"从头至尾都未全面开盘。

除了市场运转失灵,海量的订单还冲垮了纽交所的指定订单周转系统。这个电子系统通过将订单直接转给专门做市商来提高处理效率,系统崩溃造成严重的订单拥堵,进一步加剧了市场的动荡。

期货与专门做市商体制的比较

1987 年的股灾表明,纽交所使用的体制已经过时且资金严重不足。纽交所依靠专门做市商体制来维持运行,专门做市商是指担任一只或多只股票指定做市机构的公司或个人。专门做市商拥有特定股票的特许经营权,同时要承诺维持公平有序的市场。在实际操作中,专门做市商需要在必要时使用自营库存买卖指定的股票,并和公众或其他交易经纪商的订单进行撮合,来维持公平有序的市场。专门做市商有义务持续提供真实的买卖报价。

期货交易不采用专门做市商体制,而是通过个体经纪商和交易员来做市。他们没有指定产品的特许经营权,也不承担做市义务。经纪商负责执行由经纪公司、个人或其代理的其他交易商提交的订单。交易员同样没有做市义务,他们自主选择产品、通过自营账户进行交易。在实际操作中,交易员通常选择交易流动性最强、最适合自己的产品。

不客气地说,在期货市场保持运转的时候,纽交所的专门做市商体制

---

[1] 正如后文的解释,许多纽交所的专门做市商未能成功做市。

却未能正常发挥作用。专门做市商体制下资金不足的问题也随之显现，无法应对海量的卖单。随着卖单大量涌入，专门做市商不能或不愿履行职责来提供买价。

纽交所副董事长、一家头部专门做市商公司的负责人唐纳德·斯通（Donald Stone）事后向我坦白："利奥，当炮弹冲着你的头飞过来，躲闪是自然而然的选择。"或者像另一位专门做市商承认的那样："这种情况下做市无异于自杀。"正是在1987年股灾后，纽交所才下定决心全面改革专门做市商体制，但彻底完成改革是很久以后的事了。

深夜通话

或许是命运的安排，杰克·桑德纳和我很早之前就约好和路透的两位高管共进晚餐，讨论签约开发Globex（当时名为盘后交易）的事情，时间恰好是在这生死攸关的一晚。现在想想，似乎冥冥之中早有预兆，在公开喊价交易有史以来最糟糕的一天，我们恰好和路透的代表有约，也正是他们最终建立了主导交易流程的Globex。晚餐地点选在西尔斯大厦的芝加哥大都会俱乐部，受到市场崩盘的影响，两位客人一直等我们到晚上10点。这次会面促使双方达成了最终协议。

那天我后半夜才回到办公室，我的助理帕特丽夏·赖菲尔（Patricia Reiffel）还没离开，因为我告诉她要等到我回来。很巧的是，那是她第一天上班，她问我是不是每天都像这天一样，并递给我一沓需要回复的电话留言。除了参议员们的来电，放在最上面的是美联储主席艾伦·格林斯潘打来的三个电话，这一整天我已经和他通过好几次电话。

电话接通后，他立刻问道："你们明天早上开市吗？"这是个意味深长的问题。这位美联储主席在股灾前几个月才上任，但他当过商品交易员，很清楚期货市场如何运作。我是他的粉丝，我们都是自由市场的拥趸。

他知道芝商所需要完成所有交易的清算才能在第二天早上正常开市，这意味着要基于前一日结算价计算全部头寸的盈亏并缴清所有款项。黑色星期一当天，多空双方之间的盈亏差值高达25.3亿美元。虽然今天看来不算很多，但这个数字在1987年不仅刷新了芝商所的纪录，而且大到夸张。我们正常的日均盈亏波动大约才1.2亿美元。

美联储主席知道，如果某家公司付不出钱，就会造成违约，我们第二天早上就无法开市。在这种情况下，违约的消息会在市场中持续扩散。用格林斯潘的话来说，随后会出现"锁死"，也就是参与者因为担心收不到钱而不愿付钱，1929年就发生过这样的事情。

"明天才能知道答案，"我诚实地回答，"只能等着看了。"接着是一阵沉默，气氛沉重。结束通话前，美联储主席让我一有消息立刻打电话给他，随后又突然想起，问我是否想到其他需要他做的事情。他问出这个问题简直太可怕了，进一步加剧了我的焦虑，如果我的焦虑还没有爆棚的话——美联储主席居然来询问我的建议！恐惧已经不足以形容当时的情况，我唯一能想到的是请美联储保持电汇系统整晚运行，他对我的提醒表示感谢。

长夜

那天晚上，我一直待在清算区域，没有一丝睡意，杰克·桑德纳也留了下来。我每隔1个小时都会问一次我们收到了多少钱。清算公司主管约翰·戴维森和大陆银行的人一直保持沟通，大陆银行是芝加哥最大的银行，也是芝商所的结算行。情况不容乐观，收到的款项只够覆盖一小部分应付款。戴维森作为一位极其可靠的负责人和交易所冉冉升起的新星，一直试图安抚我的情绪，却无法掩饰我们心头的恐慌。摩根士丹利是最大的债务人，他们的客户一共欠芝商所10多亿美元。

当我决定向摩根士丹利高层警示当前情况时，已经是东海岸的凌晨2点。约翰·戴维森有摩根士丹利首席执行官的私人电话号码，我让杰克·桑德纳和我一起守在电话旁等待接通。这一定是有史以来最古怪的对话之一，我们在凌晨2点打电话吵醒全世界最大的金融机构之一的首席执行官，告诉他摩根士丹利欠芝商所10亿美元。

在我们解释过后，电话那头儿陷入一阵尴尬的沉默，这也是人之常情。

"请问您是？"电话那头儿的声音第三次问道。我们再次说明了自己的身份，表示希望摩根士丹利尽快向芝商所补齐客户当天的亏损，并且我们需要在第二天开盘前收到钱。我向他解释，如果收不到钱，我们就得打电话给艾伦·格林斯潘，告诉他无法开市的原因。又是一阵沉默过后，传来含糊的几句话，我猜他说的是"我会研究一下"。

我们的货币市场在早上7点20分首先开盘。开盘前30分钟，我致电大陆银行负责芝商所账户的主管威尔玛·斯梅尔策（Wilma Smelcer）。"威尔玛，现在情况怎么样？"问出这句话时，我的心脏怦怦地跳。她温柔地告知我们仍有4亿美元的缺口。我的心情有些雀跃，这意味着多头已经补进来21亿美元。

但威尔玛没有这么高兴，因为大陆银行仍然无法结清芝商所的账户款项。她解释说，她的放贷权限是1 000万美元，显然不够覆盖当前的缺口。在紧张的气氛下，我们发生了争执。我告诉她应该信任芝商所的偿付能力，如果大陆银行不帮忙补上缺口，我们就没办法开市，那么我就得把事情告诉艾伦·格林斯潘。"而且，"我大声说道，"这会造成新一轮经济萧条。"我猜她被我吓得半死。

她突然喊道，大陆银行的首席执行官汤姆·西奥博尔德（Tom Theobald）刚刚走进来。又过了一会儿，威尔玛回到电话旁，大声叫道："利奥，你们没事了。西奥博尔德说银行会把缺口补上。"我看了眼时钟——这时是7点17分，然后告诉约翰·戴维森，准时敲钟开市。随后，我按照指示致电美联储主席。

我们躲过了一颗致命的子弹，但我知道战争才刚刚开始。[1]

惯常嫌疑人

"黑色星期一"的深夜，纽交所董事长兼首席执行官约翰·费伦把全体董事叫到了纽交所矗立在华尔街上的标志性大楼的顶楼，让他们面朝西方，

---

[1] 关于"黑色星期一"及其后续影响的详细介绍，建议阅读《逃向期货》一书的第30、31和32章。

将右手指向股灾的罪魁祸首——芝商所!

当然,这只是我的想象,但在我看来,这个画面贴切地描述了1987年股灾的余波,以及芝加哥的期货业如何立刻成为罪魁祸首。毫不夸张地说,芝商所命悬一线。我感觉自己就像泰坦尼克号的船长,纽交所对芝商所的谴责就像是冰山,芝商所之所以能幸存下来,是因为我开船避开了那该死的东西。

多数媒体几乎下意识地判定"罪名成立",商业作家、权威人士和那些自诩金融行家的人纷纷将炮火对准了芝商所。要知道,30年前的纽交所是全球金融业最受尊敬、最具权威的机构。套用 E. F. Hutton 证券公司之前的广告语来说:当纽交所开口讲话,每个人都洗耳恭听。在涉及金融的问题上,美国期货行业协会第一任总裁约翰·达姆加德言简意赅地指出:"纽交所在国会的地位举足轻重。"我们面临的是典型的"大卫与歌利亚之战"。

事实上,纽交所确实有足够的底气,几乎都不需要去华盛顿运作,他们的董事长在《纽约时报》或《华尔街日报》上随便说几句话就够了。但这一次,仅靠他们自己的声音或许办不到。我在心中默默感谢美国商品期货交易委员会首位主席比尔·巴格利,是他启发我萌生了成立自愿政治行动委员会的想法。出于直觉,我用政治支持作为条件,换取参议员或国会议员来交易所参观市场运作。这个想法太棒了,给了我和芝商所的其他会员与联邦官员交流沟通的机会,帮助他们了解自由市场之美。我估计有超过三分之一的众议员和四分之一的参议员都曾在股灾前到访过芝商所,几乎每个人都认识我,这一定让纽交所的董事长十分惊讶。

股灾发生后,时任美国证券交易委员会主席的阿瑟·莱维特公开承认:"芝商所在政治领域比美国任何一家交易所都要活跃得多、老练得多。"说得太对了!这件事告诉我们,每家大型企业都应该做好最坏的打算,并且在华盛顿特区保持强大的影响力。

历史重演

把坏消息归咎于信使的做法古已有之,甚至在某些情况下,带来坏消息的信使会被斩首。很遗憾，期货市场往往扮演着信使的角色，这是期货的显著特征。由于价格随时可获取、市场结构透明、广泛可获得性及信息获取高效便捷，期货市场总是最早对信息做出反应——不论信息本身是好是坏。

人们普遍认为，造成1792年市场崩盘的因素（猜猜看是什么）是银行股的杠杆投机交易。几年后，纽约州立法规定证券卖空无效。宾夕法尼亚州紧随其后，在1841年通过了一项法案，将裸卖空纳入刑事犯罪。1879年，加利福尼亚州大力推动一项宪法修正案，认定所有的期货合约无效。尽管这些法令最终都被宣布无效或违宪，但时至今日仍有人将国家问题归咎于投机者。

要知道，"黑色星期一"首个崩盘的是香港，股市出现自由落体式的下跌。随后，下跌立刻蔓延至日本和新加坡市场，并跨过太平洋进一步释放威力，截至午盘，伦敦股市下跌已达10%。接下来，在大西洋的这一端，纽约的街头纷纷传言道琼斯指数开盘即将跳水200点（闻所未闻）。最后，芝加哥也开始下跌，芝商所的标普指数向全世界反映出市场的情况。想想看香港和芝加哥的时差，股灾开始至少12个小时后，远在另一个大洲的芝商所才出现下跌，到底是凭着怎样扭曲的逻辑，才会认为芝商所是股灾的源头？

几乎任何事情都可能成为艾伦·格林斯潘所说的"压垮市场的最后一根稻草"。当我还在芝商所老交易大厅当跑腿员时，期货还远未成为不可或缺的风险管理工具。我的老伙计、一位保守的芝商所会员埃尔默·法尔克曾在市场里赚了又赔了很多钱，他拽着我的手警告说："等你成为董事长，千万不要让我们的期货市场太过成功。"

"为什么？"我天真地问。"因为，"他挥舞着手里的雪茄回答，"期货市场从不说谎，如果真相过于残酷，他们就会把市场关掉。"

套利问题

如前文所述，纽交所对我们有敌意还有另一个原因，那就是被称为指数套利的一种市场技巧。以所罗门兄弟和摩根士丹利为代表的精明玩家琢磨出了一套很好赚钱的交易策略,这种策略要在纽交所的一篮子股票和标普指数期货之间进行套利交易,并且要精心挑选一篮子股票,从而完整复制指数架构。

当然,跨市场套利活动自市场出现之初便已存在。这种策略通过两笔投资来建立方向相反但又相互匹配的头寸,两笔投资的收益结构相同但交易价格不同,以此获取利润。股票指数套利利用了现货市场(复制标普指数的一篮子股票)和标普指数期货之间的价差,如果指数期货价格低于公允价值,便买入指数期货、卖出一篮子股票,反之亦然。这种策略除了可以带来巨额收益、创造流动性,还能起到市场警察的作用,促使期现货价格收敛。

但是,纽交所的大多数经纪商和交易员及不了解期货的人都认为这一创新毫无必要,董事长费伦就是其中一位。没做过套利的人认为指数套利没有任何用处,却引发了不必要的、让人头痛的难题,造成股市异常波动,扰乱市场秩序,干扰正统的交易策略,因此很多人抱怨期货是"尾巴摇狗"[1]。

然而,他们的官方反对理由是指数套利造成了市场波动,这是从卖方的角度而言。坦白讲,纽交所反对套利的目的在于保持现状,从而捍卫其在全球证券市场中举足轻重的地位。在我看来,1987年股灾恰恰是纽交所走下神坛的开始。

毫无根据的埋怨

纽交所声称是芝加哥指数套利引发的抛售造成了股价下跌,这种说法极其可笑。"黑色星期一"当天几乎无法执行套利交易。套利需要同时买入(卖出)标普指数期货合约和卖出(买入)纽交所的一篮子股票(复制指数),但由于当天纽约市场几乎没有真正的报价,很难进行指数套利交易。后续研究也证明,指数套利在当日纽交所成交量中的占比不足10%。

---

[1] "尾巴摇狗"比喻本末倒置。——译者注

换句话说，芝加哥指数期货市场的本质决定了它的竞争优势。我们为机构投资者提供了便捷的宽基市场风险管理工具，即只需要买卖一个期货合约，而不用按照权重同时买卖 500 只个股。交易成本大幅降低，针对特定的市场策略，交易股指期货的成本仅为交易标的股票的 10%。尽管纽交所开发了指令路由系统，可以将订单快速传送至专门做市商执行，但相较期货而言仍然更加费钱费力。

最重要的是，期货市场的设计具有一个关键特征，确保了标的现货指数价格和期货指数价格到期收敛。因此，期货到期结算价和现货指数收盘价（由标普根据现货指数成分股在纽交所的收盘价格计算得出）总会保持一致。

费伦还担心，标普指数期货的推出将进一步活跃约翰·博格尔的先锋领航基金推出的指数投资。事实的确如此，指数期货催生了指数基金、套利基金和对冲基金等新的投资形式，为市场引入了大批新参与者。随后，这些新的市场参与者创造出一系列新的交易策略，推动了全球指数和指数基金的井喷式增长。[1] 综上来看，纽交所似乎确实受到了威胁，但事实并非如此，统计数据表明期货交易大大增强了股票现货市场的流动性，纽交所成交量随之大幅增长。

令纽交所感到不满的还有所谓的程序化交易——通过高速电子通信手段自动执行由金融工程师提前使用计算机编程的交易策略。计算机技术打开了通往全新的复杂交易应用的大门，技术的进步势不可当。

说到这里，尽管我坚定地支持技术进步，但前提是必须充分了解技术的运作原理及潜在问题的解决方案。换言之，为了捍卫市场的最佳利益，我赞成用规则来限制特定的自由。

南柯一梦

投资组合保险就是个很好的例子。1987 年之前，股市已经顺风顺水地

---

[1] 约翰·博格尔 2017 年获得了"梅拉梅德–阿迪蒂创新奖"。

连涨5年。但吸取了20世纪30年代和70年代两次股灾的教训，投资组合经理和养老金受托人开始担心能否保住牛市中获得的巨额利润，特别是如何在不退出市场的情况下保住现有利润。到了1987年10月，股市的上涨开始严重脱离基本面支撑。几乎人人都把对冲挂在嘴边，期货市场被认为是保护利润的好渠道。你应该也记得，当时的我非常担忧，万一恐慌情绪开始发酵，我希望可以通过某种方式限制价格的每日波动幅度。

这时，加州大学的海恩·利兰（Hayne Leland）教授和马克·鲁宾斯坦（Mark Rubinstein）教授登场了。作为股票市场专家，他们和金融推销员约翰·奥布赖恩（John O'Brien）在1980年共同创立了利兰-奥布赖恩-鲁宾斯坦合伙公司，推出投资组合保险服务，在不卖出股票的情况下为投资组合提供保护，实际上是通过看跌期权建立了止损。

1982年标普指数期货推出后，利兰-奥布赖恩-鲁宾斯坦合伙公司迅速认识到可以使用标普指数期货以更低成本、更便捷的方式来执行保护策略。尽管这并不是真正的保险，也未经过测验，但投资组合保险通过使用金融衍生产品——期权和股指期货，来限制市场下跌时投资者的股票亏损。这个概念一经推出便大受欢迎，利兰-奥布赖恩-鲁宾斯坦合伙公司的资产规模迅速增加，到1987年年中已经超过5 000亿美元（按照当前货币价值粗略估算）。利兰和鲁宾斯坦、奥布赖恩两位合作伙伴一同被《财富》杂志评为1987年度商业人物。

在1987年10月19日的股灾中，参与投资组合保险的股票投资者有义务根据与利兰-奥布赖恩-鲁宾斯坦合伙公司签订的协议，按照数学公式计算的结果在下跌时卖出。在这生死攸关的一天，当触发特定的亏损阈值，这些计算机程序便开始自动抛售标普指数期货，进一步拉低价格，造成了多米诺骨牌效应。市场持续下跌不断触发止损指令，按照合同义务进行的每笔卖出又进一步加剧了下跌。

最后，这一切演变成一场彻头彻尾的灾难。投资组合保险被证实是南柯一梦。如果想实现预期的效果，在利兰-奥布赖恩-鲁宾斯坦合伙公司抛售数十亿美元的股票时，得要求期货和期权市场、纽交所的专门做市商及全世界的人都不做任何反应。

伟大的市场经济学家费希尔·布莱克在接受贝莱德基金前高管奈杰尔·福斯特采访时打了个比方，1987年的股灾就像是一家制药公司向退休老人发放了未经测试或实验的新药。[1]

后来，马克·鲁宾斯坦从严重的抑郁症中恢复过来后承认："1987年投资组合保险的规模太大，根本无法在短时间内卖出足够的期货，因此无法正常发挥投资组合保险策略的功能。"这可不是开玩笑！

里根总统在股灾后要求设立了总统特别工作组，负责调查股灾的前因后果。工作组提交的《布雷迪报告》正确地指出，投资组合保险不是股灾的诱因。恰恰相反，报告认为自动化交易程序产生了大量的卖单，最终导致10月19日道琼斯指数跳水508点，交易量超过6亿股。纽交所指定订单周转系统等市场机制的失灵也要负一定责任。[2]

另外，由投资组合保险引发的抛售仅占当日股票期现货卖出总量的15%左右。包括耶鲁大学管理学院知名教授伯顿·G. 马尔基尔（Burton G. Malkiel）在内的许多专家认为"新型交易工具和技术并非问题所在"。但无论造成股灾的真正原因是什么，期货市场肯定是无辜的。

这一点我已经说过很多次，但还是要再次重复。克服1987年股灾的不利影响是我们历史上最关键的胜利，没有这场胜利，芝商所集团早就不复存在。对我来说，这场胜利丝毫不亚于"敦刻尔克奇迹"。

---

1 *The Derivatives Game*, Nigel Foster, 2018.
2 受里根总统委任，美国前财政部长尼古拉斯·布雷迪（Nicholas Brady）负责领导市场机制特别工作组，调查分析1987年股灾的原因。

第38章

1987年：股灾（下）

如果说1987年的"黑色星期一"是我一生中最可怕的一天，那么接下来的星期二就是至关重要的一天。当天开盘市场走高，所有人都松了一口气，但行情很快就出现报复性逆转并急剧恶化。芝加哥期权交易所和美国证券交易所都正式关闭了市场。由于各种原因，还在运营的交易所就只剩纽交所和芝商所了。鉴于纽交所很多股票都不交易了，芝商所很快成为唯一还在正常运转的交易所。

上午11点刚过几分钟，我就听到了最不希望听到的消息：纽交所已经向证券交易委员会提出考虑关闭市场。其实他们本来也几乎没有交易，但是至少给人还在交易的印象。当时我想，如果纽交所都关闭了，那么恐慌情绪将会不可控制地蔓延。如此，就只剩下芝商所单打独斗了，而全世界都会跑到我们这里来进行抛售。

这让我陷入了前所未有的两难境地。我知道让市场继续保持运行很重要，但是如果我们因此成为接收恐慌抛售的替罪羊，那同样是最糟糕的结果。理论上，我们的市场可以下跌至零，就像传言中新加坡的日经225指数期货曾经经历的那样。但我不能让这样的事情发生，我已经向白宫经济顾问委员会主席贝里尔·斯普林克尔保证不会关闭交易，他也据此向里根总统做了汇报。然而，他却无法就纽交所是否关闭向我做出任何承诺。

我第三次给纽交所董事长约翰·费伦打了电话。我身旁还站着杰克·桑德纳和芝商所总裁威廉·布罗德斯基，通话的地点就在布罗德斯基的办公室，当时还开了免提，以确保每个人都能听到我们的对话。如果纽交所真要关闭，那么我希望他们做这个决定的时候旁边能有其他见证人。我对费伦说，我听说纽交所正在考虑关闭市场，不知道是否属实？"的确也差不多了，"他回答，"已经没有买家了。我们现在正要开决策会，应该很快就会做出决定。"

纽交所很可能马上就要关闭，这已经没有什么悬念。我们即将孤军奋战，而恐慌情绪一定会接踵而来。即便只是传出纽交所可能关闭的小道消息，也足以引发一场灾难。结束通话前，我说如果到时让芝商所独自保持开市无异于自杀。他答应一旦做出决定就给我回电。

我估算了一下：从纽交所通知我们他们要关闭的那一刻起，即便他们不先行采取任何行动，也会有5~10分钟的时滞。我们再宣布同样的决定也需要几分钟的时间，而且需要至少20分钟通知交易大厅里的交易员，以及更多的时间通知其他人。在纽交所先于我们宣布的这一二十分钟里，标普500指数期货的价格会如何变化，我简直不敢想象。我们无法承担这样的风险。

我决定向执行委员会申请暂停交易，直至纽交所做出决定。我提议："最多暂停1个小时。"这是让人痛苦的决定，也是我曾以为自己直到世界末日也不会做出的决定，但是纽交所停止交易也无异于世界末日了。11点半，我通知所有交易员我们即将暂停交易，听到这个消息，交易大厅里鸦雀无声。15分钟后，约翰·费伦打电话过来，告诉我纽交所不会关闭交易，受白宫施压，他们将启动公司回购。我决定立刻恢复交易，这也得到了执行委员会的支持。我们从暂停交易到恢复交易，经历了35分钟。危机终于过去了。

美国证券交易委员会主席阿瑟·莱维特事后回顾时说，当时纽交所确实决定要停止交易了，但是紧接着被告知要启动公司回购。之所以没有立刻关闭，是因为他们还需要获得证券交易委员会的同意。莱维特对我们决定立刻恢复交易表示了赞赏。当天收盘，道琼斯指数上涨了102个点。

应对媒体

危机期间，我极少对媒体做出回应。我给出的理由是我素来直言不讳，不刻意回避艰难的问题，但当时为时尚早，我无法实事求是且相对确信地说我们将平安渡过这场危机。虽然我知道罪责并不在芝商所，但我不确定外界会怎样解释这次事件。一旦我有所保留，媒体就会拿一个模棱两可的陈述大肆渲染，营造世界末日的景象。因此，在所有事实真相都水落石出之前，还是少说为妙。

市场仍处于混乱的状态，而我们成为众矢之的。我内心也不确定我们能否应对这些攻击，不过，我们此前也曾击退过一些无端的指责。于是，我不断地告诉自己，唯一要做的就是不要恐慌，基于理性判断来做决策。面对标普产品交易池里的交易员，我表现得很乐观。他们亟需我的指引，并且相信我一定能找到出路。于是，我每半个小时就去一趟交易池，尽量给他们带去一些鼓舞人心的新消息。

我还记得自己接到了好友、美国新闻评论员特丽·萨维奇（Terry Savage）的电话，我非常仔细地斟酌着话语，给出了较为积极的回应。萨维奇一直是一名杰出而睿智的市场评论员，她对于市场的了解完全是在芝商所交易池里历练出来的。作为最早获得会员资格的女性之一，她在全是男性交易员的交易池里厮杀，很快学会了如何在市场中生存。

如果你的职业目标是成为记者或者作家，那么亲身实践是最好的（有时也是唯一的）方法，这能帮助你去理解信息会如何被诠释甚至如何被曲解，效果远优于在学校或者从书本中学习。那些早期的经验帮助萨维奇成为一名备受尊敬的市场评论员，我们的友谊伴随着期货市场发展的起起伏伏不断加深，她也曾多次担任我举办和赞助的公开活动的主持人。最终萨维奇成为芝商所董事的不二人选。

约翰·费伦对媒体的回应则积极得多。我猜可能是因为他更愿意独自隐瞒残酷的真相，或者是因为纽交所至高无上的地位，他情愿将来再对他说过的话做出转圜或掩饰。面对股市下挫，他虽然和我一样非常担心，但还是在采访中乐观地表示"一切都很好"。

拉扎德公司的董事总经理费利克斯·罗哈廷（Felix Rohatyn）曾在1990年接受《纽约时报》采访时说那是费伦的"光辉时刻"。同样，蒂姆·梅茨（Tim Metz）也在他1988年出版的关于"黑色星期一"的书里写道："那样的时刻需要政治才干和优雅的风度，在这方面，费伦无人能敌。"不过，由于芝商所是当时唯一还在正常运转的交易所，艾伦·格林斯潘曾评论说，通过让市场在股灾中持续运行，梅拉梅德可能"拯救了世界"。

罪责之争

从股灾正式结束的那一刻起，那些坚信1987年10月的股灾一定有一个特定真凶的行业权威就迫不及待要开棺验尸。后来曾任美国财政部长的前参议员尼古拉斯·布雷迪奉总统之命领导新成立的总统特别工作组，负责调查股灾的起因。我对总统的任命非常满意，布雷迪是一位受人尊敬的华尔街专家，并有为人公道的名声。重要的是，布雷迪任命了罗伯特·格劳伯（Robert Glauber）为特别工作组的执行董事。格劳伯是哈佛大学教授，对市场有很深的理解。没过几天，布雷迪就到我们的董事会会议室开展实情调查。我又一次意识到自己在1987年10月19日那天保持空仓是多么幸运的一件事。假如我当时持有空头头寸，必定会给诽谤我们暗箱操作的人留下可疑的"证据"。

我们竭尽所能地帮助布雷迪获取他需要的所有信息。事实上，我们第二天就提供了他需要的所有信息，包括股灾期间买方和卖方的姓名、交易量和交易时间，对此他感到十分惊讶。他得知芝商所使用了尖端的科技，而如果要纽交所提供同样的数据，需要少则数月，多则数年的时间。整个审查过程持续了两年多。

别忘了，当时对很多人来说芝商所还未经检验，纽交所却值得充分信任，甚至每句话都被奉为圭臬。就像我后来在证词中所说的，他们忽略了这是一场全球性股灾的事实。很多国家没有金融衍生产品市场，也没有使用那些在美国饱受诟病的策略，但也发生了同样严重甚至更严重的崩盘。

此外，在整个亚洲及英国市场，股价大跌都发生在纽约开盘之前，美国市场只是跟风。日本市场下跌了15%；英国市场先是下跌了11%，第二天又跌了12%；在悉尼，大盘缩水了25%；交易日经指数的新加坡市场曾短暂出现了没有买盘的情况。情况最糟糕的还是香港，恒生指数历史性地下跌了11%，导致了一系列市场运行障碍，促使交易所做出严重的错误决策，在接下来的一周关闭整个市场。等10月26日周一再度开盘时，恒指暴跌了33%。他们最终投入40亿美元的救市资金才稳住了香港金融市场，而在接下来的好几年，市场表现都持续低迷。

但对于那些想置期货于死地的人，这些信息变成了"混淆视听"。他们谋划了一个双重举措。如果将期货纳入证券交易委员会而不是商品期货交易委员会的监管范围，那么其发展势必会受阻。证券交易委员会是一个非常重要的机构，但其对期货是什么、怎么运作、为何对国民经济具有价值一无所知。

一些反期货人士（主要是纽交所的那些人）想要把我们的保证金提高到足以扼杀市场的程度。期货保证金和证券保证金之间存在巨大的差异，在此不做详细讨论。简单而言，期货保证金是覆盖潜在直接损失的证券资产抵押，证券保证金则是购买股票的预支款。要强调的是，期货保证金是基于SPAN（标准投资组合风险分析）公式仔细计算出来的。

SPAN由芝商所分析师戴维·伊曼纽尔（David Emanuel）发明，是一种期货持仓风险计算方法。如今，SPAN已经成为全球评估保证金风险的标准微积分算法。纽交所铆足了劲要把期货保证金提高到50%，这对标普指数期货来说是致命的。正如诺贝尔经济学奖获得者默顿·米勒所言："保证金问题是扼杀期货市场的代名词。"

传闻中的发现

于是乎，一场纽约对阵芝加哥的战事如期而至——我们存在的意义从根本上受到了质疑。美国国会作为裁判以迅雷不及掩耳之势召开了听证会。程序化交易很快被视为市场的罪人，期货则被视为罪人的栖息之所。马萨诸塞州国会议员（现任美国参议员）爱德华·J. 马基（Edward J. Markey）

当时负责主持证券交易委员会的众议院小组委员会。股灾结束才几天，人们都还没搞清楚程序化交易到底是什么，他就下了定论，在接受《华盛顿邮报》采访时说："程序化交易作为这场暴跌的始作俑者被当场抓获。"

他不是唯一这样说的人。不管是报纸、杂志、电视，还是国会山的听证会上，都有人呼吁重回股指期货、程序化交易和计算机出现前的太平时光。在那场股灾结束还不到 10 天的听证会上，我直截了当地说：

> 就因为我们的市场不一样，我们就要被迫变得一样吗？就因为我们率先采用了信息时代的标准，我们就要被迫退回到技术欠发达的过去吗？就因为我们胆敢进入某些人视为纽约独占的领域，我们就要被迫放弃我们市场取得的成绩吗？

最终，关于股灾先后共有 77 篇不同的研究报告。其中官方发布的《布雷迪报告》（发表于 1988 年 1 月）指出期货并非股灾的起因，但是保留了统一监管和保证金标准的建议。其主要结论是"传统上被视为相互独立的股票、股指期货及股票期权市场，其实是一个市场"，这是格劳伯教授得出的重要结论。虽然对芝加哥人来说这并非新的提法，但对大众来说是一个重要的新概念，并在一定程度上树立了芝商所的地位。

我也从股灾中获得了宝贵经验。虽然经历的那 35 分钟让我折损了一些寿命，但也让我认识到短暂地停止交易是一种可行的措施。那是情急之下获得的重要的经验教训，也是我后来支持实施熔断机制的原因。1987 年股灾后布雷迪来访时，我向他介绍了我们在农产品上实施的价格限制措施和 1987 年 10 月 20 日实行的临时交易暂停措施，并指出这样的中断不但没有影响市场的表现，还起到了助益的作用。

我持续推广这个理念，但有几个前提：一是中断交易的时间必须是短暂的，二是要在所有股票市场协同实施，三是要早于紧急状况发生之前提前实施。我指出这样的措施能够让市场消化发生的情况，让更多参与者有时间进入市场，并让新订单得以累积。布雷迪似乎接受了这个想法，我觉得罗伯特·格劳伯在让参议员意识到这个想法的价值方面起了很大作用。

再说回来,费伦建议我们在国会听证时争取达成共识,避免另一次股灾。如前所述,我成为交易暂停措施的支持者,而费伦是自由市场的拥护者,起初他对干预自由市场的做法嗤之以鼻,但当布雷迪提出他也支持这个想法后,这就成为布雷迪的想法,于是费伦立刻就接受了。最终我们俩一起向议会做了汇报,并且两家交易所共同采取了这个措施,它现在已经成为股票、期货或证券市场交易规则的一部分。

与此同时,米尔顿·弗里德曼私底下告诉我,他反对这种人为的市场中断,我回应说我可以理解,但是市场实践有时胜过理论。换句话说,为了顾全大局,我愿意在一定程度上对原则做出让步。这让我想起在我女儿的婚礼上,我父亲对不戴犹太圆帽这一原则的坚持。在这件事情上,为了让我们的市场免于繁重的联邦立法,我愿意在自由市场主义方面稍稍做出妥协。我们两人各执一端,但他同意不插手此事。

这是我和弗里德曼非常罕见的一次分歧。除此之外,只有另外一次关于自觉资本主义的辩论。米尔顿从纯自由市场理论出发,指出私营公司的董事会只对利益相关方负有一项责任。他说其他做法都是短视行为,并会导致人们形成"利润是邪恶和不道德的"这一看法。

他没能说服我。虽然我毫无保留地认同自由市场资本主义是人类文明设计出来的最强大的制度,但是我认为私营公司也是其所在国家和社区的公民。大公司应该有社会良知,并适时以金钱或者其他方式推动公众利益。我当时持这样的观点,现在依然对此坚信不疑。

学术结论

绝大多数研究都没有发现期货市场或指数套利有什么罪责,也没能证明统一的监管机构或更高的保证金有必要性。卡内基梅隆大学政治经济与公共政策的约翰·M.奥琳学者艾伦·梅尔策博士在参与中美洲公共政策研究所关于股灾的研究时,也没有发现任何支持对期货重新立法的依据。

对我来说,最重要的一份研究是由诺贝尔经济学奖获得者默顿·米勒、凯寿律师事务所的约翰·D. 霍克（John D. Hawke）、耶鲁大学的伯顿·马尔基尔和斯坦福大学的迈伦·斯科尔斯四位顶尖市场专家共同对1987年10月19日相关事件展开调查并起草的《质询委员会的调查结果》。该报告的结论是期货并非股灾的起因，研究还发现期货实际上缓解了抛压。

其他经过充分市场调查的研究则表明有无数因素共同导致了市场暴跌23%，因此这种情况不会再次发生。事实上也的确没再发生过。一位博士后访问学者詹斯·卡斯滕·杰克沃思（Jens Carsten Jackwerth）和马克·鲁宾斯坦一起，提供了1987年10月19日的事件从概率上来说几乎不可能发生的无可争议的证据。根据他们1995年发表的概率公式，股灾发生的可能性为10的160次方分之一。"在整个宇宙200亿年的生命中，这种规模的下跌哪怕发生一次也几乎不可能。"

但是，如果你认为这些学术研究能够终结纽约和芝加哥之争，那就是妄想了。

木锥穿心

我们原本就没有什么胜算，但我们在华盛顿的影响力让约翰·费伦决定增加筹码，用他的职权去干涉。他组织成立了纽交所市场波动性和投资者信心特别小组——更为人所知的名字是蓝丝带小组。其正式职责是调查、分析和讨论1987年股灾的原因，并起草可供国会颁布法案参考的建议，非正式地说，这是由约翰·费伦担任警长的私刑派对。

该小组的成员包括19名美国金融业和工业的重量级人物。由通用汽车的董事长罗杰·史密斯（Roger Smith）担任主席，其他成员绝大多数都是纽交所的会员。

包括史密斯主席在内，小组成员有7人是美国大公司的首席执行官，同时兼任纽交所董事。他们中的大多数人对期货的了解都来自约翰·费伦。第8位小组成员是纽交所副董事长唐纳德·斯通，也曾是约翰·费伦的专门做市商。还有6名成员是从事投资银行业务的大型证券公司的首席执行官，他们中的大多数人还任职于美国证券业协会——这个机构对期货有着根深蒂固的偏见。小组成员还包括 2 名大型机构投资者和 1 名个人投资者代表。此阵容可谓大咖云集。毫无疑问，其中许多人（甚至大多数人）都对期货持有不可撼动的强硬观点。可以说，这个小组是一个针对芝商所的潜在"武装纠察队"。

　　创建这样一个小组是典型的过度杀戮。崩盘时，芝商所因其复杂的历史和大量的贬损文章，早已是负面攻击的主要对象。此外，股指期货相对于历史悠久且地位稳固的证券市场来说资历尚浅，人们对期货对国民经济的经济价值有着很深的误解，对期现货结合使用时期货对现货市场的积极作用也缺乏了解。更不用说纽约作为美国金融中心的声誉和相比之下芝加哥二等城市的地位，以及公众对纽交所资本形成作用重要性的认可，以上种种，足以实现费伦期待的结果。但他还是不能百分之百确定，于是制订了一个计划，要用木锥刺穿我们的心脏。

　　几乎一切就绪后，费伦打电话给我解释他在做什么，他说："为了一劳永逸地结束关于股灾的公开讨论，并向国会提供一些专家意见。"他问我是否愿意代表期货市场发表观点。真是可笑，我怎么可能对抗得了 19 位纽交所家族的成员？尽管如此，如果我拒绝，费伦就会说他试图联系过我，但我拒绝提供期货市场的观点。

　　我接受的条件是该小组增加一名成员——著名学者、诺贝尔经济学奖获得者默顿·米勒，他也是芝商所董事会成员。我认为 1 个默顿·米勒至少能敌 10 个股票界高管。

尔虞我诈

　　命运有时很会开玩笑。尽管罗杰·史密斯隐藏的使命是执行费伦的计划，但他的公司通用汽车是第一个成功将股指期货应用于养老金管理的美国大型公司。这种矛盾是由于 20 世纪 80 年代初通用汽车任命了两位才华横溢的高管来负责他们的养老金投资：小 W. 戈登·宾斯（W. Gordon Binns Jr）担任副总裁兼首席投资官，威廉·P. 米勒（William P. Miller）担任养老金经理。

威廉·米勒加入通用汽车后，先是在密歇根州兰辛的奥兹莫比尔[1]担任工程师，后来在通用汽车的资助下取得了沃顿商学院工商管理硕士学位，其毕业论文与外汇风险管理相关。通用汽车随后将他提拔至财务部门，负责管理全球外汇敞口。他作为风险管理领域的新星被戈登·宾斯挖掘，并于1983年被招募进投资团队。

在那里，威廉·米勒负责制订资产配置计划，并成为通用汽车庞大的美国养老金投资策略的负责人。米勒看到了将期货应用于资产配置的潜力，并成为第一位将芝商所标普指数期货纳入其养老金投资策略的美国主要基金经理。他的第一笔金融期货交易发生在1985年年中，也就是股灾两年前。事实证明，他的策略非常成功。米勒很快被提拔为负责通用汽车养老金整体资产配置的经理。

随后几年，米勒的业务从养老金投资扩展到加拿大和其他国际基金投资。特别小组的成员大多不知道，通用汽车的威廉·米勒已成为养老金使用期货的主要倡导者。1987年7月23日，也就是股灾前几个月，戈登·宾斯曾在美国众议院听证会上做证，证词由威廉·米勒起草。宾斯说："程序化交易是一种非常有用的交易策略，可以帮助养老金在控制市场风险的同时大幅降低在股票市场投资或撤资的交易成本。"

蓝丝带小组于1989年12月正式成立。基于上述原因，其新上任的主席罗杰·史密斯任命了宾斯和米勒作为他的助手处理小组事务。这一举动不经意间让两位高管陷入了最尴尬的两难境地。简单地说，他们在通用汽车的工作职责要求他们维护和提高通用汽车养老金的资产价值，这也是《雇员退休收入保障法》、美国汽车经销商协会的"道德准则"和"职业行为准则"对他们的要求。

然而，从小组的角度，他们又看到他们的老板（即小组主席）在很大程度上受到纽交所董事长的影响，并朝着他们认为错误的方向前进。如果小组的决定降低或终止了股指期货交易的有效性，将对通用汽车的养老金

---

[1] 奥兹莫比尔（Oldsmobile）是通用汽车的子品牌之一。——译者注

产生不利影响，并且显然违背了他们在《雇员退休收入保障法》下的职责。这让他们陷入了经典的第二十二条军规般的困境。

"核武器"选项

蓝丝带小组共举行了三次会议：第一次是 1990 年 3 月 20 日，第二次是 1990 年 4 月 17 日，第三次定于 1990 年 5 月 17 日举行。在最后一次会议前一周，我接到了一个陌生号码打来的电话，电话那头儿是威廉·米勒。当时，我正在亚利桑那州的家中。他开头就说电话内容必须高度保密，否则他在通用汽车的工作将不保。他告诉我这是他一生中最艰难的一通电话，但他不得不打。他解释说，他只能"代表通用汽车养老金受益人的利益"给我提个醒，因为用他的话来说，"不管我做什么都无法改变结果"。

威廉·米勒接着告诉我，在定于下周举行的小组会议上，通用汽车董事长将争取结束审议。他将提议小组投票通过两项建议：一是让国会立法将股指期货保证金提高到合约价值的 50%；二是让国会立法将期货监管机构，即美国商品期货交易委员会，并入更强大的证券监管机构，即美国证券交易委员会。我的心一沉，威廉·米勒说罗杰·史密斯已胸有成竹，确定最终将以 16 比 6 的投票结果通过这两项动议，随后便结束了通话。

这简直是我的终极噩梦。上述任何一项建议如果被采纳，都将终结美国期货市场。虽然我和默顿·米勒教授从一开始就很担心会出现这样的结果，但现实还是像霹雳一样击中了我。我们都曾希望结果不那么糟糕。由美国企业领袖提出这样的官方建议，背后还有纽交所的全力支持，势必是国会议员不可忽视的一股力量。默顿·米勒和我提出任何反对意见都将无济于事。我很快就会像泰坦尼克号的船长一样目睹巨轮撞上冰山。

绝望中，我选择了可能被视为核武器的选项：给伊利诺伊州第五区的众议员丹·罗斯滕科斯基打电话。

罗斯滕科斯基是众议院筹款委员会主席，说他是国会最有权势的立法者之一也不为过。筹款委员会负责税务政策和拨款，对众议院的几乎每项法案都有着不可估量的影响。罗斯滕科斯基用铁腕统治着该委员会。

罗斯滕科斯基与我有些私交，但他与芝加哥期货交易所的总裁汤姆·多诺万关系更好。多诺万当年在理查德·戴利市长的政府中担任高级官员时，两人曾共事。多诺万和我也是好朋友，曾共同为芝加哥市场的发展而努力。

然而，这次我没有打电话给多诺万。首先，我不希望走漏风声；其次，我相信多诺万会全力支持我给罗斯滕科斯基打电话；再次，芝加哥期货交易所没有股票期货；最后，知道我使用"核武器"的人越少越好。我花了大约10分钟解释所有细节，罗斯滕科斯基一言不发地听着。等我说完，他只说了声"谢谢"，就挂断了电话。我不知道接下来会发生什么，也没有告诉任何人我打了这个电话。

小组的建议

可以说，罗斯滕科斯基是芝加哥期货市场最强大的支持者，对于伊利诺伊州的一切更是无可匹敌的守护者。他知道我们的期货市场已成为推动芝加哥乃至整个国家经济发展的引擎，我们正在将芝加哥的国际形象从旧的阿尔·卡彭黑帮重塑为美国的创新者。罗斯滕科斯基也清楚地知道当时的芝加哥市民俱乐部（于1975年）做过统计，芝加哥期货交易所、芝商所和芝加哥期权交易所加起来至少给芝加哥创造了15万个工作岗位。作为伊利诺伊州国会代表团的负责人，罗斯滕科斯基曾向代表团解释说："永远不要忘记小麦之于堪萨斯州、石油之于得克萨斯州，以及期货之于伊利诺伊州意味着什么。"

接下来的周六，我在芝加哥的家里接到一个电话。一听就是罗杰·史密斯那尖厉的声音。"利奥，"他尖叫道，"你违反了我们的协议。""什么协议？"我无辜地问道。"你很清楚什么协议。"我请他提醒我。"我们说好不会在小组成员之外讨论我们的问题。"我回答说我不知道他在说什么。"你去找丹·罗斯滕科斯基了，"他用最大的声音尖叫道，"你知道通用汽车在众议院筹款委员会那里有14项法案要通过吗？"我重申了一遍我不知道他在说什么——那是一次十分简短的通话。

蓝丝带小组于1990年5月17日如期举行了最后一次会议，会上既没有通过任何动议，也没有采取任何行动。相反，纽交所于1990年6月12日发布了一篇新闻稿，标题是"小组建议实施旨在降低市场波动性、增强投资者信心的举措"。小组主席罗杰·史密斯和纽交所董事长约翰·费伦联合宣布了调查结果，包括放松对股票回购和做市商对冲的限制、帮助公众了解程序化交易、推出保护个人投资者的新产品、增强对跨市场交易滥用的监督，以及整合市场监管等一系列建议。

调查的主要结论是"市场总体是健全的，但仍有改进的空间"。在一份少数派报告中，默顿·米勒和利奥·梅拉梅德对小组的工作表示赞赏，但对"整合市场监管"的建议提出了异议。这份报告在第二天登上了报纸，然后很快被历史所遗忘。

为了充分披露，我必须指出丹·罗斯滕科斯基的政治生涯于1994年告终，原因是他承认将公款用于购买蓝纳克斯瓷器和扶手椅等礼物。我也曾骄傲地接受过其中一个礼物——一把国会众议院椅子的复制品。罗斯滕科斯基后来被比尔·克林顿总统赦免。戈登·宾斯和威廉·米勒（在宾斯去世后）也都先后担任了芝商所董事。

和解

在"黑色星期一"20周年之际，约翰·费伦告诉美联社，他很高兴20年前监管机构和国会"没有矫枉过正地使用立法补救措施"。他说1987年的股灾是"不可避免的修正。市场处于过高的位置，迟早要做出反应"。事后每个人都看得更加透彻了。当然，那时金融期货作为最有效的风险管理工具已经证明其价值，也被全球各金融中心所效仿。

最后，纽约和芝加哥达成了和解。甚至连纽交所董事长约翰·费伦和芝商所主管利奥·梅拉梅德都成为朋友。这要归功于时任纽交所执行副总裁、后来成为其主管兼首席执行官的理查德·格拉索（Richard Grasso）。格拉索心中有一杆秤，他本能地认识到我们在芝加哥所做的事情是纽交所的延伸。他毫不犹豫地接受了股指期货的概念及其对资本形成的价值。我们超越了狭隘的地区和党派偏见，至今保持着密切的关系。

我在年度会员报告中，做了以下总结：

当完成所有的研究和分析、摆出所有的证据、所有的错误信息都被证伪之后，期货市场不仅没有受到指责，反而获得了大部分学术研究和多数专家学者的最高赞誉，洗清了罪责。这一可怕的经历增强而不是削弱了全球期货市场。

事实上，如今人们已经听不到金融期货即将消亡的说辞。恰恰相反，全球每个角落都已建立或计划建立新的金融期货市场。芝加哥大学的米勒教授曾说金融期货是"过去20年最重要的金融创新"，这似乎已经成为公认的真理。[1] 期货市场已经形成。

等等，还有更多新闻！康德拉季耶夫周期理论的学者们自18世纪以来已经发现四个"康波周期"：第一个从18世纪60年代到19世纪30年代，由蒸汽机的发明驱动；第二个从19世纪30年代到80年代，以铁路的进步为主要特征；第三个从19世纪80年代到20世纪30年代，由电力的进步和汽车的迭代推动；第四个从1930年开始延续至今，诞生了计算机、互联网和智能手机。

---

[1] Merton H. Miller, 'Financial Innovation: The Last Twenty Years and the Next,' Graduate School of Business, The University of Chicago, Selected Paper Number 63, May 1986.

第 39 章

1989 年：良莠不分的"篱笆修剪机"

20 世纪 80 年代翻篇之前，还有一件事需要我发挥领导力。那是 1989 年，联邦当局（包括美国商品期货交易委员会、联邦调查局和联邦检察官）对我们的经纪商和交易员发起了突然袭击，指控他们违规交易，此次行动代号为"篱笆修剪机"（Hedge Clipper）。这件事登上了全美媒体的头版头条，那段时间可谓是行业史上最令人不安和闻风丧胆的时期。

针对两家芝加哥交易所的指控来得毫无征兆，令人错愕。指控声称我们的经纪商和交易员违反了规则，损害了公众利益。具体细节不详，但在各项指控中，媒体最关注的是所谓的"经纪商集团"（勾结起来执行订单的一伙人）以违反商品期货交易委员会和交易所规则的方式开展业务。我知道不时会有一些经纪商被指责采取胁迫手段垄断业务，但这与指控的内容相去甚远。芝商所的执法部门也没有任何与违反公众信任有关的违规行为的记录。我知道一些经纪商会绕过交易所规则，同时享有经纪商和交易员的权利从而获得不当优势。这的确是一个严重的问题，但这是芝商所内部的问题，并未违反联邦或商品期货交易委员会的客户相关规则。

问题是，尽管我不相信这些指控，但由于我们的发展速度是如此之快，规则和执法跟不上的情况确实有可能出现。指控的具体细节不详，也没有人知道联邦调查局掌握了什么证据。我一直觉得是美联储看了 20 世纪 80 年代中期伊万·博斯基（Ivan Boesky）等人陷入纽约"内幕交易丑闻"的调查结果，于是推断芝加哥期货市场会有更大的丑闻在等着他们。毕竟，芝加哥是阿尔·卡彭的故乡。

我不得不制定一个防御策略，以应对指控如果成立可能迎来的繁重立法。我向身在纽约的朋友亨利·杰里克和汤姆·拉索寻求支持。他们建议我成立一个由忠诚会员和知名人士组成的蓝丝带小组，负责审议交易所规则并提出建议。

这是非常有效的建议，我将其付诸实践，并努力确保小组的构成无可指摘。小组成员包括交易所董事会公方董事、前参议员汤姆·伊格尔顿（Tom Eagleton），他是1972年位列沃特尔·蒙代尔（Walter Mondale）之后的副总统候选人。该小组可以自由调查相关指控并在必要时提议修改、建立新的规则。会员们对成立这样一个小组非常反感，但我坚持为了证明我们的清白，必须有一个毫无瑕疵的陪审团。以下是《芝加哥论坛报》在1989年4月26日的社论中的报道：

> 芝加哥金融期货市场的设计师利奥·梅拉梅德是自律监管的坚定拥护者，原因显而易见。由梅拉梅德担任首席决策者的芝商所在产品和服务创新方面一直是行业的领导者，并在很大程度上帮助行业长期免于政府的重度干预。但梅拉梅德很清楚，如果交易所采取不负责任的行为，那么自律监管的权利随时可能消失。面对日益激烈的全球竞争和针对行业交易行为的政府调查，他正在奋力抗争维护这一权利。

蓝丝带小组在人员甄选方面遇到了一个意想不到的困难，这还导致了我与杰克·桑德纳的关系在后来数年间持续恶化。任何有利益冲突的人都不得在小组内任职。我们在利益审查中发现杰克私自持有一家经纪商的股权，并且对我隐瞒了这件事。由于当时联邦调查局的关注点恰恰就是经纪商，让杰克加入可能会破坏小组的神圣性，导致我们向联邦调查局自证清白的努力付诸东流。

那是我领导生涯中一个非常艰难的时刻。在此之前，杰克和我还是一个紧密的团队。尽管杰克没有违反任何明确的规则，但他存在利益冲突是显而易见的。我和杰克谈过话，但无济于事。我想这让杰克陷入了两难境地。扯开说一句，当时经纪商都反对 Globex，而杰克在公开场合是支持 Globex 的，我也一直相信杰克·桑德纳绝对不会承认其在 Globex 的发展中起过任何负面作用。我很确定，从理智上讲，杰克知道我对未来电子化发展的看法是正确的，他也可以说他曾无数次公开发表声明积极支持 Globex。然而，经纪商一直站在对立的阵营，事实不言自明。

意外的后果

我很感激《芝加哥论坛报》的社论让我站在了法律和秩序的一边。尽管伊格尔顿在这期间错得离谱（在没有任何证据的情况下就相信了指控），并且还和杰罗尔德·萨尔兹曼发生了激烈的争吵，但联邦调查局和小组都没有发现任何严重的问题。那些毫无根据的联邦指控和猛烈抨击最终被证明是无中生有。当硝烟散去时，"篱笆修剪机"行动的调查结果可以忽略不计，这场袭击最终虎头蛇尾。经过长达两年、对大约 6 000 名芝商所及芝加哥期货交易所的交易员和经纪商的深入调查，被指控违反交易所规则的不超过 46 人，其中被判有罪的不到 10 人。汤姆·伊格尔顿则辞去了芝商所公方董事的职务，声称"芝商所由内部人运营，为内部人开立"。

虽然这次行动被证明是一场闹剧，但它确实让人们关注到了双重交易的问题。经纪商在交易自营账户的同时可以替第三方执行订单，这种情况不仅限于期货市场，也存在于现货市场，包括证券、房地产等领域。但在交易池的狂热中，双重交易变得更加严重，经纪商可以获得不当收入，从而损害交易所、本地交易商的利益和公开喊价的公平竞争。

有四位本地交易员——威廉·谢泼德、埃德·查利普（Ed Charlip）、克利夫·卡布莫托（Cliff Kabumotto）和乔尔·斯滕德（Joel Stender）——曾试图推动禁止双重交易，但他们的请愿并没有成功，因为这个问题普遍存在于众多市场，期货市场并不想当出头鸟。然而，这次事件确实促使我和谢泼德制定并颁布了一项折中的规则，用来防范最严重的双重交易活动。这项规则被称为"顶层规则"，禁止经纪商从交易池最高处纵观订单簿全局，轻易地利用自己的优势地位进行双重交易。这条规则有效执行了一段时间,也让我和谢泼德之间建立了牢固的友谊,但双重交易的问题从未消失。

进入谈判

从某方面来说,"篱笆修剪机"的调查促使我更加努力地推广 Globex。这样的电子交易系统可以消除许多公开喊价制度的弊病和潜在的违规行为。[1] 我的宏伟计划是让 Globex 成为期货市场通用的交易系统。当然,客户需要向我们支付少量使用费,但作为回报,他们可以交易世界各地的产品。关于 Globex 的使用,我们已经与法国国际期货期权交易所达成一致,与纽约商业交易所和纽约商品交易所的谈判进展得很顺利,英国的伦敦国际金融期货交易所也在认真考虑(似乎是在等着看芝加哥期货交易所会怎么做),与巴西期货交易所的讨论也提上了日程。

然而,我很确定要实现目标,最可靠的方法是先让芝加哥期货交易所加入,其他交易所就会随之而来。芝加哥期货交易所总裁汤姆·多诺万也知道这一点,于是提出了一个苛刻的条件:在芝商所与芝加哥期货交易所谈判成功之前,暂停与其他交易所的谈判。这个要求令我十分苦恼,因为我们即将与纽约商业交易所达成协议。这种要求很有可能是为了阻止 Globex 发展壮大的诡计。尽管如此,让全球最大的交易所——芝加哥期货交易所与我们合作将产生巨大的回报,吸引全球各地的期货市场加入进来。

我接受了多诺万的条件。我将永远感谢当时纽约商业交易所的领导者文森特·维奥拉和丹尼·拉帕波特(Danny Rappaport),他们对我暂停并退出进一步谈判表示理解并毫无怨恨之意。维奥拉和我保持了多年的友谊,这足以证明他的才智。我们双方同意在芝加哥期货交易所加入后恢复谈判。

于是我们开始与芝加哥期货交易所的领导者谈判,对象是汤姆·多诺万和董事长威廉·奥康纳。奥康纳相当开明,他和他的兄弟埃德蒙积极拥护技术发展,是创建芝加哥期权交易所的主要推动力量。兄弟俩当年也曾

---

[1] 当然,电子化交易也会产生其特有的违规行为。

大力支持国际货币市场的创立。

谈判委员会的成员还包括杰克·桑德纳和查尔斯·凯里（Charles Carey），后来两位都成为各自交易所的董事长。我与查尔斯·凯里很快成为朋友，几年后当芝商所和芝加哥期货交易所合并时，正是他担任后者的董事长。谈判委员会中还有路透的代表。我说这些是为了证明接下来谈判的严肃性。在 1 年多的时间里，我们每周都要碰头。最终，我们达成了协议，实现了里程碑式的成就。

实现愿景

1990 年 10 月 27 日，芝商所和芝加哥期货交易所的会员以压倒性多数通过了三方协议，同意成立并共同经营 Globex 公司，这家公司后来被我们称为合资公司（JV）。合资公司的各项标准由路透认真推敲制定。虽然现在看来这套标准简单又原始，但在 1989 年，交易执行的响应时间达到 4 秒被认为几乎是不可能的，而如今响应时间普遍不到 2 毫秒。[1] 就这样，"篱笆修剪机"事件与合资公司的成立为 20 世纪 80 年代拉上了帷幕。

Globex 公司的董事会由整个期货行业的杰出代表构成。在首次董事会上，我当选为董事长。[2] 历史上，我是国际货币市场唯一的董事长，也是 Globex 公司唯一的董事长。尽管这么说可能有些傲慢自大，但正如我所描述的，20 世纪 80 年代，我发起、领导和执行了上述所有行动，并永远改变了芝商所和期货行业。

这种反思加深了我卸任的想法。我征询了妻子贝蒂和三个孩子伊黛尔、乔丹和戴维的意见，他们与我一同经历了所有的关键时刻和重要成就，并

---

[1] 1 毫秒是千分之一秒，比眨眼还快。
[2] 董事会成员包括芝商所的杰克·桑德纳、约翰·格尔德曼、斯科特·戈登（Scott Gordon）、汤姆·迪特默（Tom Dittmer）、巴里·林德和威廉·谢泼德，芝加哥期货交易所的威廉·奥康纳、戴尔·洛伦岑（Dale Lorenzen）、戴维·布伦南（David Brennan）、查尔斯·凯里、约翰·康希尼、约翰·吉尔摩（John Gilmore）、伯顿·格特曼和尼尔·科特基（Neal Kottke）。此外，还有芝商所总裁兼首席执行官威廉·布罗德斯基、芝加哥期货交易所总裁兼首席执行官汤姆·多诺万和美国期货行业协会主席戴维·沃格尔（David Vogel）因其职位而自然成为董事会成员。

始终站在我这一边。

一个时代的终结

1990年年底我决定彻底退出芝商所，这或许是我职业生涯中第三次退休。但是我真的会彻底退出吗？我坚信下一个10年将是我们的市场向电子化交易转变的10年。作为Globex公司的董事长，我希望牵头推动这项工作，因为我知道这将是一项艰巨的任务，需要很多年的努力。事后证明确实如此。

要说我在芝商所的退休庆祝活动是一件惊天动地的事件有点儿言过其实，但恐怕没有人会否认，过去的20年里几乎每个市场大事件都由我牵头或亲身参与，甚至有人会说我的名字在金融市场已经家喻户晓。

芝商所为我精心策划了一场盛大的退休庆典，公共关系部门负责人卡萝尔·塞克斯顿和我的行政助理阿利桑·波斯纳负责具体操办。这场活动可以说是1991年1月25日群贤毕至的社交晚宴之后最大的年度盛事，许多政府官员（从参议员到国际金融政要）都拨冗参加。我至今还保存着装订成册的贺信，还有厚厚一本来访者画册。

第 40 章

真正的"黑天鹅"

经过 5 年的热切期盼，经历数百次演讲、数千篇文章、数百万字的声明和承诺，以及最后期限的多次推迟，Globex 终于在 1992 年 6 月 25 日开始正式运营。我做了开市后全市场的第一笔交易，以高于当时价位 100 点左右的价格买入了 10 手 9 月日元期货合约，后来花了 1 年时间才平掉了亏损的仓位。默顿·米勒教授来交易大厅参加了庆祝仪式，他站在我身旁说："1972 年你开启现代金融时代时，我没能一同见证，但至少这次我没有错过 Globex 上线。"

正如所料，后来整个事件有点儿反高潮。我从 1986 年就开始酝酿这个想法，6 年间历经各种磨难才最终实现。对我来说，Globex 来之不易，但它一开始的发展并不尽如人意。路透花 5 年时间构建了整个系统——也许我们要求的标准在那个时代看来过于苛刻。许多人愤世嫉俗地认为，这些苛刻的标准是芝加哥期货交易所破坏这个项目的策略。也许是这样。等 Globex 最终上线时，已经有许多境外交易所紧跟我们的步伐，建立了电子局域网。虽然这样的系统朝着正确的方向迈出了一步，但我对 Globex 的愿景远远超过了电子局域网。

多亏了我们的技术奇才吉姆·克劳斯（Jim Krause）和唐·瑟皮克，Globex 才得以上线运行，但大多数人还是很快就回归了传统交易方式。对业内的大部分人来说，这个事件几乎无关紧要。他们从容地接受了它，然后就置之不理了。毕竟，大多数经纪商从一开始就对这个概念不抱太大兴趣，也不相信它能站稳脚跟。对此，我坦然接受并早有预料。但就电子交易系统会成功这一点，我的信念从未动摇——它代表着必然的趋势。即使 Globex 没有成功，Globex 的子辈或孙辈也终会成功。我唯一担心的是它会被芝商所之外的人所拥有，但对它会取得成功，我深信不疑。

要知道，是公开喊价交易让经纪商赚到了真金白银，相比之下 Globex 还要收取一笔可观的执行费。据估计，1990 年芝加哥三大交易所的经纪商年收入总和达到 10 亿美元左右。为保护他们的收入，经纪商认为对 Globex 的使用就算不可避免，也应该尽可能推迟。而且，在很大程度上，他们可以控制这个结果。我在接下来的章节也会详细解释，除非客户指定交易偏好，否则经纪商可以决定订单是在 Globex 还是在交易池里执行。

别忘了那是 1992 年。没错，计算机当时已经走入千家万户，但谁能想象到，30 年后技术革命以令人难以置信的方式改变了世界，将几乎一切事物都转移到了智能屏幕上？当然，有些技术领域的人可能预想到了这些变革，但也是凤毛麟角，他们不是期货从业者，更不是芝商所或国际货币市场的经纪商。

你得是比尔·盖茨、斯蒂夫·沃兹尼亚克、杰夫·贝佐斯、马云或马克·扎克伯格这样的人，才能让想象力自由驰骋，把现有的知识和业务向未来无限延伸。别忘了，此时距离电子迷你合约向全世界证明他们大错特错还有 5 年时间。1992 年，绝大多数人都认为流动性是公开喊价交易创造的。我则属于没有任何真凭实据的极少数派。

辉煌的 Globex

在这里先和我快进一下。截至我写这本回忆录时，Globex 已经实现令人难以置信的成交数据：日均成交 1 700 万～2 100 万手合约，名义价值达到 3 000 亿美元，这些数字还在持续增长。此外，Globex 可以接入 150 个国家或地区，联通 11 个全球枢纽，还与 12 个交易所建立了合作伙伴关系。我们在全球主要的金融中心都部署了销售团队，同时借助战略合作伙伴的全球网络服务更广泛的客户。

Globex 对现有规范构成了颠覆性的挑战——不应该把它的初始成交量跟一个新合约、新产品或新资产类别的上市进行比较。可以说，Globex 的意义不亚于 1903 年第一架由飞行员控制的动力飞机在基蒂霍克起飞。在我看来，还需要 10 年时间才能对此做出明确的评估。

当然，我追求的不是成交量，也没有数量方面的目标或期望。我们的目标是证明这个首开先河的国际化交易系统是可行的。我们后来也确实证明了这一点。除了一些小故障，Globex 运行得十分顺畅，获得了科技界泰斗的高度评价。

遭遇"黑天鹅"事件

对成交量这事，我有足够的耐心，但我遭遇了一个无法预测、无法想象的事件，用纳西姆·尼古拉斯·塔勒布（Nassim Nicholas Taleb）的话说是一个"黑天鹅"事件。或许我应该预料到。

突然间，一切都乱套了。杰克·桑德纳在又一次当选芝商所董事长后带领董事会颁布了一条可鄙的新规则：Globex 公司董事会的任何行动都必须得到芝商所的批准。换句话说，芝商所董事会将对 Globex 董事会的行动拥有否决权，可以否决 Globex 公司已采取或有意采取的行动。这一战略举措对 Globex 造成了致命打击。

汤姆·多诺万告诉我，鉴于芝商所已经通过这样的规则，芝加哥期货交易所也只能效仿。两家交易所制定行使否决权这样的规则大大削弱了 Globex 取得成功的可能性。Globex 公司董事会的每位新任董事都反对这项决议，却又无力驳回。很明显，我被打败了。这是一次维护现状的行动，目的是保住经纪商的财源。这是我本应该或者本能够预想到的吗？

这件事让我大受打击。我写了许多抗议信，还给《芝加哥论坛报》写了一篇社论，但威廉·布罗德斯基劝我不要寄，发表了也是于事无补。最后，为了抗议，我辞去了 Globex 公司董事长的职务。我们推动期货行业向电子化、全球化方向发展的努力付诸东流，经纪商取得了巨大的胜利。

我没有一刻怀疑自动化最终会获胜,但我在意的是芝商所或将是最终的输家。

那一刻,Globex 是无辜的受害者。我需要时间重整旗鼓,再次发起反攻。只有时间会证明一切。

第 41 章

"第一夫人"的活牛期货交易

2014年,希拉里·克林顿出席了芝商所年度全球领导力大会,并因为一件大家心知肚明又刻意回避的事而担任主旨演讲嘉宾。那场闭门会议共邀请了约250名参会嘉宾,均为美国金融服务业与期货业有头有脸的人物。实际上,在场的每个人都知道希拉里在1978—1979年靠活牛期货交易大赚了一笔,全美的媒体都报道了她将1 000美元变成了10万美元的战绩。

了不起的是希拉里直截了当地回应了这件事,她微笑着说:"在座的诸位都知道,几年前,我在活牛期货上赚了些钱。"全场会心一笑并纷纷鼓掌。她接着讲述了事情的来龙去脉,以及媒体如何大肆宣传,"直到利奥·梅拉梅德说这不过是一场茶壶里的风暴"。最后,她说:"利奥·梅拉梅德是我的救星。"

事实真相是什么

故事要从1994年4月初克林顿总统连任前夕说起。时任克林顿总统助理的拉姆·伊曼纽尔(Rahm Emanuel)打来电话。伊曼纽尔和我很熟,他担任芝加哥市长理查德·戴利的助手期间,经常向芝加哥商界寻求帮助,其中当然包括芝商所。我们早在他担任奥巴马的幕僚长及他当选芝加哥市长之前就过往甚密。此外,我们还有共同的亲友,我曾在他们那儿看过拉姆年轻时在芝加哥首屈一指的芭蕾舞团(乔佛里芭蕾舞团)跳舞的视频,跳得相当好。

我们的通话很简短,伊曼纽尔问:"你能接听一下约翰·波德斯塔的电话吗?"我立刻就猜到是关于希拉里·克林顿冒险投资活牛期货的事。这件事不断地被提及。1978年10月11日,希拉里·克林顿通过一家大型期货经纪商,也是芝商所的清算会员瑞富期货公司开立了期货账户。她持续交易了10个月,直至1979年7月20日关闭账户,累计利润总额达到约10万美元。[1]

1994年3月18日,也就是15年后,《纽约时报》在国会举行"白水事件"的听证会并审查克林顿夫妇的财务记录期间报道了这件事。新闻界高度怀疑希拉里的期货知识是否足以让她在活牛期货这个高风险品种上赚取高额利润。他们猜测第一夫人把1 000美元变成这么一大笔钱,要么是有一系列违规行为,要么就是有人把盈利输送给她作为贿赂。针对这些声音,白宫公布了希拉里的交易记录。然而,这并没有让批评者满意,白宫被迫出来解释在涉事期间,希拉里听取了期货专家詹姆斯·布莱尔(James Blair)的建议,并通过阅读《华尔街日报》学习了交易活牛期货的相关知识。

结果事情越描越黑。首先,阅读《华尔街日报》并不会让你学到如何进行期货交易;其次,1978年比尔·克林顿在竞选阿肯色州州长期间担任州检察长,而詹姆斯·布莱尔是阿肯色州一家大型家禽企业泰森食品的外部顾问。媒体迅速建立了关联,并大肆讨论金钱贿赂、利益冲突和以权谋私的可能性,活牛期货的问题愈加引人注目,也愈加令人担忧。

一个简单的请求

在约翰·波德斯塔担任参议院农业委员会首席法律顾问时,我曾出席参议院农业委员会1987年股灾听证会,因此我们早就相识。他友好而坦诚地向我寻求帮助:"利奥,我们对期货一无所知,请你帮忙确定她做了什么或者没做什么。我们会把她的交易记录给你,即使你拿到以后决定不帮助我们也没关系。"然后他不顾我的反对说白宫通信主管戴维·格根

---

[1] 对这一事件的完整叙述可以参见《逃向期货》一书的"白宫来电"章节。

（David Gergen）会打电话给我做进一步的解释。

格根先生打来电话时，我作为一个移民，很难不像格根所说——接受这样一个合理的"爱国请求"。但是，我提出了三个条件：第一，无论结论好坏，我的报告都将是严格基于我从希拉里的交易中了解到的信息；第二，我不会评估希拉里是如何进行交易决策的；第三，我不会深入研究希拉里、詹姆斯·布莱尔或泰森食品之间的关系。我有权保持沉默。说实话，和大多数人一样，我发现自己站在了那些相信她作恶的人的一边。

第二天早上我如约收到了希拉里的交易记录，其实我不需要这些，我也不相信记录是完整的。于是，我从芝商所获得了她在瑞富期货的完整交易记录，随后请我的特别助理阿利桑·波斯纳和黛尔谢尔投资公司的首席运营官瓦莱丽·特纳对那些交易记录进行分析。经过几天的核查，我们得出的结论是：希拉里只是个小投资者，交易有赚有亏，也正常支付了佣金。

总的来说，她做得还不错，我也很清楚，在进行交易之前，她一定得到了专家的建议，大概率是来自瑞富期货经纪商、绰号"红"的罗伯特·博恩（Robert Bone），他同时也是詹姆斯·布莱尔的交易代理。在我提交报告前，我让博恩飞到芝加哥与我见面。他同意前来并最终确认是布莱尔让他代理希拉里的交易。交谈结束后，博恩笑了，他说："我不知道大家有什么好大惊小怪的，她不过赚了10万美元——同一时段我赚了500万美元呢。"

明智的判断

此外，我发现在希拉里的大约32笔重要交易中，除了2笔，其余都是隔夜头寸。日内交易和隔夜交易之间有很大的区别。如果有人打算将赚钱的交易让利给客户，一般会在日间交易时段进行。因为人们无法确定第二天市场的开盘价，所以控制不了隔夜交易的结果。希拉里的头寸都是隔夜的，而且处于风险暴露中，那她的账户存在违规交易行为吗？答案是存在。希拉里缴纳的保证金很少，而且出现过几次保证金不足的情况，但其中另有玄机。

正如我后来向约翰·波德斯塔解释的那样，经我核查，希拉里·克林顿本人不存在任何违规行为。保证金违规从来不是客户的问题，交易所不能指望经纪公司的客户知道或了解规则，这是经纪公司的责任。

我很清楚我已为希拉里的问题找到了完美的政治解决方案，我也清楚她交易活牛期货赚取利润的背后可能还有更多的故事，但是我可以确定地说她本人并没有违反规定。我不是政治分析师，也不是心理学家或者联邦侦探。反观她的清算公司瑞富期货才是劣迹斑斑。

我1979年担任芝商所董事长的时候，就发现瑞富期货存在大量保证金违规和其他违规交易行为。希拉里·克林顿账户里的资金太少，在瑞富期货存在违规交易行为的数千个账户中几乎可以忽略不计。何况，瑞富期货的违规交易行为也不能归罪于他们的客户。早在1979年，我就授权对该公司处以25万美元的罚款，这是当时芝商所历史上最大的一笔罚款，此外还对瑞富期货的董事长汤姆·迪特默处以了6个月暂停交易的判罚（虽然他是我的朋友），以及对博恩处以3年暂停交易的判罚。

爱国义务

随后约翰·波德斯塔问我是否愿意向白宫工作人员做口头报告。第二天我和波斯纳女士一同前往，就像走进了电视剧《白宫风云》的拍摄现场。白宫有大约20名工作人员出席，其中包括白宫顾问戴维·格根、总统高级顾问乔治·斯蒂芬诺普洛斯（George Stephanopoulos）、希拉里的新闻秘书丽莎·卡普托（Lisa Caputo）和她的律师戴维·肯德尔（David Kendall）。

我的报告持续了大约30分钟。然后，在简短的问答环节之后，戴维·格根问我是否愿意以书面形式提交我的报告。我一开始是拒绝的，说我不想做政治分析师。"何况，"我说，"我也不是真正的民主党人。"这是事实，我更倾向于做无党派人士。实际上，我在1976年组建芝商所日后非常成功的政治行动委员会时，就规定我们给予民主党和共和党的支持或多或少应该是平衡的。以中偏右著称的戴维·格根对我的反对表示不屑，他反驳道："你以为我是民主党人吗？没有人在问你是民主党人还是共和党人。你做这件事是为了白宫。"

我被触动了。作为一个在美国找到安全感、自认为忠诚爱国的难民，我别无选择，只能接受。我和阿利桑很快发现自己坐在附近一个房间里，面前摆着一个键盘。在我们写报告之前，我打电话给汤姆·迪特默，告诉他我们要做什么。他唯一的问题是会不会再度把他暴露出来，我向他保证，芝商所实施暂停交易和罚款措施好就好在美国商品期货交易委员会不会再对他采取进一步行动。

1994 年 4 月 22 日，希拉里·克林顿在白宫国宴厅举行了新闻发布会。所有电视台都进行了现场直播。她重复了我独立审查得出的结论，即她依赖了一位期货交易专家詹姆斯·布莱尔的交易建议。拥有交易顾问并不属于违规，实际上大多数期货交易都在交易顾问的指导下进行。因为种种原因，这件事最终被搁置了。《时代》杂志称这次新闻发布会"公开而坦诚"。《华尔街日报》发表社论称，他们不会与利奥·梅拉梅德进行专业领域的争论。北佛罗里达大学《经济与金融学杂志》则得出结论说，在如此短的时间内获得这种投资回报的概率是 31 万亿分之一。

第 42 章

反叛

在接下来的几年里，我怡然自得地待在自己的世界里。我成立了一家名为樱花黛尔谢尔的期货公司——日本三井太阳神户银行（又称樱花银行）收购了我的小型交易公司黛尔谢尔 60% 的股份。期货行业竞争激烈，但由于我们承接了这家银行所有的期货业务，所以新公司经营得不错。

然而交易大厅的情况就没那么顺利了。当我为了抗议，从新成立的 Globex 公司辞职时，就料想到会对电子交易的发展产生一些负面影响。但后来实际上衍生出来的问题远远超出了 Globex。许多人认为，我离开交易大厅和董事会，对芝商所的命运产生了消极影响。

会员内部出现了重大裂痕，有些人甚至告诉我，一场内战正在酝酿。并不是说我出席董事会就有什么神奇的效果，但几乎可以说我比任何人都更了解我们的会员，我在董事会中给了会员慰藉，也给了他们一个可以反馈问题的渠道，但现在这个渠道消失了。

优惠待遇

导致交易大厅内局势紧张的原因有很多，但主要是本地交易商和经纪商（订单执行者）之间的长期斗争。具体来说，就是经纪商团体和独立交易商（本地交易商）之间的严重分裂。会员中出现这样的分裂并不新鲜——自 1989 年联邦调查局的"篱笆修剪机"行动起就初现端倪。相关问题虽然没有严重到联邦犯罪的程度，但仍然具有巨大的破坏性，并且经常对交易所的既定规则构成挑战。在我离开后，事情发展到了不可持续的地步。

其背后的根本问题还是双重交易，每个会员都可以同时担任经纪商并开展自营交易。正如我之前所说，双重交易不仅限于期货市场，在其他很多行业也根深蒂固。但期货交易往往发生在繁忙的交易池中，于是产生了许多通过不道德行为赚钱的机会。前面提到，在联邦调查局行动之后，我和威廉·谢泼德制定了限制经纪商双重交易特权的"顶层规则"。这条规则有效执行了几年，但经纪商集团的壮大严重削弱了其有效性，他们找到了绕开规则的办法。

不管是理论还是实践中，经纪商都控制着订单流，因为他们有权决定与谁交易——是另一家经纪商还是本地交易商。如果他们故意拒绝本地交易商而选择自己经纪商集团的成员，本地交易商就失去了盈利机会。其选择作为对手方的经纪商就转变成了本地交易商，如果交易产生了盈利，那么就会进入他的个人账户。这种行为愈演愈烈。两个经纪商之间还可以相互协商，对交易获利进行分成，此外，这家经纪商转本地交易商还可以在另一笔订单里回馈他的对手方。如果有本地交易商对此发表意见或提交正式投诉（确实有人这样做了），经纪商就会散布消息让其他人都抵制与他交易。换句话说，对报复的恐惧形成了对吹哨人的严重威慑。

审计与合规部门进行的一项调查发现，的确有很大一部分业务是在特定经纪商集团的成员之间进行的，本地交易商遭到了排挤。当我们对这种做法进行制约时，经纪商集团会突破自己的圈子，与其他经纪商集团建立相应的安排。这种卑鄙的做法不仅使本地交易商遭受了严重的收入损失，而且不利于公平竞争，对流动性也会产生负面影响。相比之下，在电子交易环境中，每笔交易都是按照先到先得的原则进行的。选择与谁交易的特权——你的经纪商集团的同行、你的姐夫或女朋友——将不复存在。[1]

交易所对市场存在这个问题心知肚明，多年来也一直试图通过各种规则来限制经纪商集团的优势。但是，除了禁止双重交易，似乎没有任何

1　*Crain's Chicago Business*，Michael Fritz，August 5，1996。

规则可以有效地消除经纪商的先天优势。随着时间的推移，这个问题发展到了让人无法忍受的程度，甚至影响了芝商所的业务增长。1992—1996年，芝商所的交易量急剧下降。此外，交易量下降还影响到了芝商所、国际货币市场及指数和期权板块的会员价值。在此期间，会员价值下降了50%。[1] 可以说，这件事进一步加剧了两派之间的纷争。

同样，当Globex启用时，它也成为这种劣行的受害者。原因就在于经纪商可以选择在交易池中与另一个人交易，而不是找一台计算机在Globex上执行订单。于是，Globex刚起步时交易量微乎其微的原因就不言自明了。事实上，这成了Globex发展的核心障碍。Globex成为受制于经纪商集团的人质。

关系恶化

本地交易商知道Globex可以消除他们在市场上的劣势。但自从我离开后，Globex就再没有任何进展。我们的技术团队由唐·瑟皮克和吉姆·克劳斯率领，他们绝对是业内的顶尖人才，但由于董事会规定，未经其批准，Globex不得推动开展任何工作，他们也束手无策。毕竟，也是同一个董事会推翻了Globex公司。

在本地交易商看来，芝商所在全球交易所的竞争中正在失去优势。他们最初对技术的抵触情绪有所消减，并计划建立电子交易平台，但也是基于局域网，而不是全球系统。不管怎么说，芝商所的先发优势受到了严重损害。

因为担心被经纪商报复，众人还对另一个问题噤若寒蝉。众所周知，杰克·桑德纳的清算公司RB&H承接着许多经纪商集团的清算业务，这也是该公司的主要收入来源。芝商所最大的经纪商集团国际期货和期权合伙人公司也是如此，据信桑德纳拥有该集团10%的股份。[2] 杰克与经纪商集

---

[1] 芝商所历史上这段痛苦时期的相关情况，请参阅 *For Crying Out Loud*, John Wiley & Sons, 2009。
[2] 此事属实，杰克·桑德纳被要求撤资。*Crain's Chicago Business,* Reuters, Dow Jones Commodities Service, December 9, 1996.

团的利益关系使我与他陷入了争执。这是我们多年的友谊分崩离析的原因，也使得我们在 Globex 一事上分道扬镳。

选择立场

1996 年秋，一群被孤立的本地交易商成立了股权所有者协会，目的是将以上这些问题公之于众，并为 Globex 的未来争取更大的发言权。[1] 经纪商集团立即采取了应对措施，成立了全国期货和期权经纪商联盟。战争一触即发。于是，Globex 之战卷土重来，杰克和我进一步疏远。迈克尔·弗里茨（Michael Fritz）1996 年 8 月 5 日在《克雷恩芝加哥商业杂志》上发表的文章总结得很好：

> 芝商所的独立交易员长期以来对场内经纪商集团在期货市场强大的影响力和控制权怨声载道。交易所高层淡化了冲突，坚称交易所在确保独立交易员和经纪商集团的公平竞争方面做得很好。但是交易所的行为无异于"让狐狸去守卫鸡舍"。

就在此时，股权所有者协会的一名代表来拜访我。他们知道我对进行中的战争心知肚明，并问我是否愿意"回去领导芝商所"。我毫不意外，并如实回答：众所周知，芝商所董事会是由经纪商控制的。除非有足够的票数来建立一个平衡的董事会，否则我回去也是徒劳的。

我建议他们为将于 1997 年 1 月举行的董事会选举准备一份由股权所有者协会成员组成的候选人名单。我建议名单由道德声望最高的成员组成，我会很乐意帮他们游说。我提议他们应该组织一场大型竞选活动来争取选票。

股权所有者协会接受了挑战，并让我保证，如果他们成功夺取了一些

---

[1] 股权所有者协会的原始成员包括：威廉·谢泼德、唐·卡雷尔（Don Karel）、乔尔·斯滕德、理查德·福特（Richard Ford）、史蒂夫·古德曼、乔·格雷塞尔（Joe Gressel）、谢尔顿·兰格（Sheldon Langer）和柯克·马尔科姆（Kirk Malcolm）。

原本是经纪商集团的席位，我就要回归。我同意了。[1]

股权所有者协会选出了他们最强的候选人并组织了密集的竞选活动。我全力支持他们，专注于支持名单上相对弱势的候选人。尤其是威廉·谢泼德，他是最公开支持 Globex 的人，也是桑德纳的反对者。

我全力以赴，支持谢泼德的努力也很有成效——他以几票的优势勉强挤进了董事会。股权所有者协会以压倒性优势获得了大多数会员的支持。50% 的顽固经纪商董事被逐出董事会——一个前所未有的局面。

重新掌舵

在新董事会的第一次会议上，我经全体投票通过被任命为额外的董事会成员，担任终身荣誉主席，还担任高级政策顾问。投票前大家强调必须使用"终身"一词。第 2 天早上，《芝加哥论坛报》的商业版头条宣布："梅拉梅德在芝商所重新掌权。"[2] 3 天后，他们又称之为"利奥的第二次降临"。[3]

杰克·桑德纳作为董事长还有 1 年的任期，他也不傻，主动联系了我。这就意味着我要做出决定。我可以不理睬他，坐等他孤立无援地结束任期。这会让我产生获胜的满足感，但同时也会导致战争持续，并且与我的目标背道而驰。我也可以换一种态度，让他做出一些承诺，然后带领芝商所前往应许之地。

我知道作为领导重要的是争取团结，而不是斗争，所以我选择了前者。在此过程中，我很清楚杰克很可能是推翻 Globex 的主谋，我永远无法原谅他的行为，但我的回归不是为了报复，而是为了让芝商所重回正轨，我要把 100% 的努力付诸重振 Globex。我和杰克在德雷克酒店开了 4 个小时的晚餐会议，最终把问题说开并达成和解。桑德纳又一次正式接受了我的领导及我对 Globex 的愿景。虽然我们的友谊再也没有恢复如初，但我们仍然携手共进，并在大多数问题上都能保持一致，桑德纳也再次成为

---

1 详情请参阅 *For Crying Out Loud*。
2 George Gunset, *Chicago Tribune*, January 23, 1997.
3 George Gunset, *Chicago Tribune*, January 26, 1997.

Globex 的支持者。

我于 1997 年重返领导层后做的第一件事就是通过了一项名为"技术解放政策"的董事会决议。换句话说，我希望我们的董事会、员工和会员知道往事已矣，从今天起，Globex 将是我们工作的重中之重。这正是我们的技术人员所需要的。我做的第二件事是通过协商让弗雷德·阿迪蒂重返芝商所。令我无比高兴的是，他在那年晚些时候正式回归了。

我做的第三件事是创建 Globex 监督委员会，由我信任的内部小组来指导 Globex 的技术开发工作。该委员会成员包括 Globex 最坚定的三位支持者——吉姆·奥利夫、威廉·谢泼德和巴里·林德，还有埃里克·基尔卡林，他是电子交易的早期倡导者，帮助开发了电子盘后交易（Globex 的前身），并为芝商所证明其并非 1987 年股灾的罪魁祸首提供了重要帮助。

委员会成员还包括我们的技术专家吉姆·克劳斯和唐·瑟皮克。我常说，如果没有这些一流技术人员的才能和专业知识，Globex 不可能以当时的速度向前发展。他们对我回归后发布技术解放政策感到欢欣鼓舞，有了这项政策，他们和我们的会员可以不受干扰地推动 Globex 技术的发展和创新。他们运用自己的专业技能推动了我所倡导的革命，是 Globex 系统真正的创建者。

我刚刚解释完自己的想法，他们就让想法落地了。这个过程简直就像爱情一样甜蜜。他们发挥才干，帮助我们建设了世界上最先进的电子交易系统。没有他们的努力，可能永远无法推出 Globex。也因为他们，Globex 成为独一无二的产品，以其无可比拟的性能和前所未有的功能，为世界所追随和模仿。

芝商所的成交量主要来自欧洲美元合约，而交易这一产品的经纪商大多数都坚决反对 Globex。不幸的是，交易在哪里执行仍然由经纪商决定。欧洲美元交易像以前一样，以公开喊价的方式进行。换句话说，控制权仍然掌握在经纪商手中，他们也仍然在抵制 Globex。

如今，全球市场都实行了电子化交易，已经无法想象不久之前曾经有那么一段时间，只有少数人看到了电子化的愿景。保持现状是一种令人难以置信的强大力量。不过，我并不是世界上唯一一个为技术进步而战的人。20世纪80年代，迈克尔·R.布隆伯格也在金融信息的计算机软件领域预见到了相同的变革，他在2000年获得了"梅拉梅德-阿迪蒂创新奖"。

天生的赢家

请和我一起快进一下，我所预测的未来逐渐得到了印证。1996年，伦敦国际金融期货交易所已经成为欧洲最大的期货交易所，其次是法国国际期货期权交易所，两家交易所都实行公开喊价交易。

两年后，也就是1998年，德国期货交易所和瑞士期权与金融期货交易所合并，形成了欧洲最大的期货交易所——欧洲期货交易所。由于德国期货交易所自推出之日起就实行电子化交易，所以欧洲期货交易所也沿用了这套系统。伦敦国际金融期货交易所最成功的合约是10年期德国政府债券期货合约。1997年，欧洲期货交易所也在其电子交易系统上推出了一模一样的合约。

我花了一些时间与伦敦国际金融期货交易所的董事长布赖恩·威廉姆森爵士（Sir Brian Williamson）交谈，提醒他欧洲期货交易所最终将抢走伦敦国际金融期货交易所的10年期德国政府债券期货合约，因为公开喊价迟早会输给电子化交易。虽然我认为威廉姆森是一个非常聪明的人，但他和大部分人一样，将关注点放在了伦敦流动性极强这一事实上。"不管怎样，"他说，"伦敦的流动性都将是决定性因素。"

事实并非如此。正如后来我们所看到的，电子屏也可以创造流动性，而且交易成本低得多。1997年年中，欧洲期货交易所的10年期德国政府债券期货合约成交量占比还不到25%，到10月已经超过50%，又过了几个月，战斗就结束了。

好在威廉姆森也很快认清了事实。据说他花了1亿美元将伦敦国际金融期货交易所转变为全电子交易所，并改名为泛欧-伦敦国际金融期货交易所。2000年11月24日，英国的公开喊价交易宣告终结。这挽救了伦敦国际金融期货交易所，但没能挽救它的10年期德国政府债券期货合约，后者成了欧洲期货交易所的旗舰产品。伦敦国际金融期货交易所再也没有夺回其 10 年期德国政府债券期货合约。

出乎意料

1999 年，在千禧年前夕，我向芝商所会员，尤其是顽固的经纪商集团发表了以下宣言：

> 目前，压倒性的证据表明 21 世纪将由信息标准主导。今天，有数以百万计的晶体管被蚀刻在硅晶片上。世界上所有的信息都可以通过数字形式存储在这些微芯片上，并通过互联网传输到全球的每个角落。许多人都认为，信息技术之于 21 世纪就像电力之于 20 世纪，这并不是什么逻辑上的飞跃。数字时代即将并正在改变我们的生活、工作、娱乐及市场运作方式。未来的市场将是自动化的，未来的交易员将通过屏幕进行交易。任何无视现实的人将面临淘汰。当今的网络魔术师们运用电力和物理的魔力变幻出一种法术，它可以把计算机命令、人类的声音或包括市场信息、报价、分析和订单在内的几乎任何程序，以大约每秒走四分之三地月距离的速度，从一个地方传送到另一个地方。进步的步伐永不停歇、不可阻挡。
>
> 只要脱离我们现有的基础设施、信息网络和通信连接，我们就能在生活、工作地点和交易方式上获得更多选择。我们所熟悉的电话很快就会成为历史。每个人都将通过可携带并可轻松装入口袋的小型电子设备相互连接，这些设备不仅可以用于通信，还可以用作计算机、传真，用于提取现金或者开展交易。新技术将把计算机、通信设备和互联网融合成一个小小的无线奇迹。无线电子邮件将成为 21 世纪占主导地位的个人通信工具和交易机制。我们的身体甚至可能被植入微小的芯片，用作信用卡、护照、驾照，甚至用于传递买卖订单。[1] 有了通信卫星，消费者和交易员可以在网络上进行交易，届时，日渐

---

[1] *The Tenth Planet.* Leo Melamed, 1987.

模糊的国家和经济边界或将完全消失。我们已经看到可流通于欧洲大部分地区的单一货币（欧元）的诞生，现在人们正在认真讨论在美洲推出类似的美元区，也许在21世纪，全世界将使用同一种世界货币——数字货币。

可以肯定的是，网络时代的权力将从生产者转移至用户。技术将推动民主和个人赋权。互联网将改变既有规则，消费者将成为王者。如果对一个产品不感兴趣，只需单击至下一个网页。那些目前正在合并、试图通过规模取胜的公司可能会发现他们完全错了，未来通过互联网进入全球市场的成本更低且更加便捷，因此那些能够灵活提供创新服务的中小实体可能更具竞争力。

虽然这一切令人兴奋且充满希望，但我必须以谨慎的态度进行总结："对于未来唯一可以确定的是会有意外，也就是不确定性。"

事后看来，我对未来的预测大多是正确的。但我没有提及最重大的威胁：全球变暖，一个将会影响到地球各个方面的问题。

第43章

电子迷你合约

许多人都说过，期货涉入美国股票领域是我们历史上一个戏剧性的时刻，但最令人难忘的是迈伦·斯科尔斯在 1982 年 4 月 21 日说的：标普指数期货合约就像我们追求的新娘，我们最终如愿携手站在了伊利诺伊州芝加哥西杰克逊大道的彩棚[1]下。

标普指数期货合约一经推出就取得了巨大的成功。相比之下，全球交易量最大的期货合约（欧洲美元期货合约）用了将近 4 年才获得信誉度和交易量，标普指数期货合约大概在 4 天内就做到了，它为我们带来了前所未有的交易量和做梦都想不到的客户量。在国际货币市场诞生整整 10 年后，芝商所终于成就了一番大事业。

重蹈覆辙

从一开始，我就对合约规模持保留态度。是不是太大了？这让我想起了我在推出外汇期货时碰到的问题。当时受商界影响，我沿用了现货市场中普遍运用的大型合约。银行交易员也敦促我推出乘数为 400~500 美元的大合约，这是外汇现货市场的交易规模。而现在我们股票市场的顾问同样想要非常大的标普指数期货合约。但我对外汇期货市场出现流动性问题，后来不得不大幅调小合约规模记忆犹新。

我并不是唯一一个质疑标普指数期货合约规模是否过大的人。其他人

---

[1] 彩棚（chuppah）是犹太教婚礼上使用的婚棚。

也发现了。乘数为 500 美元时,每份合约的名义价值为 50 万美元,这样的合约规模将那些无法交易这么大合约的普通投资者排除在外。当然,与外汇期货合约不同,标普指数期货合约立刻就取得了成功,于是"没坏就别修"的想法占了上风。由于没有竞争,标普指数期货合约不费吹灰之力地立于不败之地,持续了 15 年之久。

但突然间,我们不得不重新审视这个问题。道琼斯公司的新管理层非常羡慕标准普尔公司取得的成功,他们的新董事会一致投票决定进入期货市场。谁将赢得道指期货合约,是芝商所还是芝加哥期货交易所,成为街头巷尾最热门的话题。但有一件事是肯定的,如果芝加哥期货交易所赢了,我们的大额标普指数期货合约可能会变得异常扎眼。为了保护自己,很多人提议把我们的合约规模减半。我支持减半,但我内心仍然觉得对普通的股权类交易者来说,它的规模还是太大了。

不管怎么说,经过 15 年的辩论,我们终于把标普指数期货合约的乘数减少到 250 美元,即把合约减半到今天的规模。换句话说,就是把合约一拆二了。操作起来也很容易,把所有头寸翻一倍即可。我们也豁免了因此增加的佣金,这一举措受到股权类交易者的欢迎。

芝商所对阵芝加哥期货交易所

我们向道琼斯公司提供的方案中解释了他们应该与芝商所合作的原因:我们有着实际优势。道指期货合约在芝商所会比在芝加哥期货交易所发展得快得多,因为我们可以在新合约和现有标普指数期货合约之间提供价差交易。这个论点确凿,当交易者可以在类似的合约或资产类别之间进行价差交易时,新市场确实会发展得更快。

芝加哥期货交易所反驳说,他们是世界上最大的期货交易所,道琼斯指数永远不会像在芝商所那样扮演标普指数之后的次要角色。他们断言,道指期货合约将成为芝加哥期货交易所的头号合约,获得营销团队的全力支持及交易员的充分关注。

这个论点对道琼斯指数的人来说很有说服力,但它是有缺陷的。芝加哥期货交易所的交易员大多忙于其非常成功的谷物交易，没有人能确定他们是否会将关注点转移到新产品上。相比之下，众所周知，国际货币市场拥有一支庞大的交易员队伍，他们愿意采取实际行动支持新产品。我们是靠自己的努力赢得"创新交易所"这一荣誉的。此外，芝商所还有从国际货币市场中独立出来的指数和期权板块，专门针对只做期权和指数产品的新交易员。

尽管如此，帕特·阿伯（Pat Arbor，芝加哥期货交易所董事长）还是非常有说服力，据说为了达成协议还向道琼斯公司加价10万美元——这在当时是一笔可观的金额。我们拒绝效仿，于是输给了芝加哥期货交易所。

媒体大肆宣传芝加哥期货交易所的这场胜利。毕竟，道琼斯指数是全球衡量股票走势的风向标——普通人都是通过道琼斯指数跟踪市场。芝商所的许多交易员也认同这一点，并对这次失败感到大受打击。媒体的论断使我们的会员士气低落并导致芝商所席位贬值。对会员而言，席位价值是衡量交易所前途的主要指标。

为灾难做好准备

我们在一场关键战役中打了败仗，这也是芝商所历史上首次尝到战败的滋味。道琼斯指数确实是股市家喻户晓的名字。当然，我认为机构类的股权资产管理人还是会用标准普尔指数衡量股市价值，这一点不会改变。

但问题很严重，芝加哥期货交易所与道琼斯指数即将推出的产品规模比我们的标普指数期货合约要小得多，即使我们再把标普指数期货合约缩小一半也依然如此。[1] 换句话说，道指期货合约很可能对普通公众更具吸引力。就股票投资而言，散户投资者创造流动性的能力要比机构投资者强得多，这一点恐怕没人能否认。芝加哥期货交易所也没有浪费时间，立刻就

---

[1] 最初，标普指数期货合约乘数是500美元，因此合约价值约为50万美元。只有少数投资者有能力交易这个产品。换句话说，它的主要目标客户是商业用户。即使在合约规模减半后，合约价值还是高达25万美元。而道琼斯指数只有30只成分股，基于该指数的期货合约价值约为5万美元，能够吸引更大规模的投资者群体。

这一点开始大肆宣传。

他们的合约还没上市，就开始对我们产生影响。我不得不承认失去道琼斯指数使芝商所遭受了重大损失。然而，不要低估我母亲遗传给我的比亚韦斯托克精神，即"永远要未雨绸缪"。

从这场竞争开始的那一刻起，我就预感到道琼斯公司会对成为芝加哥期货交易所"头号合约"的这个论点买账。这对大公司来说通俗易懂，但根据我的经验，价差因素的影响巨大，而且在很多情况下会起决定性作用。但我不能仅凭这一点去说服他们，也无法证明事实如此，何况此事事关重大。

于是，为了防范最糟糕的情况出现，我早在道琼斯公司决定不选我们之前，就秘密谋划了防御策略。那是一个两步走的计划，它大胆且激进，但潜力巨大。

方案 B

如上所述，防御策略分为两个部分：第一部分相对容易，第二部分则非常困难。我只把计划告诉了三个亲信——弗雷德·阿迪蒂、巴里·林德和杰罗尔德·萨尔兹曼。其中第二部分在第一部分实施前还不能透露。在三人中，萨尔兹曼的支持至关重要，没有他，我们就无法继续。我以为他会有所抵触，结果并没有。实际上，他立刻接受了我的想法。

弗雷德·阿迪蒂认为这是一个极佳的策略，并且一旦执行，"结果将是历史性的"。巴里·林德也很赞成这个提议，他甚至希望我们能立刻同时执行两个举措。我向他解释了为什么不行。芝加哥期货交易所的新闻一出来，我就组建了一个由内部精英构成的顾问小组，并让威廉·谢泼德和埃里克·基尔卡林加入。

第一部分策略是在芝商所推出全新的迷你标普指数期货合约，规模约为标普指数期货合约缩小一半后的五分之一。它将专门面向散户，一手合约的名义价值约为5万美元，为的是与即将推出的道指期货合约同台竞争。据我所知，还没有人有过这样的想法，这将是完美的防御策略。

由于当时还没有这样的指数，我私下会见了标准普尔公司并初步探讨了这个想法。我说服他们这样的期货合约能够完美匹敌芝加哥期货交易所与道琼斯公司的产品。我还说，这个合约能够保护标准普尔公司的名誉和芝商所的未来。迷你合约既能吸引散户交易，又能在大小合约之间创造良好的套利机会。标准普尔公司的高管问了一系列问题，我都一一作答，他们回应说虽然有待董事会审核，但应该不会有太多障碍。他们唯一担心的是能否赶上我提出的时间表，即"与芝加哥期货交易所同步推出，也就是9月"。我很确定顾问小组会喜欢这个想法，尽管没有人能确定效果会怎么样。关于第二部分，我暂且只字未提。最终计划获得一致通过。

实施策略的第二部分需要很强的法律背书。我去找了杰罗尔德·萨尔兹曼，他认为我们有比较大的胜算，但他还需要一点儿时间研究。其实我从 Globex 诞生的那一刻起就萌生了这个想法，我的直觉是电子交易要取得成功，就必须最终证明电子交易也可以产生流动性。这一直是最核心的问题，当时人们都认为流动性只能通过交易池面对面的竞争性对抗实现，10 年前我第一次提出这个问题时也得出了相同的结论，但我很快就发现并非如此，并坚信这是一个谬论。可是如何证明呢？从一开始，我就知道要证明我的观点，必须找到一个鲜活的例子——一种可以在常规交易时段进行电子化交易的产品。

更具体的细节

我意识到芝加哥期货交易所赢得新的道指期货合约可能正是我一直在寻求的机会，但是还存在一个法律难题。10 年前，也就是 1987 年，当电子交易手段经公投获得批准时，其中包含了一个特殊条款：除非得到会员的批准，否则已通过公开喊价方式交易的任何产品都不得在常规交易时段内进行电子化交易。换句话说，我们的外汇、金融和农产品期货在常规交易时段内都将免受电子化交易的竞争。该禁止性条款保证了交易商在目前已交易的产品上免受电子化交易对他们收入的侵蚀，除非他们另行批准。

为了在 Globex 上推出迷你标普指数期货，我需要证明它是一种全新的产品,而非受公投保护的既有产品。不管怎样,我都认为需要重新进行公投。在杰罗尔德和我看来,有人会认为豆粕、豆油与大豆是同一种产品吗?用玉米磨成的玉米粉与玉米呢?在芝加哥期货交易所,它们均被列为不同的产品。

这样的例子不胜枚举,我们坚信新的迷你标普指数期货与我们从1982年就开始交易的标普500指数期货不一样。要推出这个新产品我们必须先向美国商品期货交易委员会提交申请并获得批准。新的迷你合约与大型合约确有关联,但正如地球与太阳一样——它们虽然相关但仍然是太阳系中不同的天体。

大型标普指数期货合约显然是为机构对冲服务,迷你标普指数期货合约则是针对散户交易的。迷你合约有全新的产品规格——标准普尔公司无疑需要设计一款新的产品,我们也必须共同拟定一份新的许可协议。他们甚至需要给我们一个新的许可证。与此同时,大型标普指数期货合约将不受影响,继续以公开喊价的方式进行交易并可供开展价差交易。

当我问杰罗尔德,如有必要,他是否愿意为此上法庭时,他明确回答愿意,并且我们一定会胜诉。

又一次生死攸关的公投

实际上,我的想法远不止简单地推出迷你标普指数期货合约。我相信这是我们推出全电子化合约的好时机。我们称该合约为标普电子迷你期货合约。这将是第一个在公开喊价交易时段及交易后时段均在 Globex 上进行电子化交易的产品。因此,它将成为第一个 24 小时交易的产品。

巴里·林德成了我最主要的合伙人。[1] 他不仅全心全意致力于推动期货市场的演变,而且和我一样对电子化交易的未来有着不可动摇的信念。此外,他公司的客户主要是散户交易者。林德坚信其客户更喜欢电子化交易,这为我支持迷你合约在 Globex 上市奠定了基础。

---

1 巴里·林德于 2013 年 1 月 24 日在南加州死于车祸。

对于电子化交易，这是另一场生死攸关的公投。如果我们输了，就得上法庭，与我们的会员为敌是我最不希望看到的。

我逐一拜访了顾问小组的成员。首先是弗雷德·阿迪蒂，他总是能从历史发展的角度看问题，随后是其他人。弗雷德说我正在跨出历史性的一步，也是必要的一步，用他的话来说，这一步"将永远改变市场"。他称之为"壮举"。顾问小组的成员们一致同意我们的计划。

一切就绪后，我向芝商所董事会提交了申请。会议持续到深夜，我向董事们解释了我的理念并回答了他们的问题。萨尔兹曼和我发挥出了最佳水平，最终提议获得一致通过。然后我又提出了另一个要求：由董事会建立一个电子迷你合约委员会，并由我担任主席。事后，我和埃里克·基尔卡林、杰罗尔德·萨尔兹曼一同飞往纽约，就新的电子迷你合约的长期许可进行谈判。1周内，我们就达成了协议。

胜利

但我们会赢得公投吗？大多数会员会认同电子迷你合约没有违反1987年的公投结果吗？随着消息的传开，一场叛乱开始酝酿。这不就是对公开喊价交易的终极威胁、对交易池发起的第一颗巡航导弹吗？我意识到情况可能确实如此。毕竟，这也是我当初就盘后交易进行公投时加入会员批准条款的原因。但此时，我的一切努力都是为了电子迷你合约，我成为一个狂热的福音传道者——金融界的葛培理[1]——只有一个神圣的使命：

> 这不正是朝着世界前进方向迈出的一步吗？这不正是我重返芝商所董事会的根本原因吗？我的使命不正是让芝商所场内交易商相信，电信业的发展塑造了一个迫切需要全天候交易机制的全球市场吗？任何忽视这一事实的人，任何对周围技术巨变雷鸣般的声响充耳不闻的人，只会招致与历史上所有否认技术进步的人一样的命运。

---

[1] 葛培理（Billy Graham）是美国当代著名的基督教福音布道家。——译者注

我们作为领导者，如果不能采取必要的行动保护我们的未来，不就犯下了渎职或更深的罪责？[1]

换句话说，我倾尽全力并押注流动性一定会随之而来。这次也事关我的信誉。

我与新的电子迷你合约委员会成员在交易大厅组织了一场营销活动。我们与会员们单独和分组在交易大厅内外举行多轮会谈。我们争论、劝诱和恳求，竭尽了多年来积累的人脉，找所有相关的委员会一一谈话。我尽了自己最大的努力。

当我们在公投前召开强制性的公开会员会议讨论这个问题时，反对电子迷你合约的人反应强烈，有人甚至威胁要打官司。但命运还是垂青于我，最终，大多数会员都同意了。

这不仅是革命性的，而且如阿迪蒂所说，是"壮举"，是向世界证明电子化交易可以创造流动性的唯一方式。一旦成功，它将一劳永逸地解答电子交易是否可以产生足够的流动性、成为公开喊价制度的可行替代方案这一疑问。它将带领期货和现货在内的全部市场走向电子化的应许之地。这是挑战现状并获得胜利的决定性时刻。正如阿迪蒂所说，它将永远改变市场的历史。

最后的障碍

现在还剩最后两件事要考虑。芝加哥期货交易所计划于 9 月推出他们的道指期货合约。如果芝商所要与之竞争，就必须在同一时间完成电子迷你合约的筹备。我找到了技术部门的负责人吉姆·克劳斯，他是直率的射手座，也是独一无二的技术专家——他从来没让我失望过。

克劳斯表示，得益于我提出的技术解放政策，芝商所的技术水平远超预期，他向我保证可以在 9 月前做好准备推出新产品。最终，我们在芝加

---

[1] *For Crying Out Loud*, Leo Melamed, John Wiley & Sons, 2009.

哥期货交易所产品上市的几天前推出了电子迷你合约。

还剩最后一个问题要解决。威廉·谢泼德提出了一个伟大的想法，我只同他谈了一次就接受了他的建议。鉴于新产品失败的主要原因是缺乏流动性，谢泼德建议从电子迷你合约推出的第一天起就做好相关保障。他说服我在交易池内创建一个套利单元，由选定的交易商在常规交易时段进行大小合约之间的套利交易，从而为电子迷你合约提供即时流动性。

这是个了不起的创新，我欣然接受并授权谢泼德在标普交易池边创设一个专属区域，在那里既可以放置必要的屏幕和套利设备，如用于在 Globex 上下单的键盘，也看得清交易池中的手势。谢泼德指派了一定数量的志愿者作为电子迷你合约的官方套利商，此举效果极佳。

电子迷你合约的诞生

国际货币市场的电子迷你标普 500 指数期货合约于 1997 年 9 月 9 日正式推出。它是美国乃至全球第一个 24 小时进行电子化交易的期货产品。我邀请了纽交所董事长理查德·格拉索和麦格劳·希尔公司（标准普尔公司的新东家）总裁哈罗德·麦格劳三世在上市仪式上进行了历史性的敲钟。

要说电子迷你合约取得了立竿见影的成功也毫不为过。它在上市首日的成交量即达到 8 000 手，是期货交易历史上的最高纪录。它迅速成为 Globex 的旗舰产品及股票市场的风向标。谢泼德的建议无疑是其立即取得成功的一个关键因素。最重要的是，我们证明了 Globex 无论有没有套利都可以产生流动性。以下是我对会员们发表的讲话：

> 电子迷你合约的影响远远超过其创纪录的成交量。它构建了市场发展历史上的一个分水岭，一手将 Globex 打造成金融市场上家喻户晓的名字，并永远改变了期货市场发展的进程。毫无疑问，电子迷你合约是芝商所通向未来成功的跳板，让我们的交易所在现代金融版图上留下不可磨灭的印记。它一劳永逸地证明电子化交易可以产生足够的流动性，并可以替代公开喊价交易。在相对较短的时间内，电子

迷你标普500指数期货合约的成交量持续飙升,成为预判美国股市方向的先锋——股票价格发现之"源泉"。它还成为所有市场的指南针——无论是期货、期权还是证券,让"电子化"成为每个人的首要议程。随之而来的是,全球范围内出现了一系列新的电子迷你合约,不仅如此,此后芝商所但凡上市新产品,无不是在 Globex 上直接推出。此外,具有关键性意义的是:Globex 的成功为几年后芝商所上市的巨大成功奠定了基础。[1]

---

[1] *For Crying Out Loud*, Leo Melamed, John Wiley & Sons, 2009.

第 44 章

多样、强大且重要

对政府官员的教育，无论其是选举出来的还是被任命的，无论其在美国境内还是境外，包括那些有权势、有影响力的人，是保证期货在资本市场发展中保持活力和发挥作用的关键。从 1969 年被选为芝商所董事长到 2018 年正式退休，我始终对此深信不疑。

都说建立名声需要很多年，而毁掉名声只要一瞬间。此话不假，但也不全面。积极的形象虽然难以塑造，但几乎可以成为一种不可撼动的力量，除非你做了什么非常愚蠢的事情，那就无法挽回了。

今天，芝商所以其风险管理的广泛性、财务稳健性、清算安全性及交易执行无可比拟的速度和诚信等著称。换句话说，芝商所已经变得多样、强大且对美国经济至关重要。这是 50 年来付出无数努力一步步实现的。交易大厅曾是其中的重要组成部分，可惜它的时代已经一去不复返。

转型

几千名交易员的集体喧嚣已被计算机的寂静所取代。Globex 使交易更快、更安全、更便宜，使交易量不再受限制，人工操作由此被逐渐取代。但我们为此付出了代价，失去了交易池固有的两个重要属性：不断迸发出新想法的创造性氛围，以及几个世纪以来期货市场独一无二的、令人惊叹的卖点。

当你第一次看到一大群人穿着五颜六色的马甲挤在交易池里，彼此间扯着嗓子大声喊叫，你会瞬间感受到持久的震撼。这一切如今已不复存在。

奇怪的是，这种景象却长久地延续着生命力，直到今天，媒体在谈论期货时仍然会闪现旧时交易大厅的镜头。

不过，没过多久我就意识到，计算机带来的寂静也可以成为非常有价值的卖点。芝商所的第二交易大厅可以容纳上千名交易员同时交易，它是曾经的欧洲美元产品交易池——这个 90 天期利率产品曾在这里交易了 10 年，后来它被改造成芝商所的全球指挥中心。今天，它是一片技术的海洋，数百个无声的计算机屏幕持续提供着技术信息流，并监控全球数以百万计的 Globex 交易。

还是有人在这里工作，但他们一言不发，为芝商所的 Globex 系统进行市场操作和客户服务。这个无声的景象也提供了一个令人惊叹的卖点。我经常把贵宾带到这里，每次都给他们留下深刻的印象。当我向美国参议院多数党领袖米奇·麦康奈尔（Mitch McConnell）展示指挥中心时，他的第一反应是："哇！世界上有其他地方有这样的景象吗？"

不用说，芝商所首屈一指、故障率极低的电子交易系统值得夸耀。我们还承诺构建一个代表尖端科技的全球网络安全系统，这已成为包括金融服务业在内的许多行业的重要关切。对于芝商所这样的公司，实时的全球安全监控、复杂的保护机制和即时响应已经是立身之本。芝商所必须认识到其在全球经济中的作用，以及保护客户的重要性。

保护您的利益

如前所述，我于 1976 年发起成立了一个自愿的政治行动委员会帮助芝商所极大地提升了形象。[1] 建立这样一个委员会的想法始于我与比尔·巴格利的一次交谈。巴格利于 1974 年被杰拉尔德·福特总统任命为新成立的美国商品期货交易委员会的首位主席。我们邀请他访问芝商所，除了带他参观我们令人赞叹的交易大厅，还有另一个目的。

巴格利人很不错，但有点儿不按常理出牌，并且对我们的市场一无所

---

[1] 最初于 1976 年以商品期货政治行动委员会的形式成立。

知。他也坦率地承认这一点，这种实在和坦诚在华盛顿政客的身上非常罕见，也让我很容易就和他建立了友谊。巴格利很快意识到我算得上这个领域的权威，并称我为他的精神导师。

但这也有不好的一面。有一次，在伦敦一家米其林高级餐厅米拉贝尔，巴格利在餐厅另一头看到了我，挥手致意，然后跪倒在地，并在众人错愕的目光中弯腰致敬着走到我的桌旁。然后，他拉起我的手，亲吻想象中的戒指，并用舞台腔低声说："谢谢你，教父。"

不过，作为加利福尼亚州前议员，巴格利对政治颇为精通。他意识到期货市场在国会立法程序中几乎没有发言权或存在感，在一次参观芝商所的交易大厅后，他对我说："利奥，如果你们的市场想变得像你希望的那样强大、重要，就需要有人在华盛顿替你们说话，维护你们的利益。这需要一些钱。"他的意思是芝商所需要一个自愿的政治行动委员会。我问他是否愿意与我们的会员聊聊为什么有这个必要，以及为什么他们应该支持建立这样一个委员会并自愿做出贡献。他欣然同意，然后在一个挤满了大约500名会员的房间里发表了精彩的讲话。后来的事，大家就都知道了。时至今日，该政治行动委员会还在为芝商所集团在联邦立法程序中发言，并发挥着影响力，是我们最重要、最成功的事业之一。

从一开始，我就设置了一个附带条件，即我们支持的每一位候选官员都必须来参观芝商所的交易大厅。这为我们提供了一个独特的机会，让民选官员到场，当面听取市场如何运作，以及如何为国民经济做出贡献。这样的安排能给来访的客人上一堂宝贵的课，是教科书永远无法复制的。

此外，这些安排有助于激发我们会员对政治的兴趣。与政府官员合影的机会是无价的纪念品，也是他们愿意继续捐款的动力。

扩张

商品期货政治行动委员会，即现在芝商所集团的政治行动委员会，成为我们熟悉国会议员并赢得他们尊重的宝贵工具，它提升了芝商所的知名度。我们决定更进一步。我们发现，虽然请官员访问我们的芝加哥总部很重要，但发挥持续的存在感更有必要。于是，我们着手在华盛顿特区设立办事处。

为此，我们需要聘请一位了解华盛顿运行机制、能够传达我们的声音并在出现问题时保持警惕的人。我们找到了戴勒·亨宁顿，亨宁顿在华盛顿特区工作了30年，曾任众议院农业委员会主席威廉·波格的幕僚长，后者已成为期货市场的监督者。事实证明，亨宁顿是个完美的选择。

亨宁顿和蔼可亲、足智多谋、受人尊敬，似乎认识华盛顿的每个人，在涉及影响期货行业的立法事项上，他能够带我们会见必要的官员，并发挥重要作用。亨宁顿甚至说服美国众议院农业委员会主席埃利希奥·德拉加尔萨二世（Eligio de La Garza Ⅱ），让芝商所借用宽敞的众议院听证室为美国国会议员举行年度招待会——这一传统一直延续到最近。在我看来，这种仪式不应该取消。

交易所的名人访客

邀请官员参观交易所的计划非常成功，在伊利诺伊州国会代表团团长丹·罗斯滕科斯基的建议下，芝加哥期货交易所很快也开始照做。该计划后来又进一步扩展，何不邀请到访芝加哥的知名人士来参观呢？这些访问活动将吸引媒体报道，提高芝加哥各交易所的曝光度。毫无疑问，芝商所、芝加哥期货交易所和芝加哥期权交易所对打造芝加哥的国际地位已至关重要。这是我之前就预见到并向戴利市长承诺实现的。

除了美国参议员、众议员及其工作人员，芝商所还接待了众多国内外政要和政府官员。芝商所作为创新企业的形象大大提升，我们获得的知名度和良好的公关效果是不可估量的。从1975年民主党美国副总统候选人休伯特·汉弗莱（Hubert Humphrey）到访开始，多位美国总统、副总统及外国领导人访问了芝加哥各交易所。

我们的访客名单令人印象深刻，其中包括：墨西哥总统埃内斯托·塞迪略（Ernesto Zedillo），1977年；中国国家主席李先念，1985年；美国总统罗纳德·里根，1985年；澳大利亚总理罗伯特·J. L. 霍克（Robert J. L. Hawke），

1988年；爱尔兰总统玛丽·罗宾逊（Mary Robinson），1991年；美国总统乔治·H. W. 布什，1991年；苏联总统米哈伊尔·戈尔巴乔夫，1992年；美国总统克林顿，1998年；中国总理朱镕基和日本首相小渊惠三，1999年；美国总统乔治·W. 布什，2001年；美国副总统理查德·B. 切尼（Richard B. Cheney），2006年。

美国总统访问交易大厅对我们来说当然是很特别的。每次访问事前、事中、事后都会进行大量宣传，这些对芝商所的形象都非常有利。代表自由市场理想的交易所或机构中没有几家有过这种殊荣。它提振了我们交易员的精神，并为其中许多人提供了终生难忘的合影。更重要的是，我相信每位总统的精神也得到了提振。毕竟，他们见证了一个非凡的美国机构——我们的交易员大声喊叫、热烈鼓掌并争相与其握手的场景给他们留下了难以磨灭的深刻印象。

罗纳德·里根来访的那次，大家兴奋到了极点。里根先后两次访问芝商所，第一次是在他竞选期间，第二次是在当选总统后。我们私底下也成为朋友，他是自由市场资本主义的坚定信徒，也认识到了芝商所及其交易员是这种理想的缩影，这也让我与他产生了特殊的联系。后来，我还成为其团队的一员，积极助力他在伊利诺伊州的选举工作。

朱镕基1999年的来访也具有特殊意义，彼时中国惊人的发展速度已经受到全球的广泛关注。全世界注意到，中国国家领导人再次来到芝加哥和芝商所。而且，对我来说，这带来了一个额外的挑战，即帮助中国了解期货在推进其萌芽中的资本市场方面的价值。

留下我的印记

解释和提高期货的价值已成为我存在的理由。不确定是从哪个时刻开始，我成为真正的期货市场布道者。我身既是使徒保罗[1]、葛培理，又是戴

---

1 使徒保罗（Paul the Apostle）是基督教传教士，被基督教史学家公认为对早期基督教会发展贡献最大的使徒。——译者注

维·利文斯通[1]，大力宣讲期货和自由市场的价值。我坚持践行国际货币市场这个名字中"国际"的意义，在世界各地宣传期货市场，并通过帮助各国建立期货市场来帮助其提升金融实力。

我敢说，从20世纪70年代直至退休，我的指纹、声音、身影、著作、建议和想法遍及全球。

这一切从1973年开始，国际货币市场诞生后不久，英国货币经纪商约翰·伯克希尔（John Berkshire）来到芝加哥，请求我帮助他创建一家新的交易所。我很支持他并同意提供帮助，于是就有了伦敦国际金融期货交易所。1980年，我受联邦德国的中央银行德意志联邦银行的邀请前往法兰克福，与他们讨论为什么要废除关于赌博的规定，并允许推出期货市场。那次讨论为德国期货交易所的建立奠定了基础，该交易所后来与瑞士期权与金融期货交易所合并，组成了欧洲最大的期货交易所——欧洲期货交易所。

我也曾多次前往日本提升芝商所在当地的声誉。特别是1988年，我与桑德纳和芝商所总裁克莱顿·尤特一起前往日本，执行与日本经济新闻社之间的历史性协议——芝商所获得了在芝加哥交易日经平均指数期货合约的独家许可。想象一下，一国股票指数在另一国革命性地上市，这个想法是前所未有的。

1989年3月，我与法国国际期货期权交易所董事长热拉尔·普福瓦德尔（Gérard Pfauwadel）在法国签署了关于他们加入Globex的协议。1994年2月，我应巴西商品期货交易所高层的邀请，前往巴西支持他们开业。1995年5月在墨西哥城，我鼓励墨西哥官员接受期货和自由市场，并帮助他们设计期货市场。1995年11月在吉隆坡，我向马来西亚政府就期货相关需求提供建议。

1996年，我受韩国证券交易所董事长洪寅基（In-Kie Hong）的邀请担任顾问，协助设计和推出韩国股票交易指数KOSPI。

---

1 戴维·利文斯通（David Livingstone）是苏格兰传教士、探险家。——译者注

1998年，在印度，我与才华横溢的卡萨马·费尔南德斯（Kshama Fernandes）教授一起支持开发印度Nifty 50股票指数期货，并在印度国家证券交易所的电子交易平台上推广上市。

2009年，在以色列，受米尔顿·弗里德曼之托，我拜访了时任财政部长的本雅明·内塔尼亚胡（Benjamin Netanyahu），并推动他们的货币谢克尔在Globex上进行期货交易。

此外，我不断努力推动中国期货市场发展。1997年，我在台北庆祝台湾期货交易所成立。他们请我帮忙创建市场，并强调他们拥护自由市场的理念。我欣然同意。2006年9月，我在上海参与创建中国金融期货交易所。2018年3月，我参加了上海国际能源交易所原油期货的上市仪式，并有幸成为台上唯一敢于主张中国期货市场对外开放的外国人。

重返俄罗斯

我在1989年对苏联的访问也很有意义。苏联总统米哈伊尔·戈尔巴乔夫派一位使者与我联系，问我："是否考虑与总统会面，讨论在莫斯科建立期货市场？"

能想象吗？苏联的领导人向我这个难民资本家寻求帮助，而我曾奇迹般地逃离他们的世界，并帮助建立了一个基于自由市场原则的世界。

我同意了，并于第二年率领了一支由芝商所和芝加哥期货交易所高管组成的代表团前往莫斯科。[1] 当然，此行没有取得任何成果。但是，就我个人而言，这是历史性的。1990年11月1日，我作为一个曾经的难民，在克里姆林宫围墙的阴影下向一大群听众发表了自由市场资本主义演说。

正如我所说，我的访问没有取得任何成果，但我们得到了很好的接待。其中一个亮点是与戈尔巴乔夫手下的财政部长列昂尼德·阿巴尔金（Leonid Abalkin）会面，我还带走了一个印有克里姆林宫徽章的开瓶器，

---

[1] 芝商所派出了董事长约翰·格尔德曼和总裁威廉·布罗德斯基，芝加哥期货交易所派出了董事长威廉·奥康纳和总裁汤姆·多诺万。

现在还陈列在我的办公室里。[1]

当我想为了象征意义从克里姆林宫向芝商所交易池下一笔订单时,他们抱歉地说安排这样一个电话需要几个小时——这就是他们1990年的技术水平。[2] 然而,他们提议让我把电话放在耳边摆拍一张照片,我拒绝了。在另一场刻意安排的活动中,一位希腊东正教首席牧师在教堂里发表了祝词后,我有幸为另一笔交易敲钟——双方就100万支万宝路香烟和一台计算机进行了物物交换。

在我离开时,我向承认自己是克格勃的向导谢尔盖赠送了两箱万宝路香烟作为告别礼物。他感谢了我,但我看出来他对这份礼物并不满意。当我问他有什么会让他开心时,他说:"我想要一本你的科幻小说。"我很惊讶,但同意一到家就寄一本给他。他摇摇头,"你手提箱里正好有一本",他指着那本书所在的位置说。当我打开手提箱,翻到他所指的地方,果不其然有一本——所以在苏联谈隐私这件事还是免了吧。

错失良机

我再一次访问莫斯科是在20年后,受普京的邀请于2010年10月前往。这次访问起因是一篇新闻报道,报道称当年俄罗斯一半的小麦作物因8月的热浪和火灾而遭到破坏。文章援引普京的话说:"我希望有一种方法可以为我们的小麦作物提供保险。"

这立刻让我想到,可以通过在芝加哥期货交易所或他们自己的期货市场上(如果他们可以创建一个的话)做对冲来帮助俄罗斯小麦作物稳定价格。我打电话给我的朋友、时任美国国务卿的希拉里·克林顿,问她是否可以帮我与普京取得联系。她让我联系俄罗斯驻美大使谢尔盖·基斯利亚克(Sergey Kislyak),他很快帮忙建立了必要的联系。[3] 普京答应了,但

---

[1] 我把这个纪念品骄傲地挂在办公室的墙上。

[2] 我把这个信息传递给了乔治·H. W. 布什的幕僚长安德鲁·卡德(Andrew Card)。

[3] 基斯利亚克大使还特意给普京寄了一本我的回忆录《逃向期货》的签名本,当时该书已经有俄文版本。

有一个条件，要求我拜会他最好的朋友——莫斯科首席拉比贝尔·拉扎尔（Berl Lazar）。不开玩笑！

我于2010年10月3日周日抵达莫斯科多莫杰多沃机场，与普京的会面定在第二天。结果很不幸，普京的办公室在周一一早向我表达歉意，由于希腊政府即将陷入债务危机，普京临时前往柏林与德国总理默克尔举行紧急会议。（我十分期待的一次历史性合影就这么没了！）于是，我转而拜见了俄罗斯前总理维克托·祖布科夫（Viktor Zubkov），他还向我抱怨了美国商品期货交易委员会无视他们的俄罗斯同行。我同意帮忙解决这个问题。

我很享受与拉扎尔拉比的会面。我们能用八种语言中的任意一种交谈，我选择了意第绪语[1]，因为那是我在欧洲生活时使用的语言。我问拉比他是否真的是普京最好的朋友。

他解释说，在"禁止移民时期"[2]，当俄罗斯最终允许纳坦·夏兰斯基（Natan Sharansky）这样的犹太人离开时，成千上万的犹太人逃往了美国和以色列。"这造成了人才流失，"普京抱怨道，"这些人是俄罗斯受教育程度最高的人。我们怎样才能阻止这种情况发生？"

拉扎尔拉比说，他告诉普京应该遏止俄罗斯的反犹太主义。于是，普京通过了法规，将政府人员发表反犹太言论或采取反犹太行动定为非法。他还亲自为拉扎尔拉比管理的莫斯科犹太社区中心提供了捐助。

基辅

由于我的俄罗斯之行广为人知，一个由乌克兰著名农产品经销商列昂尼德·科扎琴科（Leonid Kozachenko）率领的乌克兰代表团来到芝商所访

---

1 意第绪语属于日耳曼语族，主要使用者是犹太人。
2 1967年6月，苏联政府为抗议以色列在第三次中东战争期间及其后的政策，断绝了与以色列的外交关系。若要办理离境签证，申请人（通常是整个家庭）需要先辞去工作，但此举会被苏联当局以社会寄生虫罪予以起诉。大批犹太人为了离开苏联而申请离境签证，当中有些人获批离开，但更多人的移民申请被当局拒绝。——译者注

问，并邀请我去基辅。他们希望我帮忙在乌克兰建立一个小麦期货市场（乌克兰、俄罗斯和哈萨克斯坦的小麦产量各占欧洲的三分之一）。

受其邀请，我在芝商所阿里尔·汉廷（Ariel Hantin）的帮助下，于2011年5月组织了一个由芝商所农产品部负责人蒂莫西·安德里森（Timothy Andriesen）和芝加哥期货交易所前董事长查尔斯·凯里带队的芝商所团组访问基辅。凯里是我的好朋友，也是谷物市场的专家。此行我与乌克兰总统维克多·尤先科（Viktor Yuschenko）签署了一份谅解备忘录。最终凭着安德里森和他的行政助理阿里尔·汉廷的努力，他们设计出了黑海小麦期货合约。我和查尔斯·凯里则借此机会乘火车前往圣彼得堡，参观了举世闻名的冬宫博物馆——我们在那里受到了皇室般的待遇。

就像我说的，我是一名肩负着神圣使命的传教士。我很少拒绝他人向我寻求帮助的请求，也从不以此为由收取任何费用。没错，我的确创造了竞争对手，但我对竞争的信念不只是说说而已。竞争能够促进创新——让人保持警觉并扩大期货市场参与者的范围，从而帮助自己的市场发展壮大。与此同时，我帮助各国发展期货市场的工作也为芝商所在建立强大和重要的形象方面发挥了核心作用。

第45章

生存还是毁灭

1998年，斯科特·戈登顺利当选芝商所董事长。戈登是我的好友，也是Globex的支持者，我十分支持他当选。戈登此前曾在我创立的樱花黛尔谢尔公司任职，后在我的介绍下出任东京三菱期货公司总裁。随着21世纪的临近，我与戈登就芝商所股份制改革和上市这一重大问题进行了探讨。当时的问题是，董事会的所有人（包括我和戈登）都没有上市相关的专业知识。

戈登也认同这一点，为此他成立了一个战略规划委员会，负责推动芝商所股份制改革，以及一个招聘委员会，负责遴选合适的首席执行官来领导交易所的上市工作。

我和杰克·桑德纳都不在这个招聘委员会之列，原因是1997年的选举角逐过于激烈，给许多人（特别是对立阵营的成员）留下了许多不堪的回忆。戈登觉得如果他任命我为委员会成员，就必须也任命即将卸任的董事长杰克·桑德纳。因此，为了把一碗水端平，回避争议，戈登没有任命我们二人中的任何一个。

他的这种逻辑是错误的。首先，杰克和我已经同意合作而不是继续对立。其次，为了表明诚意，我主动提议给杰克一个政策顾问的官方头衔，让他可以继续留在交易所担任顾问。尽管我们之间存在分歧，但毫无疑问，杰克·桑德纳非常有才华，也为芝商所的发展做出了重要贡献。而且在我合作过的历任芝商所领导者中，我认为杰克是排名前列的。再次，被任命的各位委员都对首席执行官这一职位缺乏足够的了解。如果我和杰克在委员会里，我确信我们都不会提名吉姆·麦克纳尔蒂（Jim McNulty）担任芝商所的首席执行官，但是戈登这么做了，而且获得了董事会的批准。

法律制度创新

会员制交易所的股份制改革非常复杂，何况芝商所还是第一家进行此类改革并推进上市的交易所。戈登委任吉姆·奥利夫（他的密友）和我共同领导此项工作并负责争取会员的同意。对此，我没有任何异议，因为我知道奥利夫是一个非常聪明且有思想的人，早在1987年他就曾在我的电子化研究委员会任职。杰克·桑德纳、伊拉·哈里斯（Yra Harris）、威廉·谢波德也参与了这项工作，当然还有杰罗尔德·萨尔兹曼。

事实证明，搭建股份制改革的法律框架还相对容易。我拜访了盛德律师事务所的杰出律师布拉德·弗格森，他曾在1981年税收套利问题上帮助芝商所建立了六四开的税收模式。此次，弗格森再次证明了他在法律合规上的创新天赋。他与杰罗尔德·萨尔兹曼和克雷格·多诺霍合作，搭建了一个创新型法律架构，在不增加会员税务负担的前提下将芝商所从一家注册地为伊利诺伊州的非营利公司转变为一家注册地为特拉华州的营利性股东实体。完成公司架构调整后，我们向会员发行股票，并在纽交所发起了首次公开募股。弗格森创建的法律架构后来成为美国各交易所上市的范本。

窥见未来

上市后，交易所原本的会员资格变更为公司股份，给会员带来了相当不错的收益。同时，为了确保高管能在上市后仍然与公司同舟共济，我们向他们提供了高达10万股的股票期权。当时芝商所每股股价约为20美元，上市后股价持续走高。我个人认为股价上涨的原因主要在于Globex，投资者像是突然认识到相比公开喊价交易，Globex拥有巨大的商业价值和无限的交易量承载力，已经成为交易所的主要收入来源。我再次成为芝商所的英雄，即使当年Globex最强烈的反对者也不得不承认这一点。

有人说，我一手创造的百万富翁数量之多，前所未见。或许真的如此，谁知道呢？我没有接受交易所派发的股票期权，也不同意其他参与领导上市的董事会成员接受期权。对此，我总是说"我不是芝商所员工"。常常有人告诉我，这是我犯过的最大错误之一，也许的确是这样。

虽然经历了从公开喊价到电子交易的洗礼，但我始终没有忘记初心。我对期货的了解来自在公开喊价市场上学到的知识，交易池是我作为交易员成长的摇篮。我仍然对场内交易员抱有最崇高的敬意，他们对市场和交易了解甚多，知道哪些基本面会影响价格，拥有坚定的契约精神，并且是美国繁盛背后的冒险精神的缩影——总之自成一派。同时，也是他们催生了金融期货和我的各种创新。可惜，世界已经改变。

多年后的2015年2月11日，我们怀着沉重的心情迎来令人悲伤却又不可避免的一天——交易池最终被取代。当天，我发表了专栏文章《停止喊价的那一天》，宣布关闭芝加哥最后一个期货交易池：

> 买卖双方聚集在被称为"交易池"的交易所大厅里，喧闹地相互推挤、挥手，大声喊叫着进行交易，这就是有着数百年历史的期货、期权公开喊价市场，而如今它也难逃计算机技术和互联网科技带来的冲击。事实上，期货交易早在1730年就已经出现在日本大阪堂岛的稻米市场中，一个世纪后传播至美国芝加哥，再后来发展至世界各个角落。现在期货交易正在经历一场变革，即电子化转型。
>
> 在20世纪的最后20年中，我们生活的方方面面都能感受到"信息革命"的影响，金融市场的性质和结构更是因此发生了巨大的改变。全球经济曾经由数十个分散的国家经济体组成，如今这些经济体已不可阻挡地联系在一起，成为一个相互关联、相互依存的世界经济体。同时，先进的卫星、微芯片和光纤等技术已经将全球金融市场从一个松散的自治市场联盟转变成一体化市场，三个主要时区不再有明显的划分。在今天的金融市场，人们可以忽略时间、地理和政治的边界。但是，第二阶段的交易所股份化更难实现。我们不得不与会员进行"政治交易"，给予会员足够的法律保障，确保他们公开喊价的权利

得到董事会的支持，以此来说服会员放弃对交易所命运的控制及在 200 多个委员会中的成员资格。这整个过程花费了我们大约 4 个月的时间。[1]

麦克纳尔蒂的对公业务模式

单从履历上看，吉姆·麦克纳尔蒂足以胜任芝商所首席执行官这一职位。在加入芝商所前，他曾在华宝德威企业融资部担任董事总经理兼企业分析及结构化团队联席主管。事实上，他在带领交易所上市方面做得还行，而且他是 Globex 的坚定支持者，这本应成为我支持他的充分理由。戈登执意让吉姆·麦克纳尔蒂加入我们，理由是据说麦克纳尔蒂对上市事宜非常了解，在这方面他的确是专家。而且，他还是一位出色的演说家和推销员。但是，结果证明任命他为首席执行官是一个巨大的错误，因为麦克纳尔蒂和他带来的团队对期货几乎一无所知。

麦克纳尔蒂在互联网泡沫的巅峰期上任。他坚信互联网革命是芝商所扩大客户基础的绝佳机会。但我个人认为互联网泡沫是一种荒谬的狂热，我只希望这股风潮快点儿过去，不要对国家经济造成太大损害。

为了实现他的想法，麦克纳尔蒂和他的团队一门心思用所谓的 B2B（企业对企业）业务模式来扩大我们的客户群。当时这种模式风靡一时，很受媒体追捧，但它在我看来只是昙花一现，无须过度关注。麦克纳尔蒂认为，让芝商所的交易清算业务覆盖尽可能多的产品，例如化工品，可以极大地扩大交易所的客户群。然而据我所知，许多他建议的商品要么不需要期货，要么标准化程度不足以在清算公司清算，了解期货交易清算的人才能看出问题所在。

5 年计划

麦克纳尔蒂称芝商所在为 B2B 实体提供清算服务方面拥有很好的条件，交易所需要做的就是利用好这种条件。麦克纳尔蒂以发展的名义向我们介

1　'The Future of Open Outcry,' by Leo Melamed in *The Wall Street Journal*. September 15, 2000.

绍了两种新业务模式：简易 B2B 模式和重量级 B2B 模式。简易 B2B 模式下，芝商所将与一家 B2B 交易所合作开发和推广期货合约；重量级 B2B 模式下，芝商所将为一家 B2B 交易所搭建一家新的清算公司。麦克纳尔蒂的团队对推出新产品的难度几乎一无所知，而现实是 20 个新产品里能有 1 个成功已经是非常幸运了。

在我看来，麦克纳尔蒂制订芝商所 5 年计划的基本依据，用他自己的话说，就是"金融生态系统目前正在经历的转变将使金融机构之间进行越来越多的商业合作"。"生态系统"是其团队最喜欢用的词。听上去像开玩笑？要我还真编不出来。这还只是个开始。

麦克纳尔蒂断言，在接下来的 5 年里，金融衍生产品、证券、B2B 市场和清算公司将进行整合——他称之为"完美风暴"。因此，他预测芝商所未来的成功将取决于能否将自身定位为整合者、"新市场的首选合作伙伴"及"世界级应用技术公司"。我们一直愿意成为首选合作伙伴，但作为一家技术公司？

听了两年的胡说八道，斯科特·戈登仍然对麦克纳尔蒂的愿景推崇至极。在得知我对麦克纳尔蒂的看法后，戈登致函交易所的审计和薪酬委员会，建议芝商所停止向"两位顾问利奥和杰克"支付津贴。没关系，津贴的金额本身就是一个笑话。

我确信这是麦克纳尔蒂所为，撤掉我们两个顾问无疑可以使他在执行计划时畅行无阻，让他生活得更轻松。威廉·谢泼德更是直言不讳地表达了对麦克纳尔蒂的反对意见，他曾当面斥责戈登全盘接收了麦克纳尔蒂的胡言乱语，还说他"作为董事长完全不够独立，沦为了吉姆·麦克纳尔蒂的傀儡"。

应得的一席话

在我看来，麦克纳尔蒂的 5 年计划简直不知所云，完全显现出他对芝商所历史、规则和公投的无知，而且这种情况愈演愈烈。麦克纳尔蒂和其团队发现芝商所的收入来源于交易手续费，而且很快意识到如果跳过中间人，即经纪商，交易所的收入会增加很多。换句话说，经纪商的全部收入（或其中一部分）可以成为芝商所的收入。

他们以为我们没有意识到这一点吗？那我们搭建 Globex 是干什么？不管你信不信，麦克纳尔蒂和其团队居然提出"我们为什么不定个日期关掉交易池"的建议。真是枉费了他们在芝商所担任领导者这么多年。

虽然麦克纳尔蒂人不错，而且对上市流程非常熟悉，但他对期货市场和芝商所知之甚少。在麦克纳尔蒂领导的两年中，我们中的许多人都意识到他在把交易所带向错误的方向，这也导致我和麦克纳尔蒂相处起来十分痛苦。事实上，芝商所整个员工团队，包括克雷格·多诺霍、普平德·吉尔、金·泰勒、杰罗尔德·萨尔兹曼等董事会成员，当然还有特里·达菲，都一致认为必须解除麦克纳尔蒂的首席执行官职务。萨提斯·南达普卡（Satish Nandapurkar）是麦克纳尔蒂团队的智囊之一，当时担任芝商所的董事总经理。有一天他带着一张图表来到我的办公室，图表显示关闭交易池后芝商所的收入将像火箭一样上升。他问我："我们何不定个日期关掉交易池呢？"对此，我试图保持冷静。我突然意识到，麦克纳尔蒂的团队可能真的不知道 Globex 是如何产生的，他们就像突然从火星上空降下来的一样。于是，我开始给他解释。

我给他讲了 1987 年通过的公投规定如何保护经纪商和交易员免受此类董事会决定的影响。麦克纳尔蒂肯定没意识到，如果没有这项规定，会员们根本不可能批准任何威胁他们生计的技术，尤其是盘后电子交易系统。而会员如果不批准，Globex 就永远不可能面世。此外，还必须进行公投，这是公司章程中明确规定的。必须获得 5 000 多位公开喊价坚定支持者中多数人的同意，这条规定时至今日仍然适用。

随意关闭交易池不仅违反上述规定，更是一种自杀行为，我们都有可能被关进监狱。12 年前，电子化交易的整个理念都具有超前革命性。当时，我们不得不面对现实，通过公投只是给了我们一个可以起步的支点，电子化交易的理念还需要持续培育。即使在今天，关闭交易池也不可能获得会员批准。对，即使是在今天，也需要进行公投。认为任何人都能让大多数人同意关闭交易池纯粹是误解（也是狂妄）。对经纪商来说，即便是找新手律师也能采取法律强制措施终止这种行为，这根本不是一件难事，而且交易所不可能赢。我们中的一些人甚至可能会被驱逐出境。除此以外，还要考虑在上市前卷入法律诉讼会产生什么样的后果，以及会不会扼杀上市成功的希望。

说完，我又反问了一些问题，我敢肯定他们完全没有考虑过："萨提斯，你能确定交易池关闭后交易需求的流向吗？麦克纳尔蒂先生能确保相关业务就一定转到 Globex 吗？我们与客户或其经纪商之间签订过此类协议吗？难道我们的全球竞争对手，比如伦敦国际金融期货交易所、欧洲期货交易所，还有纽约的一些银行就不会对我们流失的业务出手吗？"

银行本来就一直对我们的业务虎视眈眈，甚至已经搭建相关的交易系统，多次试图通过阴险的方式窃取我们的未平仓合约，我们不得不通过法律诉讼的方式阻止他们。麦克纳尔蒂团队是否觉得银行的人就只会轻飘飘地说一句："哦，芝商所刚刚关闭交易池就抢他们的业务是不是不太公平。"还是觉得他们不会兴高采烈地抢走我们的经纪商和客户？银行甚至可能会大幅降低费率，或者在一两年内免除所有费用。

麦克纳尔蒂团队是否认识到，经纪商在选择交易或清算机构方面的话语权比任何人都强？经纪商更愿意在交易池里执行订单就是 Globex 业务占比一直有限的原因所在。他们是否真正理解经纪商团体并不希望 Globex 获得成功？

最后我还问麦克纳尔蒂团队，难道他们不知道为了让经纪商接受 Globex，我们付出了所有的知识、经验和精力？为了实现这个目标，我们已经向会员保证，未经他们的批准，芝商所永远不会关闭交易池。而要获得会员对关闭交易池的批准需要时间和切实的理由。

萨提斯·南达普卡一言不发地离开了。

弃船逃生

还不止这些，有一次麦克纳尔蒂很骄傲地告诉我，他正在与摩根士丹利谈判出售芝商所的清算公司。我立刻质问他："你是疯了吗？"他说我不懂，还自豪地告诉我："收购价格将高达10亿美元。"仿佛这个数额会让我改变想法！我告诉他，绝无可能，"除非我死了"。我还向他解释，清算公司是芝商所最神圣的资产，是无价之宝，永远不能出售。我告诉他，如果没有清算公司，"芝商所将一文不值"。

麦克纳尔蒂决定让我也参与审议，邀请我参加他与高管团队每周三举行的例会。我感谢他的邀请，但也告诉他，只有杰罗尔德·萨尔兹曼参加，我才会参加。他很不情愿地答应了。我主要是为了能有一个除我以外的人也来听听他们的想法和计划，因为有可能是我心存偏见，所以需要另一种意见，尤其是萨尔兹曼的意见。

选择麦克纳尔蒂担任首席执行官是个错误的决定，并非只有我这样认为，许多董事会成员都提出过类似意见。有些人甚至私下劝我在麦克纳尔蒂毁了芝商所的未来之前阻止他。弗雷德·阿迪蒂是我见过最聪明、最诚实的人之一，他辞职前对我说："我不知道麦克纳尔蒂要干什么。但是利奥，我不想参与了。"弗雷德的离职让我十分难过。

另一位值得信赖的高管戴维·古恩（David Goone）也来征求我的同意，他希望离职并加入我们的竞争对手洲际交易所，他实在无法继续在麦克纳尔蒂手底下工作。古恩后来成了洲际交易所高管，我们一直保持着亲密的友情。

在我们参加麦克纳尔蒂的例会几周后，杰罗尔德来找我说："利奥，麦克纳尔蒂正在将芝商所带上一条毁灭之路。我开会听到的都是些垃圾。"这正是我需要确认的，也是我等待的最后一句话，它给了我继续执行脑海中计划的勇气。有人可能会问，听到对公业务、生态系统、随意关闭交易大厅和出售清算公司等各种荒谬的想法，你怎么能忍两年之久？

嗯，因为存在一个现实问题：麦克纳尔蒂的合约要到两年后（2004年）才期满，而且我还担心芝商所董事长会跟他续约。在准备上市的过程中，最不希望出现的就是与现任首席执行官公开的合同纠纷，这样的争议毫无疑问会导致上市终止。我想出了另一个方法来解决这个问题——很困难但可行。为了尽量避免负面舆论，我们不去管麦克纳尔蒂了，我们转而计划通过即将到来的 2002 年选举选出新董事长来推动公司领导层换届。

选出新董事长既可以阻止麦克纳尔蒂实施他的各种想法，又可以确保他的合同不被续签，而且更换董事长对交易所来说是常规操作。不过，我非常清楚，这个计划成功的可能性很小。在戈登的帮助下，麦克纳尔蒂在他的两年任期内已经控制芝商所的运转。我可以依靠的高层管理人员已经很少，有些人干脆离开了，有些人则被替换了。

新的人选

当然，我们也知道会有媒体报道。更换董事长在期货交易所中很常见，但还是会成为头条新闻。我们所能做的至多是对外做好保密工作。如果麦克纳尔蒂或其团队知道了我们的计划，那就说不准他们会做出什么事来。

不过，首先我们需要找一名新的候选人，并且要抓紧时间。我首先把自己排除在外，我认为候选人必须在董事会成员中找。我和巴里·林德详细讨论了这个问题，他完全支持这个计划。我也告诉了吉尔，他也非常支持这个想法，此前他就一直在考虑像弗雷德一样离开。就此，我私下还秘密地与克雷格·多诺霍进行了沟通，他很谨慎但非常赞同应该采取措施让麦克纳尔蒂离任。我知道必须把萨尔兹曼排除在这项计划外，事成后他必会感到高兴，但作为法律顾问，提前知道这个计划可能会使他陷入矛盾的境地。为了探探口风，我与几位值得信赖的董事进行了沟通，他们也支持我的想法并催促我尽快实施该计划。

选择特里·达菲作为董事长候选人是个自然而然的决定，他的资历不错，时任副董事长。我们本身也是好友，自 1981 年他成为交易所会员以来，就一直支持我对交易所的领导。我和达菲是经我们共同的朋友文斯·施赖伯（Vince Schreiber）介绍认识的，文斯自国际货币市场建立伊始便是我最坚定的盟友之一。他的引荐对我来说很有说服力，因为达菲一开始也是一名跑腿员，1 年后他也是从父母那里借钱成为会员，和我的经历几乎一模一样。

1995 年，达菲首次入选董事会。他既是交易池运营方面的专家，也是第一个尝试芝商所手持电子技术 Galax-C 的交易池交易员。虽然他没有经验（副董事长更像是一个荣誉职位），但他享有良好的声誉，并且非常受交易池里交易员的欢迎。最能说服我的一点是，在我们的初步讨论中，特里对芝商所主要问题的看法与我基本一致。他还公开支持向 Globex 方向发展，我确信他是正确的人选。回想起来，我的直觉非常准。特里·达菲非常聪明，学得很快，而且精通政治，是个完美的人选。

必须记住的是，在此期间芝商所的实力并没有变化。我们仍然是全球期货市场的典范，拥有可靠稳健的清算公司和无可比拟的多样化产品。这些事实没有改变。更重要的是，达菲认同期货交易所的本质——在安全的交易所框架下为全球投资者的市场风险敞口提供风险管理工具，而麦克纳尔蒂的所作所为无异于在金融领域违反希波克拉底誓言所述的"不要造成伤害"。出售旗下清算公司（交易所的无价之宝），或通过所谓的 B2B 业务来改变交易所的根本使命，这些乱作为之举严重违反了这一信条。特里·达菲明白这一点。

我还与芝商所的公方董事迈伦·斯科尔斯进行了一次深入的晚餐交流。斯科尔斯显然是 5 位芝商所公方董事中的首席，而我还指望能获得这 5 位公方董事的选票支持。我们的董事会成员和芝商所员工都为拥有一位得过诺贝尔奖的经济学家而感到骄傲，这给交易所带来了巨大的声望，更不用说他的想法所贡献的价值了。斯科尔斯从一开始就接受了这个计划，并表示他本来就不看好麦克纳尔蒂，一直在想我还会容忍他多久。当我确定特里·达菲为候选人后，他说相信我的判断。有了斯科尔斯的支持，说服其他公方董事就容易多了。我私下与特里和我认为会支持这一计划的每位董事一一进行了交流，他们都同意让麦克纳尔蒂离任的决定。我向董事们保证达菲是正确的人选，而且达菲亲自去拜访了各位董事以寻求支持。这个做法很加分，给董事们留下了好印象。

从一开始我就很欣赏达菲的决策能力。虽然最初有我在身边支持他，但他让这一切都变得很简单,就像从一开始就为这份工作做好了准备。我愈加相信他的智慧、知识和勇气。他在 Globex 问题上态度坚决,这也是我的首要任务。我们很少有严重的意见分歧。总而言之,特里是完美的董事长人选。在交易所上市一两年后,达菲的领导能力得到了认证。作为董事长,达菲的工作非常值得称赞,他领导芝商所避免了发展陷阱,并通过并购促进了交易所增长。他在与芝加哥期货交易所的谈判中起到了至关重要的作用,也在芝商所从公开喊价向电子化交易转型的过程中给予了非常重要的支持。此外,他与美国民选官员交往的才能也堪称典范,帮我们在华盛顿打下了不错的基础。我为特里作为芝商所董事长的表现感到非常骄傲。

不过,当我第一次问特里是否愿意竞选董事长时,他表现得犹豫不决。当然,如果他没有犹豫,我反而会感到惊讶,要管理这么大的一家机构是一项艰巨的任务。但是当他看到戈登试图将我从领导层中除名的信函时[1],特里对我说:"这是最后一根稻草,我已经准备好执行您的计划了。"

内部政治斗争

我另一个至关重要的秘密盟友是克雷格·多诺霍。自 1989 年以律师身份加入芝商所以来,多诺霍在芝商所一路升职,在成为芝商所总法律顾问前,他先后在法律事务、市场监管和战略规划等多部门任职,并且工作重要性逐步提升,履历令人印象深刻。

随着时间的推移,我对他有了愈加深入的了解,发现他知识渊博、思维敏捷,并且值得信赖。他有很强的前瞻能力,完全赞成推动交易所上市。最重要的是,与吉尔、萨尔兹曼、克劳斯和泰勒等芝商所高管一样,多诺霍曾在 1997 年公开支持我重返领导岗位,在 Globex 问题上也与我们站在同一阵营。我们对芝商所及其未来发展的共同责任感在我们之间构建了坚

---

1 戈登在发给财务部的信件中建议暂停发放我的津贴。

固的纽带，我们也逐渐成为挚友。多诺霍私下曾坚决地表明他并不喜欢麦克纳尔蒂及其团队。与芝商所其他高管一样，他认为麦克纳尔蒂对交易所的看法有误，制订的计划方向也不对。他还向我倾诉："麦克纳尔蒂和他的团队对期货知之甚少。"

尽管麦克纳尔蒂有很多缺点，但他很精明，而且不会任人摆布，他也感觉到有事要发生。董事会选举前的媒体报道引发了很多关注，矛盾变得尖锐起来。正如我此前所说，麦克纳尔蒂是一名出色的销售，他总能赢得媒体的青睐。他的论调是，利奥·梅拉梅德、杰克·桑德纳和特里·达菲这些老卫道士正在试图重新控制芝商所并反对电子化交易发展。媒体居然还相信了。想象一下，我这个促成 Globex 诞生并彻底改变期货行业的人突然变成了公开喊价的坚定捍卫者！

这件事表明，即使是在推特出现之前，媒体也很容易接受并大肆渲染完全错误的信息。我们被描绘成想要保留公开喊价的顽固卫道士。在董事会选举前的最后一周，道琼斯大宗商品栏目的头条新闻标题是"芝商所董事会投票：如何在期货新世界中保留旧规则"。《芝加哥论坛报》的首席市场记者戴维·格雷辛在 2002 年 4 月 17 日的一篇报道中这样写道：

> 在他们那个时代，梅拉梅德和他虔诚的门徒杰克·桑德纳曾推动芝商所成为世界上最具影响力和创新力的交易所之一。可惜的是，过去的荣光并不是芝商所现在迫切需要的。这家交易所正在准备进行公开发行上市，同时也在努力适应向电子化交易的转型，此外，还在芝加哥努力争夺个股期货这个新市场主导权的努力中发挥关键作用。在所有这些领域，芝商所都表现良好。在董事长斯科特·戈登和新任首席执行官吉姆·麦克纳尔蒂的领导下，芝商所的发展避免了芝加哥期货交易所曾犯过的错误。它有机会将电子化交易从对交易所的威胁转变为交易所增长的动力……然而，在这一切都悬而未决的情况下，芝商所将于周三召开重要的年度会议，对此大家关注的是什么？关注的是杰克和利奥。他们想知道这两个逐渐衰落的传奇是否真的会采取行

动，首先驱逐戈登，然后剔除麦克纳尔蒂。

试想一下，其中一位"衰落的传奇"最近刚刚入选了芝加哥创新名人堂。

幕后工作

现在我们要做的就是确保获得足够的选票。

我还必须决定是否让杰克·桑德纳加入我们，达菲把这个决定留给了我。在麦克纳尔蒂任职期间，杰克失去了他对交易所的影响力，变得无足轻重。鉴于我们仍然需要杰克的投票（和另一位会受他影响的董事的投票），以及我们的行动越低调越好，我决定还是让杰克加入。当时，他的投票比他是否完全支持 Globex 更重要。我们三个人在我的办公室里碰面，杰克承诺将完全支持我们的计划，他说了那句通关密语——"我要找回尊严"，赢得了我的信任。杰克加入了我们的阵营，也如他所希望的，通过此举重新树立了自己的形象。

当时很多交易所高管都站在麦克纳尔蒂那边，所以我们的行动是秘密进行的。计划最终成功了，简单地说有三方面原因：一是由我领导这项计划，二是有特里·达菲作为董事长候选人，三是董事会中有许多人已经对麦克纳尔蒂失去信心，最终导致了对方的溃败。

在董事会选举前，我曾去找过斯科特·戈登，我仍然把他当作朋友，并告诉他我们有 15 票，所以为了避免尴尬，他可以考虑退出选举，但是他不相信我。董事会选举结果正如我所预料，我们取得了胜利，而且是压倒性的胜利——20 名董事会成员中有 15 人投了赞成票。特里·达菲成为芝商所的新任董事长。

我为斯科特·戈登感到难过，我知道自己失去了一位好友，但这是阻止麦克纳尔蒂带领芝商所走入歧途的唯一方法。后来，麦克纳尔蒂总喜欢说，在董事会任命克雷格·多诺霍为首席执行官的第二天，交易所的股票下跌超过 6%。这或许是真的，但在 5 年后 2007 年 12 月 21 日，芝商所的每股股价已从发行价35美元一路涨至710美元,并且后续在一拆五的拆股后升至更高。有传言说麦克纳尔蒂在每股100美元时卖掉了他的股票,赚了很多钱。

余波

在完成首次公开募股后,我如约任命多诺霍为全新上市交易所的第一任首席执行官。多诺霍对我居然兑现了秘密计划期间的承诺感到不知所措。对多诺霍来说,这完全改变了他的生活。但在我看来,再找不到比他更合适的人选了,他了解上市公司的各种规则和其中的复杂性。事实也证明,多诺霍作为交易所第一任首席执行官表现非常出色。

不得不说,克雷格·多诺霍、杰罗尔德·萨尔兹曼和布拉德·弗格森在上市期间不负众望。他们在带领交易所完成上市所需的各种噩梦般烦琐的法律事务方面表现出色,不可能再选出一个比他们更加专业且博学的团队。

我和达菲、多诺霍曾在我位于格伦科的家中会谈,讨论未来如何设置芝商所的组织管理架构。一整天,我们坐在厨房里制订计划,贝蒂则为我们不间断地提供咖啡。达菲和多诺霍都认为我应该被授予总裁头衔,但我再次选择了拒绝。我还是认为荣誉主席的头衔更庄重。

在我的坚持下,克雷格·多诺霍担任芝商所首席执行官,普平德·吉尔担任总裁。我则继续担任荣誉主席和董事会首席顾问,直到2018年退休。

在那次的厨房内阁会议中,我们形成了设立董事会指导委员会的决定。目的主要是在重大议题提交董事会投票决议前,先由指导委员会在内部进行审议和讨论。建立这样一个委员会完全是为了应对麦克纳尔蒂留下的烂摊子,他的团队经常将重要的事项直接提交表决,不给董事会事先审议的机会。

不幸的是,缺乏沟通造成了很多问题。其中一个例子是,芝商所优秀的董事总经理阿尔曼·法尔萨菲(Arman Falsafi)曾提醒我,有一项独立研究显示 Globex 表现不佳。对此，我向我最信赖并经常求助的芝商所高管约翰·柯伦（John Curran）进行了确认并证实了这一点。我还直接去找了 Globex 技术主管吉姆·克劳斯，他也证实法尔萨菲是对的。

指导委员会的设立和发展使得芝商所高管能与董事会成员讨论他们的想法和计划，并听取董事会成员的意见。在将议题提交董事会审议前，指导委员会审议成了必要的流程。我一直担任该委员会主席直到退休。

第 46 章

上市路演

据说上市起源于罗马共和国，人们在罗马的卡斯托尔和波吕克斯神庙附近发现了交易的证据。更具现代意义的上市则始于 1602 年荷兰东印度公司向公众发售股票。而在美国，首个进行首次公开募股的公司是北美银行，于 1783 年公开发售股票。

我参加的唯一一次路演是在 2002 年 11 月，就在芝商所 2002 年 12 月 6 日在上市承销商摩根士丹利指导下进行首次公开募股前夕。[1]

前期准备

对那些不完全了解资本如何形成的外行来说，路演这种最初在美国特有的现象是最具启发性的。简单来说，它是一种吸引买家（机构投资者、分析师、基金经理）在即将进行的首次公开募股中承诺购买一定数量股票的方法。

公司计划出售的股票价格及数量是计划上市的公司与其承销商事先就决定好的。然后，上市承销商会安排计划上市的公司的代表（公司管理团队）与投资界代表进行一系列会议。如果负担得起，路演代表可以租用私人飞机飞往全国各地甚至境外，向投资者介绍和推销公司及其潜在投资机会。路演的成功与否对上市至关重要。

---

[1] 为实现首次公开募股，芝商所于 2000 年 11 月完成了公司化改制。

芝商所作为全球第一家计划上市的交易所，无前鉴可循。[1]摩根士丹利是芝商所的承销商，相关工作做得很好。他们很快了解到我在芝商所和整个期货行业的地位，并在整个路演和上市过程中听从我的领导。尽管麦克纳尔蒂做了开场，但特里紧随其后进行了简要概述，然后由我负责完成后续流程。特里的高智商让他很快就明白了其中的门道，随着他对整体流程越来越熟悉，他开始更频繁地发表自己的看法。

让人难以置信的是，麦克纳尔蒂还曾试图将我和杰克·桑德纳排除在路演团队之外。为此，摩根士丹利介入并提出了他们的看法，建议两位顾问都在场，并且由我负责整个过程。在后续回顾中，摩根士丹利表示芝商所的路演取得了巨大的成功，但如果没有我和杰克的参与，不可能如此成功。

在我看来，我和杰克的合作非常完美，我们两个人组成了一支独一无二的销售团队，充分展示了芝商所的魅力及Globex毋庸置疑的潜力和前景，后续芝商所的收入增加将主要来自于此。此外，我们还完美地回答了投资人抛出的无数问题。成功说服他们，就意味着后续交易所将卖出价值数百万美元的股票，实现成功上市。

精彩片段

以下是我们现场展示交易所精彩历史的一些片段。首先由我充分发挥在犹太意第绪语舞台上学到的表演热情进行开场，然后由杰克自然地跟进，我们还经常被问到是不是专业演员。在我们的描述中，芝商所是独一无二的，也将是第一家上市的交易所。市场对期货交易缺乏基本的了解，包括期货交易所是什么、为什么会有期货交易所，以及上市后交易所会怎样发展。我们充分地解答了这些问题。

---

[1] 一些市场观察人士认为芝商所的上市发行价格存在定价失误。芝商所公开上市发行的价格是每股35美元，1年内每股股价几乎翻了一番，5年后每股股价高达700美元。但是，在此必须帮芝商所的上市承销商摩根士丹利说句话，芝商所是全球首家寻求上市的交易所，所以很难确定上市股价。

30年前,也就是在芝商所改变期货合约之前,期货市场是农业的代名词,包括谷物、肉类和其他大宗商品。1972年,芝商所推出了第一批金融期货合约——外汇期货,永远改变了期货市场和风险管理。如果你对我们的说法有所怀疑,可以问问艾伦·格林斯潘、本·伯南克或者迈伦·斯科尔斯。

但我们并没有止步于外汇期货。在其他人开始考虑这个问题之前,我们已经为金融期货交易创建了全新的业务部门,即国际货币市场。1976年,国际货币市场上市了全球第一个短期利率合约——美国国库券期货。米尔顿·弗里德曼敲响了开市钟。

在其他人还不了解我们在做什么的时候,芝商所就已经获得美国商品期货交易委员会的允许进行现金交割,改变了市场传统实物交割的方式,开创了金融期货新时代。

现金交割意味着期货产品将有无限的发展可能,想象力是唯一制约我们的因素。国际货币市场于1981年推出了全球第一个现金交割金融期货产品——欧洲美元期货。这是截至目前世界上最成功的期货合约,每天名义成交额约为1万亿美元。欧洲美元期货是当今全球短期利率的基准,就在芝商所交易。

1年后,我们推出了全球迄今为止最成功的股指期货产品——标普500指数期货合约。它被全球几乎所有交易所以各种形式效仿。今天,纽约证券交易所的专门做市商在当日开盘进行首次买卖报价时,很可能需要看一下芝商所标普指数期货的隔夜价格。

那这些专门做市商是如何查看股指期货价格的呢?最有可能的就是通过芝商所的全球电子交易系统Globex。1987年,在全球所有期货交易所都没有勇气挑战公开喊价的时候,芝商所就已经勇敢地将电子交易概念付诸实践,并在1992年正式推出。如今,Globex的交易量占芝商所总交易量的40%左右,而且还在不断增长。

1997年,我们推出标普指数期货的全电子化合约,再次彻底改变了整个期货行业。新推出的电子迷你合约的规模为原合约的五分之一,仅在

Globex 上进行交易，日交易量接近 100 万手。援引高盛的描述，迷你标普指数期货合约是美国证券市场的引领者。

引领潮流是我们的传统，创新是我们的名字，这份传承无疑将带领我们攀上一座又一座高峰。所以，我们是第一个实现股份制改革的美国期货交易所和第一家上市的交易所一点儿都不奇怪。自 1970 年以来，芝商所的收入增长了 100 倍。1970—2000 年，交易所的年复合增长率为 14%。而自 2000 年以来，该数字跃升至 40%。

芝商所是独一无二的，当你谈论蓝筹股时，当你提到创新时，当你谈论期货市场时，都会想到芝商所。我们发明了新的游戏规则，改变了全世界管理风险的方式。最后我会这样收尾：

的确，我们的陈述带着偏爱，但那就是历史。正是我们创立了现代期货市场。而且你们也知道，如果是事实，就不叫吹嘘。更重要的是，过去的成就只是序幕，是我们未来发展的基础。俗话说得好："你以为你看到的已经很好了，其实这只是开始！"

第47章

全力以赴

不要做小计划

设计芝加哥湖畔建筑的著名建筑师丹尼尔·伯纳姆（Daniel Burnham）曾说："不要做小计划。"这条原则获得了全球很多人的推崇，包括我。欧洲期货交易所首席执行官鲁道夫·福萨（Rudolf Ferscha）也是这一格言的追随者。福萨是一个很好的人，非常聪明，也很有野心。

伦敦国际金融期货交易所是公开喊价的坚定支持者，它最成功的产品是10年期德国政府债券期货合约。1977年，总部位于德国法兰克福的欧洲期货交易所在其电子交易平台上市了一只与伦敦国际金融期货交易所完全相同的德国政府债券期货合约。为此，我曾与伦敦国际金融期货交易所董事长布赖恩·威廉姆森爵士会面，提醒他电子化交易的期货产品将赢得市场。后续，欧洲期货交易所在不到1年的时间里击败了伦敦国际金融期货交易所，赢得了10年期德国政府债券期货市场，成为电子化交易的分水岭，完全证明了我这10多年来一直反复强调的观点。

过去20年，我们生活中出现了很多难以置信的技术进步，因此在今天可能很难想象过去曾有过对技术进步存疑的时候。但在当时，我们的确需要这个事件来证实如今已经是显而易见的事情，即电子交易系统可以创造流动性。

在2001年成为欧洲期货交易所首席执行官后，福萨意识到这次成功意味着未来还有巨大的发展可能。在大洋彼岸尚有两家全球主要的期货交易所，它们的市场还未完全实现电子化，可供争夺。两家交易所都在芝加哥，而且都被公开喊价限制住了。毫无疑问，这是一个千载难逢的机会。福萨制订了一个计划，想要争夺这两家美国交易所的市场，希望能使欧洲期货交易所一跃成为全球最大的期货交易所。这个计划既聪明又狡猾。

首先，我们回顾一下历史。芝加哥期货交易所当时处于一个非常危险但又有些可笑的境地，它犯下了一连串的错误。第一个错误大约发生在77年前，当时芝加哥期货交易所创建了一个单独的实体，即芝加哥期货交易所清算公司，来避免交易所的直接责任。问题是，控制了清算公司的人就拥有了交易所的所有未平仓合约。当时我就告诉麦克纳尔蒂，清算公司永远不能出售。没错，这也是其中一个原因。

福萨计划通过夺取芝加哥期货交易所清算公司的控制权，掌握芝加哥期货交易所的美国国债期货市场。这个计划不容易实现，但也不是完全没可能。而且福萨也不是唯一一个有这种计划的人，纽约的银行财团也在做相似的努力。

陷入困境

芝加哥期货交易所的第二个错误是没有建立电子交易系统，这使他们成为所有交易所中最弱的一家。不仅如此，芝加哥期货交易所还花2亿美元建成了新的金融交易大厅。然后，在发现犯错后，芝加哥期货交易所也开始寻求电子交易系统这一救星来保护其市场免遭抢夺。

芝加哥期货交易所拒绝了芝商所的Globex。正如我所料，这对他们的会员来说太尴尬了。毕竟几年前芝加哥期货交易所就拒绝了与我们合资开展Globex项目，他们本可以成为我们在Globex上的主要合作伙伴。相反，他们与欧洲期货交易所达成合作，1999年5月18日，芝加哥期货交易所的会员批准了双方的合作计划（使得两家交易所朝着最终合并迈出了一步）。其中包括"跨产品"技术合作，以及使用德方搭建的A/C/E[1]电子交易系统。

---

[1] A/C/E 电子交易系统的全称为 Alliance/CBOT/EUREX。——译者注

有了话语权的福萨向美国商品期货交易委员会递交了注册成为美国期货交易所的申请，震动了整个期货行业。这是一个大胆且非常具有创新性的做法，可以使欧洲期货交易所直接具备抢夺芝商所和芝加哥期货交易所市场的条件。

芝加哥期货交易所这时发现自己陷入了自身错误导致的两难境地。如果欧洲期货交易所获得许可，那将没有什么可以阻止其新的美国实体推出一模一样的美国国债期货，并在其电子交易系统上进行交易。这种情况我们曾经见过，也知道结果。更糟糕的是，芝加哥期货交易所大部分（约80%）的债券期货交易已经迁移到 A/C/E 系统，这又成为福萨赢得美国国债期货市场的一大助力。到目前为止，福萨的计划实施得一帆风顺。

为了显示他们的决心，鲁道夫·福萨在芝加哥期货交易所总部对面的西尔斯大厦租用了2万平方英尺[1]的办公区。晚上，福萨安排在西尔斯大厦的顶层亮起欧洲期货交易所的代表色（绿色和蓝色），并用探照灯照射芝加哥期货交易所大楼以示挑衅。随后，他针对芝加哥期货交易所的交易员专门举办了新闻发布会和派对，白天还让热辣性感的女孩分发免费的咖啡和欧洲期货交易所的T恤[2]。老实说，你编都编不出这些东西。

出于绝望，芝加哥期货交易所撕毁了与德国人的合同，转而与英国人签订了类似的协议。在关键时刻，芝加哥期货交易所总算将他们的债券期货交易从 A/C/E 系统转移到了泛欧-伦敦国际金融期货交易所平台。

公私分明

就在那个时期，也就是2003年3月，查尔斯·凯里接任了芝加哥期货交易所董事长。查尔斯不是保守的芝加哥期货交易所老牌会员，他是一个务实的人，聪明且专业，是莱斯利·罗森塔尔的坚定支持者。我们很快成为好友。查尔斯对拯救芝加哥期货交易所这一使命坚定不移、竭尽所能，他要求芝加哥期货交易所董事会批准通过一项极具竞争力的新费率结构，

---

[1] 2万平方英尺约等于1 858平方米。——编者注
[2] 芝加哥期货交易所总裁伯尼·丹（Bernie Dan）明确拒绝了欧洲期货交易所分发的礼品。

激励场内交易员支持国债期货合约，但他也知道这些措施可能还不够。

2003年9月20日，鲁道夫·福萨准备向芝商所发起市场争夺战。他随法兰克福市长哈特穆特·施韦辛格（Hartmut Schwesinger）率领的高级代表团来到了芝商所，代表团的其他成员还包括：富而德律师事务所合伙人伯克哈特·巴斯图克（Burkhard Bastuck）博士、摩根大通公共投资银行业务负责人安妮特·梅塞默（Annette Messemer）博士、法兰克福商会国际业务董事总经理卡林·泽尼（Karin Zeni）博士、德意志银行迈克尔·加拉格尔（Michael Gallagher）先生等。

根据安排，代表团与芝商所的领导层进行了会面，包括特里·达菲、克雷格·多诺霍、杰克·桑德纳和我，还有芝商所公共事务总监科琳·拉扎尔（Colleen Lazar）。双方互道问候并交换了名片，鉴于代表团的规模，这个过程花了一些时间。

施韦辛格市长感谢我们安排会见，并与我本人进行了充满火药味的交谈。他试图以最温和的方式表达，欧洲期货交易所肯定会在这场与芝商所的期货业务之争中获胜，即使这样，我们也还是应该保持朋友关系。福萨说：“这不涉及私人恩怨，完全是公事公办。”在场所有人的眼睛都盯着我。我没开玩笑，这就是当时的真实情况，人要是狂妄自大起来真是什么都说得出口。也许他看了太多美国黑手党电影，在杀死对手前，杀手还要宽慰他：“我不是针对你，我是公事公办。”

我以最礼貌的方式回答他：“市长先生，您说得对，我们会成为朋友，因为只有太阳从西边出来那天，欧洲期货交易所才能夺走我们的业务。”科琳·拉扎尔后来告诉我，她很后悔当时没拿摄像机把客人们的表情拍下来。

会议结束得非常突然。虽然我是笑着说的那句话，但这并不是一句空头支票，我已经做好不惜一切代价应对的准备。

安全的避难所

看到美国媒体如此轻易地相信了外国人的吹牛，真是既发人深省又令人失望。《巴伦周刊》知名记者科平·坦（Kopin Tan）在 2003 年 9 月 22 日写道：

> （欧洲期货交易所的）公告早在预料之中，但仍然引起了不小的轰动。即便是反对欧洲期货交易所计划的怀疑论者，也应该注意到了其中更大的新闻：明年，来自欧洲期货交易所的竞争将会加速芝加哥期货市场的变革，尽管这些市场最近有了电子系统的点缀，但仍然主要通过公开喊价进行人工交易。

为此，我飞往纽约与科平会面并共进晚餐。但我无法改变他的观点，他坚信我们这些芝加哥的野蛮人最终会输掉竞争。

没过几天，莱斯利·罗森塔尔就告诉我，查尔斯·凯里要给我打电话。莱斯利知道我和查尔斯已经是好友，但还是想明确我的立场，他说："利奥，你不能让欧洲期货交易所赢。"我没有回答，但我的脑海里闪过之前对鲁道夫·福萨发的誓。

莱斯利说了一些我早就知道的事情，包括查尔斯不在乎面子，也不在乎两家交易所过去的竞争，只想确保芝加哥期货交易所安全地存活下去。查尔斯和我在电话里聊了很久，并萌生了一个新想法。查尔斯后来打电话给我和特里，达成了一项将芝加哥期货交易所债券产品转移到芝商所旗下清算公司的协议，至少在那里它们是安全的。这是一项令人震惊的业务合作，我称其为芝商所-芝加哥期货交易所通用清算链接，由芝商所提供交易处理、担保及其他服务。

我后来对特里说："我们实现的这项成就应该与世界七大奇迹齐名。"但实际这个成绩应该归功于芝商所清算公司总裁金·泰勒和芝商所总裁普平德·吉尔，是他们实现了交易所间的头寸转移。就如金·泰勒苦笑着调侃说："有问题吗？没问题，要做的不就是必须在不中断交易的同时，按时顺利完成价值数十亿美元的头寸转移嘛。"

将芝加哥期货交易所的产品转移到芝商所的清算系统帮助他们获得了

真正的安全，我相信每个期货行家都知道接下来会发生什么，剩下的只是时间问题。正如我对《金融时报》所说："这项协议的确具有历史意义，意味着多年来尝试在芝商所和芝加哥期货交易所之间建立合作的努力终于有了成果。"[1] 近50年的梦想即将实现。为此，莱斯利和我私下喝了次庆功酒。

2004年2月4日，在因反复权衡是否应该把竞争限制在本土而拖延了很久之后，美国商品期货交易委员会终于做出了正确的决定，授予欧洲期货交易所美国交易所许可证。

宣战

但是等等，故事还没有结束。2004年5月16日，我们庆祝了国际货币市场成立30周年。纽约联邦储备银行行长兼国际货币市场董事会初始成员威廉·麦克多诺主持了此次活动，并宣读了米尔顿·弗里德曼的特别问候，这位伟大的经济学家在问候中称我为"期货市场最伟大的赌徒"。

我们还收到了美联储主席艾伦·格林斯潘的贺信，他在信中写道："全国乃至全球的金融市场参与者都有充分的理由庆祝国际货币市场过去30年的成就。"美联储主席可能不知道的是，世界上也有一些势力在密谋反对我们，希望我们无法延续下一个30年。

我提前预警的事情最终发生了。在庆祝活动10天后，伦敦国际金融期货交易所宣布将与芝商所展开竞争。他们计划用1997年受到的教训来对付芝商所。现在，他们有了全新的名字——泛欧-伦敦国际金融期货交易所，还有全新的电子交易系统——伦敦国际金融期货交易所互联互通系统。伦敦国际金融期货交易所决定将此前遭受的竞争威胁施加到我们身上，瞄准了欧洲美元期货合约。[2] 伦敦国际金融期货交易所首席执行官休·弗里德伯格（Hugh Freedberg）宣布："这是我们开发和推出伦敦国际金融期货

---

[1] *Financial Times*, Jeremy Grant, April 16, 2003.

[2] *The Chicago Tribune*, Mark Skertic, January 27, 2004.

交易所互联互通系统以来一直想做的。"[1]

《芝加哥论坛报》头版文章向我们的交易员传达了这一消息："一家总部位于欧洲的交易所正计划从3月18日起开始交易欧洲美元期货合约……与芝商所抢夺业务。"欧洲期货交易所和伦敦国际金融期货交易所已正式对芝商所宣战。

忠诚不再

1997年伦敦国际金融期货交易所遭受来自电子化交易的重创时，恰逢我回归芝商所董事会。伦敦国际金融期货交易所发生的一切，正是我所害怕并希望通过建立Globex来避免的。但是，有个隐秘的问题：尽管Globex已经于1992年开始运营，但几乎没有交易量。如此前所述，除非客户有特定指示，否则经纪商会自行决定交易方式。因此，芝商所的电子交易系统常常被忽略。我们和伦敦国际金融期货交易所一样，处于弱势地位。对此，我必须做点儿什么。

为推翻1987年的禁令，我发起了一次新的公投，推动芝商所所有产品在公开喊价的交易池和Globex系统同时交易。我希望这能推动未平仓合约从交易池向电子交易系统转移，并为Globex系统创造流动性。但是此项提议引起了极大的争议，并遭到了经纪商群体的激烈反对。

我们举办了无数次沟通会，有近两年的时间浪费在了各种争论上。最终，1999年1月14日，上述提案以压倒性多数获得通过。外汇类和权益类期货产品交易在Globex系统上迅速增长。然而，欧洲美元期货就像是在另一个世界，电子成交量几乎没有改变，冷战还在继续。《华尔街日报》对伦敦国际金融期货交易所竞争威胁的背景进行了论述：

> 欧洲美元期货是芝商所最受欢迎的产品。但是，尽管芝商所的股指期货和外汇期货产品交易在其Globex上出现了爆炸式增长，欧洲

---

[1] Dow Jones Capital Markets, Adam Bradbery, January 26, 2004.

美元期货的电子交易量却没有变化。去年，芝商所欧洲美元期货总交易额为 3.096 亿欧元，其中电子交易仅占 4%。[1]

这篇报道的数据是准确的，但并没有反映出全部情况。2003 年年底，国际货币市场的欧洲美元产品代表了芝商所的生命线，欧洲美元期货和期权合约的交易量占芝商所总交易量的 50%，总持仓量的 84%，所产生的收入占芝商所净总收入的 75%。因此，这场争夺战可以说是我们的噩梦，何况伦敦国际金融期货交易所运营良好、财务状况稳健，电子平台几乎与我们无异。

显然这一情况的出现并非偶然。欧洲美元期货市场的经纪商当然明白，我们街对面的兄弟们之所以陷入困境，就是因为他们没有电子交易系统。他们肯定也知道电子交易系统一定会赢得与公开喊价的竞争，他们在回避电子交易系统方面一定有难言之隐："公开喊价的业务收入一旦失去，就是永远失去了。"换句话说，经纪商一定是想："这部分业务收入能保留多久就保留多久。"

重大时刻

特里和我一致同意要撸起袖子认真对待这场战斗。禁止在电子交易系统上交易欧洲美元期货的规定已经通过上一次公投得以作废，现在，我们不得不再一次发起公投来解决交易量的问题。我们提议在接下来的 90 天内将 25% 的未平仓合约转移至电子交易系统，否则将关闭交易池。我们相信公投会通过这项提案。

我至今仍清楚地记得那场会议，面对千余名愤怒的欧洲美元期货经纪商和交易员，芝商所高层都在场：特里·达菲、克雷格·多诺霍、普平德·吉尔、杰克·桑德纳和我。整个过程就像电影《龙虎双侠》一样精彩，特里和我准备好背水一战，不达目的绝不罢休。那次，我做了此生最富有

---

[1] *WSJ*, Kristina Zurla, January 26, 2004.

激情的演讲之一，我化身克努特·罗克尼[1]教练，要求那些经纪商和交易员"为芝商所赢下这场战斗"。气氛紧张到了极点，一点儿火星儿就能点燃全场。

欧洲期货交易所在其电子交易系统上也推出了欧洲美元期货合约，但没有半点儿水花。在2004年3月16日的公投中，芝商所会员批准了将欧洲美元期货合约25%的持仓转移至Globex的决定。这第一批25%的持仓量就像青霉素，"治好"了所有问题。3周内，绝大多数欧洲美元期货都已经转向Globex交易。欧洲期货交易所花了几个月的时间收拾行装返回了法兰克福。

太阳没有从西边出来。

---

[1] 克努特·罗克尼（Knute Rockne）是美国橄榄球名人堂教练员。——译者注

第48章

大功告成

芝商所、芝加哥期货交易所宣布合并

芝商所荣誉主席利奥·梅拉梅德于2006年10月17日就此发表声明：

这是堂吉诃德式梦想的巅峰。最初这一想法诞生于20世纪70年代，彼时芝商所和芝加哥期货交易所先后推出金融期货。两家交易所雄心勃勃，希望引领全球进入金融衍生产品发展的新时代。这一愿景点燃了美国的金融创新，并使其成为全球金融服务行业的领袖。

这一愿景也是我们怀抱了30年的梦想，这个目标既合乎逻辑又令人信服，但需要时间去实现。需要时间让我们的想法被全世界接受，需要时间让我们的机构发展成熟并上市，需要时间让我们的行业传统与当今信息技术浪潮下的电子交易系统和谐发展。最重要的是，还需要一群经验丰富的高管发挥合力，从两家交易所的董事长开始，运用他们绝佳的判断力和坚韧的品格来实现这一目标。今天，我们完成了使命，此举将永久维护芝加哥作为全球风险管理之都的地位。

声誉

当我在1969年接管芝商所时，芝加哥以两点闻名于世：牲畜饲养基地和有组织犯罪（黑手党）的中心。自1865年起的一个多世纪里，芝加哥始终是美国的肉类加工中心。几家铁路公司运营的街区逐渐成为一个集中加工区。伟大的诗人卡尔·桑德伯格以其著名的诗歌《巨肩之城》使芝加哥闻名于世。

> 世界的杀猪场，
> 工具制造商，小麦堆垛机，
> 铁路玩家和国家货运代理。
> 激烈的、魁梧的、吵闹的，
> 巨肩之城。

这首诗非常写实。芝加哥的牲畜饲养场为全美的餐桌供应肉类。这座城市地处美国中部，是美国铁路中心和货运中心的理想之地。正如桑德伯格所写，"工具制造商，小麦堆垛机"，向东或向西运输商品，就是风城的象征。

芝加哥的另一个标志是阿尔·卡彭，他领导的黑帮总部就设在芝加哥，他本人后来也成为美国历史上臭名昭著的黑帮分子。在20世纪20年代禁酒令的高峰期，卡彭在芝加哥开展了走私、卖淫和赌博等一系列犯罪活动，主导了美国的有组织犯罪。卡彭最臭名昭著的行为是1929年下令暗杀他的7个对手，后被称为"情人节大屠杀"。

当我后来以期货行业主要推广者的身份进行全球宣传时，芝加哥的污名也跟随着我，使得人们更难接受我的观点。每次我一提到芝加哥，观众中就会有人双手合拢，发出模仿阿尔·卡彭使用机枪的声音。

这当然无助于我推广国际货币市场，并且会将对期货的讨论转变为对金融市场所在地的质疑："为什么要在芝加哥？为什么不在纽约？或者更好的伦敦？"

为什么在芝加哥

显而易见的答案是，在纽约和伦敦没人想到这个主意。而且以那时的通信能力，市场位于哪里其实并不重要。但是我没有用这个答案。我的目标是说服全世界，金融期货市场是一个杰出的想法，而且它的时代已经到来。此外，我还知道一些我的听众们并不知道的事：伴随着芝商所和芝加哥期货交易所的创立和发展，芝加哥实际上已经成为全球的期货交易中心。

芝加哥期货交易所位于芝加哥核心商业区，1848 年 4 月 3 日成立后迅速成为全球最大、最著名的期货和期权交易所，率先上市交易了标准化远期合约，成为世界粮食交易的标杆。自 1930 年起，芝加哥期货交易所的办公地一直都是西杰克逊大道 141 号的一座 45 层的建筑。该建筑由霍拉伯德和鲁特建筑设计公司设计，在西尔斯大厦 1973 年落成前一直是芝加哥最高的建筑，西尔斯大厦则在此之后成为世界上最高的建筑，并将这一纪录保持了 25 年。

芝加哥期货交易所大楼的顶部是一座高 31 英尺、装饰艺术风格的罗马农业和谷物女神克瑞斯的雕像。雕塑的面部没有刻画，因为雕塑家约翰·斯托尔斯认为，不可能有更高的建筑让人能看清她的脸。芝加哥期货交易所大楼矗立在拉萨尔街的尽头，一个多世纪以来一直是芝加哥商业中心的标志，至少在芝商所位于瓦克尔大道的办公楼落成之前一直如此，芝商所的大楼则是芝加哥城市版图上的最后一块。今天，芝商所大楼已经成为芝加哥最热门的商业场所之一。

牢固的纽带

鉴于我坚定地看好国际货币市场的增长前景，我会建议人们反向思考这个问题：为什么不能是芝加哥？正如我曾经向芝加哥市长戴利承诺的："国际货币市场将使美国的金融重心向西转移到芝加哥！"直觉告诉我，实现这一目标最快的方法是让芝商所有朝一日与芝加哥期货交易所合并，这将产生无与伦比的超大市场，使芝加哥成为毫无争议的全球风险管理之都。

我的思考基于直觉，仿佛理应这样做。所以从一开始，和芝加哥期货交易所合并就成了我的终极目标。要实现这一目标，芝商所必须在交易量和市场地位上比肩甚至超越芝加哥期货交易所。请记住，我在追逐芝加哥期货交易所过程中的最后一块拼图就是拥有一座与他们一样雄伟和壮观的办公楼。

在这些方面，我相信芝商所已经做到。我们的市场规模和地位让我们成为首家上市的交易所。作为2002年芝加哥联邦储备银行圆桌会议的主旨发言人，卡尔·桑德伯格的珠玉在前，我效仿着写下了这首诗：

我们的中间名

世界风险管理之都，
创新者、市场构想者，
概念缔造者和全国期货玩家，
激烈的、魁梧的、吵闹的，
巨肩之城。

在60年代，我们被称为骗子——
从寡妇和孤儿那里骗走最后一分钱，
在逼空市场的堆叠游戏中赢取利润，
然而我们不断发展！

在70年代，我们被称为傲慢的冒牌货——
冒充与金融这座圣殿有所关联，
窃取纽约和伦敦的合法市场，
然而我们不断发展！

在80年代，我们被称为幸运儿——
70年代通胀异常的受益者，
迎合投机者、波动率和指数套利，
然而我们不断发展！

> 在90年代，我们被称为老古董——
> 过去时代的古老机制，
> 效率低下，无法与电子通信技术抗衡，
> 然而我们仍在不断发展！
>
> 你看到的这些还只是开始。

芝加哥期货交易所始终是我尊敬的老大哥。这些年来，我与芝加哥期货交易所及其高管、会员的关系一直都很牢固。虽然我们时有竞争，但我们之间的友好关系早在20世纪70年代后期我成为芝加哥期货交易所会员前就存在了。在汤姆·多诺万担任总裁及莱斯利·罗森塔尔、帕特·阿伯和查尔斯·凯里担任董事长期间，我们也一直保持着友好的关系。

在罗森塔尔担任芝加哥期货交易所董事长期间，我们的友谊更进一步。我和罗森塔尔有很多共同点：我们职业相同、职务相同、面临同样的挑战、都在外国出生（他出生于罗马尼亚，我出生于波兰），我们都是从跑腿员开始做起，也都是从父亲那里借钱购买了会员资格。他父亲后来还成为芝商所交易池中罗森塔尔-柯林斯集团的电话业务员。

芝加哥期货交易所总裁汤姆·多诺万和我相处得非常好。他不仅是芝加哥期货交易所名义上的负责人，还享有绝大多数会员的支持。他虽然不是交易员出身，但非常聪明，而且对期货行业有着全面的了解。在几乎每个关键的转折点，特别是联邦立法等行政事务有关的问题上，我们都步调一致。

在私人关系层面，我与帕特·阿伯也是如此。虽然我们对市场技术的观点有着天壤之别（我曾告诉他，他正在建造"地球上最后一个交易大厅"），但他身上有种讨人喜欢的特质，交际广泛。无论是否带着吉他，他都是派对的主角。

威廉·奥康纳和查尔斯·凯里都曾担任芝加哥期货交易所董事长，是芝加哥的中坚力量，我很喜欢他们。在国际货币市场的启动仪式上，威廉曾打电话要购买20个席位来支持我,他还真这么做了。鉴于当时每个席位的售价为1万美元,这是一笔20万美元、实打实的支持。查尔斯是个脚踏实地的人,性格直爽。他们两个都曾和我一起访问俄罗斯,计划在那里为威廉口中的"俄国佬"建立一个期货交易所。那次出访我们都非常尽兴。

消除困难

事实上,我与芝加哥期货交易所的关系早在拉尔夫·彼得斯1979年出任芝加哥期货交易所董事长后就大幅改善。彼得斯和我一样,都是交易员出身,当然他的水平要高得多。如果要我选一名心目中最伟大的期货交易员,我会毫不犹豫地选彼得斯。

彼得斯当选芝加哥期货交易所董事长后,曾邀请我出任董事,这是一个前所未有的提议。在拒绝这个提议时,我曾写信给彼得斯表示:"这是我获得的最高荣誉之一。"但这还没结束。彼得斯是一个生意优先的人,他提出让我担任他创立的彼得斯公司的董事长,这样我们就可以在合并芝商所和芝加哥期货交易所之前先将我们的个人利益捆绑在一起。他并非随口提议,还专门为此请我和贝蒂吃饭。虽然这个提议很吸引人,但我还是满怀歉意地拒绝了。

合并的想法在1981年莱斯利·罗森塔尔当选芝加哥期货交易所董事长时被再次提出。1983年他的任期结束后,我大胆地让罗森塔尔出任了一届芝商所董事。就像彼得斯曾邀请我担任芝加哥期货交易所董事一样,这是一个很大胆的行为,因为众所周知他是芝加哥期货交易所忠实的会员,也是芝加哥期货交易所清算公司董事长。

我这样做是想推进宏伟的合并计划。罗森塔尔和我经常在保护期货市场立法等事项上合作,使得我们两家交易所更加紧密地联系在一起。尽管合并直到大约30年后才实现,但我们都完全认同这个结果是必然的。

救于水火

芝商所和芝加哥期货交易所于2007年7月12日正式合并,成为全球最大、最多样化的交易所，所有主要资产类别的期货和期权都可以在 Globex 上交易，包括利率类、股指类、外汇类和农产品类，以及能源类和天气、房地产等另类投资市场。有时梦想的确会成真。

当时我们能够实现合并的主要原因之一是两个交易所都完成了股份制改革，意味着交易所的价值可以基于公开市场股价计算得出，无须猜测。同时，幸运的是，两位董事长特里·达菲和查尔斯·凯里彼此认识且相互尊重。我与凯里多年来的友谊也起了一定作用，我们一直保持着联系。此外，芝加哥期货交易所和会员对我及芝商所的成功历史都非常熟悉。

有时坚守善意便会带来胜利。

第49章

我们从中学到了什么

纳西姆·尼古拉斯·塔勒布的《黑天鹅》[1]是一本必读之作。关于黑天鹅的描述最早出现在2世纪罗马诗人尤维纳尔（Juvenal）的文学作品中。数百年来，人们一直认为黑天鹅并不存在。黑天鹅因此成为一个意象，比喻出乎意料的、不可预测的事件。正如塔勒布所说："我们认为所有的天鹅都是白色的，当一只黑天鹅游过时，我们会感到震惊。"

尽管塔勒布的书在2008年之前就已经出版，但很多人还是会用黑天鹅这一意象来解释2008年的市场暴跌，认为导致暴跌的原因很多都是不可预见和不可预测的，即所谓的"黑天鹅"事件。不过，也有很多人不认同这一观点，我就是其中之一。

紧密关系

亲身经历了1987年的股灾、2000年的互联网泡沫及2008年的金融危机后，很难不知道市场下跌是如何发生的，以及为什么会发生。同时，这也让我去思考可以做些什么来避免重蹈覆辙，以及这是否真的是由一系列"黑天鹅"事件造成的。艾伦·格林斯潘是一位杰出的经济学家，也是自由主义偶像安·兰德（Ayn Rand）的弟子。格林斯潘担任美联储主席近20年（1987—2006年），在他上任之前，我曾邀请他担任芝商所的董事。他拒绝了，理由是他有更大的志向。

---

[1] The Black Swan, Nessim Nicholas Taleb, Penguin UK, 2007.

我相信我和艾伦·格林斯潘之间有种惺惺相惜之感。他在担任美联储主席期间，总能听到我关于芝商所的问题，也总能在必要时给我一个见面沟通的机会。每当他来芝加哥拜访芝加哥联邦储备银行行长迈克尔·莫斯科，总会特别提到与我的友谊，恰好迈克尔也是我的好友。在他即将退休时，格林斯潘介绍了即将上任的美联储新主席本·伯南克与我会面。

值得一提的是，在我领导芝商所数十年的时光里，我与大多数美联储主席成为朋友，可以直接与他们就国家经济问题进行交流。从见证国际货币市场创立的阿瑟·伯恩斯开始，到后来的保罗·沃尔克、艾伦·格林斯潘和本·伯南克，我与他们的关系一直很紧密。

美联储式讲话

必须肯定格林斯潘对防止1987年股灾升级为全球性、灾难性事件所起到的积极作用。作为美联储主席，他精通美联储式讲话（也被称为格林斯潘式讲话），这些讲话含糊不清，可以衍生出各种解读。根据诺贝尔经济学奖获得者罗伯特·席勒的说法，格林斯潘不想做任何公开承诺，因此就成了"现代版的说着谜语的先知"[1]。

这催生了一群精通美联储式讲话的"塔木德式"专家[2]，他们试图解读格林斯潘和美联储其他官员（如保罗·沃尔克）的话中深意。据哥伦比亚商学院金融学教授查尔斯·W. 卡洛米里斯（Charles W. Calomiris）说，坊间流行这样一个笑话，艾伦·格林斯潘曾对一位美国国会议员说："如果你能理解我说的话，那么就是我说错话了。"

在他领导美联储期间，格林斯潘通过主动调节联邦基金利率，发挥其杠杆作用，帮助企业从危机中复苏，支持美国经济发展。这个手段非常有效。甚至一种新的金融工具以他命名——"格林斯潘看跌期权"，表示市场在困难时期会依赖于他的救助。格林斯潘很快赢得了美联储"巫师""大师"的形象。在他任职的大部分时间里，市场都对他的领导表示

---

[1] Robert Shiller, *Irrational Exuberence*, Princeton University Press, 1997.
[2] 《塔木德》是《犹太法典》的核心文本，有时会有相互矛盾的解读。

认可并维持着一种积极的态势。当然,央行行长们都喜欢牛市。

然而,有一次他自己也成了"黑天鹅"。1996年12月5日,在纽约举办的美国企业研究所的晚宴上,这位美联储主席的发言简单粗暴,语出惊人,后来也成为他最著名的言论。[1]在谈到当时的股市估值时,格林斯潘表示市场表现出了"非理性繁荣"[2]。

市场操纵

这绝对是个震惊市场的事件。可以料想到,在演讲公布的第二天,全球所有市场都急剧下跌。其中格林斯潘演讲时开市的东京市场立即应声下跌,当天收跌3%。这正是格林斯潘希望看到的。他后来解释说,他想吓一吓市场,因为他认为市场已经进入危险的超买区间。

事实证明,他的演讲只在市场不可阻挡的上涨过程中带来了短暂的调整。不过,格林斯潘的警告是正确的。3年后的2000年,互联网泡沫破灭,廉价资金疯狂投资科技及科技相关公司股票,由此造成的巨大泡沫导致了可怕的结局。

20世纪90年代,由于互联网的发明及其不可估量的商业潜力带来的投资热情,美国掀起了一场投机狂潮。从1990年到1997年,美国家庭拥有电脑的比例增加了20%。对于千禧年的到来会使现有计算机出现故障的担忧,进一步推升了对计算机及相关设备的需求。仅仅是因为原来的计算机在编程时没有考虑新世纪的年份要用20代替之前的19开头,许多人就认为计算机会在2000年新年前夜的午夜出现故障。[3]

这显然是无稽之谈,但对销售计算机的人来说,这是一段美好的时光。

---

[1] 在格林斯潘退休时,《司徒囧每日秀》为他举办了一个完整的告别节目,名为"向艾伦·格林斯潘致敬"。

[2] 多年来,人们一直在猜测格林斯潘是否借用了诺贝尔奖获得者罗伯特·席勒的话。席勒后来写道,他在演讲前与格林斯潘共进午餐时提到了"非理性"这个词,但"繁荣"非他所言。格林斯潘表示,他在浴缸撰写演讲稿时创造了这个词。罗伯特·席勒后来用"非理性繁荣"作为其一本书的书名。

[3] 此外,当时还很流行提醒午夜不要坐电梯,以免电梯在计算机出现故障时被卡住。

不仅如此，有些企业由于与计算机技术相关，哪怕还没有生产出任何产品，也能通过上市筹集大量资金，甚至上市前就可以筹得资金。

千禧年前的 5 年里，纳斯达克综合指数上涨了 400%。在 2000 年 3 月 10 日美股开始大幅跳水前，市盈率达到了可怕的 200 倍。泡沫破灭后，美股开始持续下跌，跌去了此前增幅的逾 70%。一些硅谷支持者举着标语呼唤："我想要再次回到非理性繁荣时期。"

本来故事到这里就可以结束了，但糟糕的市场情况使得格林斯潘以更低的利率进行干预，重新引入低价货币政策。从 2003 年 6 月到 2004 年 6 月，美联储将其联邦基金利率维持在 1%。许多人认为，这一政策是导致 2008 年市场最终崩盘的一个重要原因。

由于很少有人能预测"黑天鹅"事件的发生，并且这次市场崩盘的程度历史上前所未有，所以许多市场评论员认为这次崩盘是由一起（或多起）"黑天鹅"事件引发，因此不可预测。但包括我在内的一些人强烈反对这一观点[1]，在我们看来，所谓的"大衰退"，背后的许多原因都是显而易见的，其后果也非常容易预见。

导致大衰退的原因

在我看来，导致大衰退的原因有 8 个。不过首先申明，我不是经济学家，并且远远达不到经济学家的水平，我对经济学的看法和所掌握的知识都还是外行水平，只不过对市场非常了解。

1. 廉价货币，利率过低的结果。
2. 担保债务凭证和结构性投资工具等场外金融衍生产品的出现和交易。在没有完全了解（或根本不关心）这些场外金融衍生产品潜在风险的情况下，这些产品因其巨额利润被肆无忌惮地出售和交易。

---

[1] 我于 2009 年 4 月 12 日在北京大学发表了关于"金融灰天鹅"的演讲。《黑天鹅》一书出版于 2007 年，作者纳西姆·尼古拉斯·塔勒布曾为期权交易员。该书通过回溯历史，阐释了不可预测的、罕见的异常事件的极端影响，以及人类为此寻求简单解释的倾向。

第 49 章　我们从中学到了什么

本·伯南克在回答房地产崩盘问题时曾说："次级贷款被包装在这些证券化资产中，投资者一旦意识到次级贷款会出问题，就开始害怕包裹在这些证券化资产中的产品，进而造成市场恐慌和挤兑。"没错，但罪魁祸首是最初创造出这些无用的证券化资产的银行。

3. 评级机构对上述资产给予的 AAA 级评价。
4. 过低的银行资本金要求。
5. 向没有收入、没有工作、没有资产的"三无人员"[1]发放次级抵押贷款。
6. 不合理的财务杠杆。正如诺贝尔经济学奖获得者加里·贝克尔后来建议的那样，有必要提高与银行资产相关的资本金要求，以防止金融机构资产资本比率的高度杠杆化。[2]
7. 市场的贪婪。显然，银行和其他金融机构因急于获得更多短期回报而不顾长期风险，导致出现很多不负责任的行为甚至更糟糕的情况。《巴伦周刊》撰稿人兰德尔·福赛思（Randall Forsyth）指出，场外结构性投资工具已经成为金融市场的兴奋剂。
8. 以房利美和房地美为代表的政府机构和官员在支持为公众提供廉价抵押贷款方面的压力。这些政府背景的机构在提供可负担房产这一政治任务中承担主要责任，因此成为 2004—2007 年次级抵押贷款相关资产的最大买家，总敞口超过 1 万亿美元。虽然当时我们这种观点不受欢迎，但可以自豪地说，我的观点与许多杰出的经济学家一致，例如芝加哥大学布斯商学院金融学教授、后来的印度储备银行行长拉古拉姆·拉詹（Raghuram Rajan）。

其中一点原因

我把第 8 个原因放在最后，是因为需要对它做一些额外补充。对我来说，这是所有原因中最具争议的。美国政府，本质上作为民选官员和政府

---

[1] "三无人员"（NINJA）是普林斯顿大学伯顿·马尔基尔教授创造的词。
[2] Gary S. Becker, *The Wall Street Journal*, October 7, 2008.

机构，恰恰成了这次股灾的主要帮凶。2012年10月12日，在股灾发生很久以后，我在芝商所组织了一场关于美国房地产市场崩盘和金融危机的辩论，双方辩手分别为众议员巴尼·弗兰克（Barney Frank）和乔治·布什政府的国家经济委员会前主任基思·亨尼西（Keith Hennessey），由新闻评论员特丽·萨维奇担任主持人，现场座无虚席。最后不出所料，双方无人愿意承担罪责。

然而，在活动结束后，我向弗兰克先生指出，多年来，他和美国众多民选官员都鼓吹"人人有房"的理想，并支持推动了普及廉价抵押贷款的相关立法。对此，他如实回答："我戴上了政治滤镜。"我很欣赏弗兰克先生的坦诚，事实的确如此。政客们发现，支持更便宜的抵押贷款、更低的贷款要求和减少贷款障碍可以帮助他们赢得选票，而完全不顾当量级乘以百万时，这样的做法是否会导致房地产市场崩盘。这恰恰是当时真实发生的情况。

2008年股灾的原因众所周知且显而易见，人们或可称之为"完美风暴"。总的来看，这场股灾的最终毁灭性后果是可预见的，并不是所谓的"黑天鹅"事件。其中一两个因素本身或许还不足以导致这样的后果，但多种因素叠加就产生了极其严重的后果。与我持有相同观点的不在少数。

我认识许多私人部门人员，他们经历了1987年和2000年股灾的痛苦，开始认识到两次股灾前危机发酵的相似之处。我不记得美联储等政府机构中有人就此给予了市场充分的警示。

当股灾来临时，似乎有一大群黑天鹅来袭。但在我看来，造成这些后果的并不是黑天鹅。金融危机调查委员会2011年的一份报告显示，大衰退是可以避免的。委员会成员包括6名民主党人和4名共和党人，他们列举了多个关键的市场崩盘因素，与我列举的8个原因基本相同。委员会表示是这些因素导致了市场下跌。

解决方案

为应对逐渐失控的次贷危机，美国财政部长亨利·保尔森牵头推出了"不良资产救助计划"，乔治·W.布什总统于2008年10月3日签署通过立法，赋予财政部逾 7 000 亿美元的预算（后降至 4 750 亿美元），用于购买流动性不足的抵押支持证券及其他资产，以恢复货币市场流动性。据称，不良资产救助计划的实施使得市场免于一场更严重的灾难，英国等欧洲国家也相继实施了类似的救助计划。[1]

从理论上来说，在自由市场体系下，任何企业破产都是可以接受的。政府在干预拯救破产的公司前应三思而后行，即使破产的是通用汽车也不例外。[2] 投资人在投资不善或疏忽大意时理应蒙受损失，公司面临倒闭时理应去寻找合作伙伴、并购、筹集资金或申请破产等解决方案，这才是资本主义应有的运作方式。

然而在 2008 年股灾中，我们并没有让市场自然发展，而是选择介入并推出了"不良资产救助计划"和"量化宽松"，人为阻碍了企业倒闭和重建的自然过程。这样做肯定违背了一些基本的市场规律。我们的干预或许已经产生我们不希望看到或者尚不理解的后果。时间会给予答案。

当我后续与参议员克里斯·多德就此进行交流时，他承认这一系列行为在美国历史上都是前所未有的，归根到底就不是自由市场的方式。但正如他解释的那样："大家都在会议室里，保尔森、伯南克、来自共和党和民主党的领导人，以及各个委员会的主席和财务顾问。我们被告知要么同意保尔森的救助计划，要么任由国家陷入灾难。没人敢反驳。"

量化宽松

股灾后，本·伯南克认识到了问题的严重性，并想出一个前所未有的激进的解决方案——量化宽松。这本身就是一个意想不到的"黑天鹅"事件。在这种新的货币政策下，美联储将购买一定数量的政府债券等金融资

---

[1] 随着《经济稳定紧急法案》的通过，乔治·W. 布什总统于 2008 年 10 月 3 日签署通过了"不良资产救助计划"，该法案允许美国财政部购买高达 7 000 亿美元的问题资产。同时，要求接受资金援助的公司不再享有特定税收优惠，并限制其高管薪酬及奖金。值得一提的是，"不良资产救助计划"实际共支出 4 260 亿美元，收回 4 410 亿美元，盈利 150 亿美元。

[2] 好吧，不久前克莱斯勒公司也接受了政府救助。

产,直接向经济体系注入资金。这是一项极具突破性的举措。[1]

但其实这并非无迹可寻,本·伯南克早在2002年就因其提出的从直升机上撒钱来消除通货紧缩的言论而被称为"直升机本"。[2]事实上,伯南克的量化宽松政策是向凯恩斯主义的大步跨越。20世纪30年代大萧条时期,凯恩斯主义经济学家也提出过类似观点,认为可以通过增加政府支出和降低税收来应对大萧条。

金融界当时还处于崩盘后的震惊和瘫痪状态,便接受了伯南克就量化宽松向国会做出的解释:"量化宽松是一项临时性措施,是为了在这个非常时期为经济提供支持,当经济走上复苏之路,就不再需要这些措施。"

我想,在第一轮量化宽松后又推出了第二轮量化宽松,意味着经济仍未走上复苏之路,再推出第三轮量化宽松则意味着这将成为一种常态。这一系列量化宽松导致美联储资产负债表累积近4万亿美元。对于伯南克的解释,国会既没有问量化宽松什么时候停止,也没有问如何才能恢复正常。而我们已经吸食上金融海洛因。市场分析专家戴维·罗森堡(David Rosenberg)表示:"2009—2019年这10年间,美国经济都在靠呼吸机维持生命。"换句话说,经济从未恢复正常。如果灾难再次降临,要拯救市场就更难了。

思考

我害怕的是,持有这种意见的不止我一个。我认为绝大多数拥有丰富知识的市场专家应该都会认同,采用"格林斯潘看跌期权"才是正确的做法,一种通过政府干预之手来帮助经济顺利渡过危机的可行方式。我从未听说有人担心"格林斯潘看跌期权"违反自由市场原则,而伯南克的量化宽松政策就不同了,量化宽松让"格林斯潘看跌期权"看起来像个儿童玩

---

[1] 本·伯南克2014年获得了"梅拉梅德-阿迪蒂创新奖"。
[2] "直升机撒钱"这个词最早是由米尔顿·弗里德曼在1969年创造的,当时他写了一个从直升机上撒钱的寓言,以说明货币扩张的影响。21世纪初,在日本"失去的十年"之后,经济学家将这一概念作为货币政策建议重新提出。

具。市场上的指责声不绝于耳，认为量化宽松严重违反了美国的自由市场制度，有人甚至说这将打开终结资本主义的大门。

另外，即使量化宽松是不可为之事，但凡事都有例外，难道这不是个例外情况吗？感觉似乎是这样。正如我对米尔顿·弗里德曼所说的："为了顾全大局，我愿意在一定程度上对原则做出让步。"乔治·W. 布什总统曾经更直接地说："有时你不得不放弃自由市场原则来拯救自由市场体系。"如果真是这样，本·伯南克可能是拯救了世界。实际上，这位美联储主席2014年还获得了"梅拉梅德－阿迪蒂创新奖"。

然而我担心的是，尽管你或许可以说美联储对2008年股灾的应对措施奏效了（运气好的话），但恰恰是这样的措施为下一次金融崩盘埋下了隐患。每次危机过后，美国似乎都离自由市场资本主义更远了一点儿。而自由市场之所以有效，是因为它能让肇事者和"坏人"受到足够的惩罚，从而清除市场的负累，让系统重新运转起来。

由于2008年我们没有允许这样的情况发生，我们的资本主义制度已经有所弱化，下次危机可能要付出更大的代价。如果情况紧急，美联储还是会通过印钞来为救市提供资金，遏制金融体系面临的风险。我非常希望没有下一次危机，但如果有的话，地狱之门可能会打开，资本主义制度或将受到威胁。

罢了，还是说点儿乐观的事吧。意大利社会历史学家、挪威科技大学政治学教授弗朗西斯科·博迪佐尼（Francesco Boldizzoni）曾说：

> 资本主义顺利进入21世纪，但大衰退和日益严重的不平等削弱了人们对其稳定性的信心，并重新引发了对其长期前景的质疑。资本主义正在退出历史舞台吗？如果真的是这样的话，那什么可以取代它？如果资本主义还将继续存在，那它将如何应对未来的社会和环境危机，以及不可避免的创新成本？

博迪佐尼教授回答了自己提出的问题：

关于资本主义终结的预言与其本身一样古老，而且这么多年来没有一次成真。然而，不管是出于希望还是恐惧，我们一直在寻找厄运即将到来的预兆……资本主义在对其灭亡的预言中幸存了下来，不是因为它的经济效率或与生俱来的优势，而是因为它在西方社会等级制度和个人主义社会结构中根深蒂固。

我完全同意这种说法。类似地，弗里德里希·哈耶克也曾对美国自由市场理想发表看法："美国自由市场是包括伦理、道德价值观、法理学、思想和生活方式在内的一种社会哲学。"20世纪的伟人温斯顿·丘吉尔曾在1947年11月11日的下议院讲话中警示我们："民主是政府形式中最糟糕的一种，除了其他所有尝试过的。"我相信他会对自由市场的理念做同样的评价。

而我的最后一个问题是关于其道德风险的。对此，我要借用一下美联储主席本人的回答：

其中的道德风险是，被救助的公司会觉得未来还会被救助，于是就没有动力去保持谨慎或承担风险。对此，我们已经用了两种方式解决。实际上，我们对被救助的公司并不慷慨。对他们来说，与我们达成的协议是非常苛刻的：股东失去了大部分股权，债权人蒙受了一定的损失，有些工人失去了工作。这不是一次愉快的经历。我相信没有多少公司会心甘情愿陷入贝尔斯登的境地。

风雨过后

这让我想起最近一次股灾中芝商所的表现。对此，我举两个例子。

2008年3月14日，也就是贝尔斯登被摩根大通收购的前一天。当时，贝尔斯登在芝商所的代客及自营账户中未平仓头寸的名义价值为7 610亿美元，但所有持仓均已付清结算。令人敬佩吗？是的。

再听听这个。2008年9月12日，周五，雷曼兄弟申请破产前的最后一个工作日,其在芝商所的代客及自营账户中未平仓头寸的名义价值高达1.15万亿美元。为此,保罗·沃尔克在那个周五打电话给我,询问芝商所下周一能否正常开业。我的回答是"当然可以"。不仅如此,我们周一还对雷曼兄弟的头寸进行了荷兰式拍卖,整个投资组合都被成功地拍卖给了多家公司。

换句话说,在世界似乎分崩离析之际,芝商所仍然在照常运营。没有违约,没有破产,无须联邦救助。

后记

本书讲述了一个移民孩子如何超越预期取得成功的故事，这是我自己的故事。正如开篇所说，我的人生目标是留下印记、有所作为，能够在历史上书写只言片语。

根据诺贝尔经济学奖得主米尔顿·弗里德曼和默顿·米勒的说法，我在无数人的帮助下实现了这个目标。除了我或许拥有一些与生俱来的才能，我把这主要归功于美国制度及自由市场的优越性，它使得我能够进行实验和创新。通过将金融引入期货市场，我创造了一个全新的生态圈，使我们和金融工程师能够运用才能和想象力设计出无数金融工具来促进经济发展，同时促成了美国商品期货交易委员会及现代期货业的创立。

随着时间的推移，我成为最早认识到技术的重要性并预想到其可能对市场产生巨大影响的先行者之一。我曾就此公开表达过较为激进的观点："错过眼前的预兆是对时代的视而不见，胆敢无视这一现实的人注定被时代抛弃。"和其他交易所一样，芝商所的交易体系也是以公开喊价为基础，因此非常容易受到技术进步的挑战。为此，我发起建立了Globex，并主动承担起推动芝商所从公开喊价转变为电子交易的使命。这也成为我所接受过的最艰难的挑战，我花了大约10年时间才得以实现。

在首次当选芝商所董事长50年后，我觉得是时候离开了。除了名字，即将移交给继任者的芝商所与我1967年接管的芝商所已没有任何相似之处。今天的芝商所是效率和实力的典范，我们拥有久经考验的清算公司、无与伦比的多样化产品线，以及全球最好的电子交易系统之一——Globex。

愿芝商所百尺竿头，更进一步。

致谢

我想记录并感谢每一个在这段旅程中站在我身边的人,但这件事本身有一定的风险。最明显的风险在于可能漏掉某个需要感谢的人,另一个风险则相反,就是在整本回忆录和致谢中反复出现几个人的名字,这两种情况肯定都会发生。但我是一个愿意承担风险的人,虽然已经在本书中尽量提及每一个人,但我还是想在致谢中再次感谢他们。还请记住,我的回忆录跨越半个多世纪,很少有人从一开始就参与其中,有些人参与了一两年,有些人参与了十年甚至更长时间。在回忆的过程中,我希望对这段非凡旅程中每一个至关重要的人都表达感谢之情。

请允许我从我父母开始,他们凭借远见和勇气将我带到这个非凡国家的安全地带。我父亲才华横溢,并且拥有不可思议的能力,可以预测全球性事件及其对人类文明的影响。有两位伟人对我父亲的一生产生了很大的影响和启发:一位是伟大的犹太作家、哲学家艾萨克·雷布什·佩雷茨,他告诉我们道德可以是比宗教教义更高的美德;另一位是创立以意第绪语为基础的世俗犹太学校系统的崩得领袖什洛姆·门德尔松(Shloyme Mendelson)。我父亲首先是一位崩得成员,其次是一位对儿子要求很高的严父。他是一个无论后果如何都坚决拒绝违背原则的人。

我母亲同样是一名犹太知识分子，读过很多书，受过良好的教育。她毕业于著名的维尔纳教师神学院。最重要的是，她是一位热爱自己职业的杰出教师。她还是新兴妇女权利运动的领导者。同时，她拥有悲天悯人的灵魂和理解人性的天赋，能体察人性的弱点、优势和内在同理心。如果没有我父母的智慧、洞察力和勇气，就没有我的故事。我相信他们对人性的理解深深影响了我。

我和妻子贝蒂自高中起相爱，我对她有说不完的赞美。她是一名无与伦比的顾问，陪伴我走过职业生涯的所有曲折。贝蒂博闻强识，她就像我们家的谷歌，为我的事业提供了很大的帮助，支持我应对各种挑战。她从未停止阅读，每个月都要读好几本书。在贝蒂谦逊的性格下隐藏着大智慧，以及一贯良好的判断力、想法和耐心，尤其是在编辑我的文字时，她经常工作到深夜。她的善良也令人惊叹，我和孩子们时常被惠及。

我们的女儿伊黛尔非常聪明，她本来是名律师，后来成为公立学校图书管理员。她几乎和她母亲一模一样，除了她是每周而不是每月读几本书。伊黛尔就像一本百科全书，将她的所知所会广泛应用于她的职业，很少有图书管理员会像她一样为学生们这样地奉献和创新。

在许多方面，我都将伊黛尔视为另一个我，我经常在复杂的政治决策和微妙的人际关系处理上听取她的意见。我并不孤单，她的意见在我的私人和公共事务中备受重视。伊黛尔毕业于约翰·马歇尔法学院，在老牌的盛德律师事务所升至高层后，休假生下了她的大儿子，后来又生了两个男孩和一个女孩：约书亚（Joshua）、亚伦（Aaron）、贾里德（Jared）和玛拉（Mara）。他们每个人都凭借自身的力量成长为有用之才。伊黛尔在发现自己对计算机的兴趣后，离开了法律领域，回到夜校攻读图书馆和信息科学硕士学位。

和她的祖母一样，伊黛尔很有当老师的天赋。她在鼓励年轻学生学习上成为整个学校系统图书管理员的标杆。冷静的特质在她的职业和家庭生活中发挥了重要作用，很少能有一位母亲对她的孩子如此关心，又如此严格要求。

伊黛尔的丈夫霍华德·杜布诺（Howard Dubnow）做过期货经纪商，后来离开期货行业成为一名信息技术专家，充分发挥了自己的才能。霍华德在技术方面知识渊博，是一个非常聪明且逻辑严密的人。他很好地承担了丈夫和父亲的责任。

我的两个儿子乔丹和戴维都与期货行业联系紧密。这很自然，因为我们整个家庭都被期货市场包围。尽管乔丹曾是一名非常成功的交易员，但他最终选择从事电影制作相关的职业。我从未反对他做出这个改变人生的决定，也不曾怀疑他能最终取得成功。他拍了几部广受好评的电影。除了照顾他可爱的女儿苏菲·加文·梅拉梅德（Sofie Gavin Melamed），乔丹最大的成就之一就是拍摄了纪录片《期货往事》。这部纪录片展现了交易大厅和交易员的原始美感，记录了期货行业从公开喊价到电子交易的转变，以及我在这一过程中扮演的角色，最真实地还原了这段非凡的历史。乔丹也很有写作天赋，如果选择从事相关职业，他会很顺利地成为备受欢迎的作家。他已将这种天赋运用在电影制作上。

我的小儿子戴维比我们行业中的大多数人都更了解市场，包括市场的历史、复杂性和宏观走势。他总能非常直接地提出意见和建议，并且拥有预测市场走势的绝佳能力，我经常会借鉴他的想法和对市场的预测。

我的远房亲戚阿瑟·特驰（Arthur Tursh）和阿里尔·汉廷都是对期货行业非常感兴趣的人，可以随时为我提供行业信息和市场帮助。阿瑟是一名专业的电信工程师。阿里尔非常聪明，在帮助我推动新兴国家期货市场发展中起了很重要的作用。我将她视为另一个女儿。我在纽约还有两个远房亲戚卡萝尔（Carol）和她的丈夫罗布（Rob），以及他们的双胞胎孩子亚历克西斯（Alexis）和埃拉娜（Elana），他们一家四口也给予了我家人般的温暖。

在我的一生中，总有一个紧密的圈子帮助我渡过各种难关，并在必要时为我提供宝贵的建议。大多数情况下，这个圈子是由芝商所董事会成员及高管组成，有些人我已经在这本回忆录中记录过。

需要指出的是，这些年来这个核心圈子一直在发生变化。不谦虚地说，我是这个圈子中唯一的固定角色。现在，我将列出几位核心人物（排名不分先后），并记录他们在回忆录中首次出现的章节。

巴里·林德（第 17 章）是我第一个想到的人，他不仅是我的知音，而且从一开始到 2013 年 1 月他因交通事故意外离世，他一直都是我的核心圈子的重要成员。

巴里的早期交易员及顾问迪克·斯托肯（Dick Stoken）曾帮助他创建了林德-沃尔多克公司。当时，我们都还在学习如何交易。迪克·斯托肯是我心目中第一个真正建立交易系统的人。这个交易系统为巴里·林德带来了客户，也帮斯托肯赚了很多钱。我们很快成为朋友。不过，这并没有持续多久，当时斯托肯觉得已经在期货交易上赚够了钱（据说有 100 万美元），因此减少了交易并开始尝试其他行业。

尽管如此，斯托肯还是继续关注着期货行业的发展，并在多年后回归再次开始交易。这也证明了我的看法：一日交易员，终身交易员。斯托肯过去是一名出色的交易员，现在仍然是。我们再次亲密如初，仿佛距离上次见面才过去一两天。我们发现了彼此在生活、文化、政治和市场等方面的广泛共性和共同兴趣。贝蒂和我，以及迪克和他聪明、知识渊博的妻子桑德拉（Sandra）成了关系紧密的四人小团体。

布赖恩·莫尼森（第 26 章）和杰克·桑德纳（第 19 章）为芝商所的成功做出了重要贡献，我也帮助他们先后成为芝商所董事长。我把他们记入了回忆录，尽管桑德纳的作用并不总是积极的。芝商所总法律顾问杰罗尔德·萨尔兹曼（第 14 章）也是帮助我实现改革的关键人物，我相信萨尔兹曼的价值在这本回忆录中已经得到详细描述。

芝商所前首席执行官普平德·吉尔（第 24 章）是我最忠诚的朋友和最坚定的盟友，他富有智慧和远见，我们就像亲兄弟一样。他是我推进中国市场业务的合作伙伴，而且他也相信中国是芝商所未来发展的潜在市场。当然还有弗雷德·阿迪蒂（第 23 章），弗雷德是一位才华横溢且谦逊的经济学家，他是交易所领导团队的重要补充，给芝商所带来了切实可行的想法和建议，包括推出全球最成功的期货品种之一——欧洲美元期货合约，此外还有天气期货合约。

克莱顿·尤特（第 22 章）于 1978—1985 年担任芝商所总裁。虽然克莱顿不是核心圈子的一员，但他在提升芝商所声誉方面发挥了关键作用。他是芝商所唯一一位没有期货从业经历的总裁。杰克·桑德纳和我共同招募了尤特，他拥有农业学和金融学双学位，并在农业部担任仅次于内阁部长的职务。我们的想法是，由尤特负责交易所外部事务，我负责内部运营。他在担任芝商所总裁的 7 年时间里，增强了交易所的国际影响力。

贝弗莉·斯普莱恩（第 23 章）是一位杰出的经济学家，毕业于芝加哥大学。1974 年美国商品期货交易委员会成立时，她是白宫的人事主管。委员会成立后，她接受了福特总统的任命，担任该委员会的执行董事，负责为其招募一批顶尖人才。在我担任商品期货交易委员会首席顾问期间，斯普莱恩和我建立了深厚的友谊。1975 年，我邀请斯普莱恩女士出任芝商所执行副总裁，她可能是美国主要交易所的第一位女性高管，我还记得她说："你的这个决定不可能获得董事会的批准。"

当然还有特里·达菲。就如我在第 45 章中所说的，我找到达菲是为了从吉姆·麦克纳尔蒂手中夺回芝商所的控制权。我的计划是全力支持他与斯科特·戈登竞争董事长一职。计划成功了，我们顺利进行了首次公开募股，让芝商所重回正轨。特里·达菲也成为一名出色的董事长。

另一位我很欣赏的高管是芝商所经济学家马克·鲍尔斯（第 16 章），是他设计出了外汇期货以外其他产品的最初合约表，并从一开始就积极支持外汇期货。鲍尔斯后来成为美国商品期货交易委员会的第一位经济学家，接替他的是曾在美联储就职的经济学家埃里克·基尔卡林。埃里克是我提出创建 Globex 这一大胆想法的早期支持者。

当然，我还要感谢吉姆·克劳斯和唐·瑟皮克（第 40 章），他们的技术专长自成一派。克劳斯和瑟皮克坚定地支持我在 1997 年重返董事会，最终他们也得以放手去干。

正如我在第 45 章所述，克雷格·多诺霍是一位值得学习的思想领袖，他在对芝加哥期货交易所的收购中起到了重要作用，扮演了"内幕消息来源"的重要角色，他运用自身的法律背景和聪慧的头脑协助我完成了收购计划。芝商所上市后，他成为交易所第一任首席执行官，也就是美国历史上第一家上市交易所的首席执行官。随着交易所在1982年推出标普指数期货合约，首次进入股权类衍生产品领域，我们意识到需要聘请一些证券市场专家。威廉·布罗德斯基（第29章）就符合我们的要求，他是我们在股权类产品推出前夕从美国证券交易所招募到的完美人选。

我的另一位重要盟友是我的好友、诺贝尔经济学奖获得者迈伦·斯科尔斯。我相信对他已无须过多介绍，在本书第28章和第45章中已有详细描述。他在说服其他公方董事接受我的接管计划，以及选举特里·达菲成为董事长等事情上起到了重要作用。当然，这些计划最后都成功实现了。但奇怪的是，尽管他享有全球声誉并在与麦克纳尔蒂的控制权争夺中发挥了重要作用，但他并没有获得芝商所董事会提名委员会的再次提名。在我看来，这是一种忘恩负义的可耻行为，也是一个严重的错误，但这并未影响迈伦和我的友谊。

还有很多人在不同时期在核心圈子及某些特定问题上发挥了重要作用，虽然在此无法一一列举，但我会尽量感谢那些我能想到的人。吉姆·奥利夫是我的老朋友，也是芝商所的董事，他尽职尽责，经常扮演唱反调的重要角色，有各种创新性的天才想法。奥利夫是一名期货经纪商，他很早便意识到了电子化交易的重要性，并且为实现这一目标发挥了重要价值。他的父亲哈奇（Hutch）是一位具有传奇色彩的交易所老牌会员，幽默风趣，吉姆·奥利夫也继承了这种幽默感。

我的团队中有一位让我印象深刻的得力成员哈里·劳伦斯（Harry Lawrence），我们叫他"帽子"，他是团队中最忠诚的一员，我可以把身家性命托付给他。在政治活动基金方面，他成为我的主要支持者。在为重大项目集结团队时，他是我最得力的盟友。我和他的第一任妻子米歇尔（Michelle）也是朋友，并且支持她当选了伊利诺伊州巡回法院法官。作为政治活动的后进者，我要感谢威廉·霍伯特（William Hobert）和他的妻子朱莉（Julie），还要感谢罗恩·潘考（Ron Pankau），他长期担任芝商所董事，我在接待官员来访时非常仰仗他的帮助。

还有一对父子组合——伊拉·哈里斯和他父亲乔伊（Joey）。伊拉本来是爱达荷州参议员弗兰克·丘奇（Frank Church）的助手，被他父亲从自由主义政治中拖出来，加入了现实世界。伊拉现在是一名期货市场评论员，在他父亲那里接受了自由市场理想的洗礼，并成为米尔顿·弗里德曼理念的坚定拥护者。他逐渐成为我最亲密的朋友之一。伊拉在判断市场动向方面极具天赋，准确度高得难以企及，我逐渐习惯寻求他的意见。他和他的妻子珍妮丝（Janice）经常与我和贝蒂一起讨论国内外市场。

毋庸置疑的是，在交易所发展的不同时期，我也向芝商所外部人士寻求建议，莱斯利·罗森塔尔就是其中之一。罗森塔尔在1981—1983年担任芝加哥期货交易所董事长和芝加哥期货交易所清算公司董事长，积累了丰富的知识，我们私交甚笃。早在20世纪70年代，我俩便开始构想芝商所与芝加哥期货交易所的合并。虽然直到大约30年后才得以实现，但我们为此共同努力过。

说到芝加哥期货交易所，在2007年合并后，芝商所邀请其前任董事长查尔斯·凯里进入合并后的新董事会。正如前文所述，凯里为交易所的发展提供了非常重要的粮食大宗商品方面的专业知识。类似的还有芝加哥期货交易所布赖恩·德金（Bryan Durkin）的加入，他是汤姆·多诺万的左膀右臂。我很快发现，如果某件事需要一位值得信赖且专业素质高的人来完成，那布赖恩·德金就是不二人选。后续，布赖恩顺利晋升，最终当之无愧地出任总裁。

说到交易所以外的人，必须提一下亨利·杰里克，他是一名精神科医生，同时也做白银期货套利交易。我到1972年才听说杰里克医生，必须承认他的精神科履历并不是我在组建全新的国际货币市场董事会时所看重的。尽管如此，在了解到他的智慧、经验和头脑后，我意识到杰里克医生与我志同道合，在很多问题上的看法惊人的一致。而且很巧的是，我们的人生经历也非常相似。他出生于德国，年少时在希特勒执政初期随父母移居美国。当然，作为莫卡塔金属公司的套利交易员，他也收获颇丰，获利高达数百万美元。很快我就坚信他必须加入国际货币市场的首届董事会。

杰里克有着广博的市场知识和敏锐的商业感知,从国际货币市场创立初期就在方方面面的市场问题上为我提供了至关重要的建议。多年来,他一直是我信赖的同事和朋友,并且从全局角度为我提供了宝贵建议。例如,1989年美国检察官以涉嫌违规交易为由对芝商所和芝加哥期货交易所的交易员进行无端攻击,当时我就非常依赖他的建议。我很荣幸能有他这样一位终身挚友。

通过与芝加哥期货交易所的合并,我们有幸迎来了另一位高管朱莉·温克勒(Julie Winkler),她能力过硬,才华横溢,在新市场的开拓中发挥了重要作用。芝商所的高管中还有一位朱莉——首席运营官朱莉·霍尔茨里希特(Julie Holzrichter),她负责芝商所的运营,我们私交甚笃,她是芝商所最忠诚可靠的高管之一。从她入职起,我就发现她非常值得信赖,并且对交易所的运营非常了解。

在筹备芝商所上市期间,我通过给予吉尔及其他有价值的高管大量股票期权,确保他们不会离开。我本人却遵循了从业以来的一贯做法,表示自己"不是芝商所员工",因此拒绝了股权激励。事后看来,这个决定并不明智。

米切尔·富尔舍是安达信会计师事务所的高管,他从一开始就意识到了期货行业的巨大前景,投入大量时间成为安达信的期货业务专家。他是全球最早认识到期货在风险管理方面巨大潜力的人之一。后来,他担任安达信日本及亚洲区总代表,组织建立了美国期货行业协会亚洲分会,并担任分会总裁多年。米切尔是我们在日本市场重要的消息来源,参与推动了期货行业的快速增长,我在此期间也经常听取他的建议和想法。不用说,我们成了最亲密的朋友。

有时我会向其他领域的专业人士征询意见,了解他们如何看待我们正在开展的一些工作。美国国际集团前总法律顾问汤姆·拉索就是我经常询问意见的对象之一,我很愿意听取他的想法和建议。此外,还有我儿时的密友迈耶·塞尔策和杰里·斯佩思里。迈耶是一位才华横溢的商业艺术家,为我的黛尔谢尔投资公司设计了公司标识。他为芝商所交易池创作的画作现在还挂在我办公室墙上的显眼位置。我们还是水平相当的国际象棋对手，从高中起就经常对弈。另外，还有威利和海伦·鲍里斯，他们对我而言具有特殊的意义，因为海伦的父母也是大屠杀的幸存者，我很了解他们。海伦的丈夫后来成为芝加哥期货交易所的交易员，为我提供了更好地了解芝加哥期货交易所的视角。

我还经常和法律界的朋友交流想法，例如著名的波士顿律师里奇·克莱曼（Rikki Klieman）和印度果阿大学金融学教授卡萨马·费尔南德斯。其中，费尔南德斯还与我合作帮助印度推出了 Nifty 50 股票指数期货。此外，还有芝加哥商业管理顾问吉拉·布朗纳（Gila Bronner），他和我在美国大屠杀纪念博物馆的执行委员会共事了 15 年。当然，还有我的私人律师马特·克鲁切尼克（Matt Kluchenick），他曾在芝商所法律部工作，对期货知识很感兴趣。

除了在董事会内部拥有支持者，我始终明白如果要达成目标，必须获得全体会员的同意。芝商所以前是会员制机构，会员对我想做的一切事情都有很大的发言权，由 200 多个会员组成的委员会更是进一步放大了他们的支持或反对意见。我时常感慨"所有事都必须得到会员的认可"。我也永远不会忘记，是这些会员推举我担任董事长。因此，我始终尽量向会员解释清楚我的计划，并且在我认为意义重大的事项上争取整个交易池的支持。为了实现最终目标，我常常依靠一群受到会员群体尊重并热心支持我想法的会员。我有几十个这样的左膀右臂，在这里我仅列举几人。

毋庸置疑，罗伯特·奥布赖恩始终是我心目中的英雄。我永远不会忘记，他和我共同策划并成功获得了芝商所的控制权，为我成为芝商所董事长奠定了基础，并最终带领芝商所取得无与伦比的成绩。时至今日，他创立的罗杰欧期货公司仍然是美国历史最悠久、规模最大的独立期货经纪公司，其辉煌的从业记录无人能及。

我在前文已经提到绰号为"帽子"的哈里·劳伦斯，还有许多类似的领军人物，比如：最终成为董事长的约翰·格尔德曼；莫里斯·利维，交易所第一位外汇期货套利交易员；迈克尔·斯特奇（Michael Sturch），交易所会员中我最忠诚的支持者，我常常依靠他获取会员支持；乔治·福西特，黛尔谢尔公司合伙人，也是我最忠诚可靠的伙伴；迪克·博克，他给予了我推出外汇期货的勇气；特里·麦凯（Terry McKay），一位成功且受欢迎的交易员；威廉·奥康纳，芝加哥期货交易所具有影响力的交易员，并最终成为芝加哥期货交易所董事长；威廉·谢泼德，一位有能力、有热情的支持者和顾问。

我还要提一下格伦·布罗门戈（Glenn Bromengen），一位备受尊重且成功的牛肉交易商；乔·福克斯（Joe Fox），一位开明的老牌行业代表；布鲁斯·约翰逊（Bruce Johnson），一位非常能干、精明的牛肉交易商，深受会员尊敬；路易斯·施瓦茨（Louis Schwartz），在欧洲美元期货交易员中非常受尊重；朗尼·克莱因（Lonnie Klein），一位非常聪明的交易所会员，很快跟上了我指明的新发展方向。这个名单并不完整，我要向那些被漏掉的人致歉。我一直很欣赏他们，他们是我与会员交流的窗口。

最后，我还必须感谢几位私人助理。没有他们，我永远无法取得上述成绩。他们分别在不同时期协助我开展工作，而且都很有能力，能全心全意帮助我推进事业。首先是瓦莱丽·特纳，瓦莱丽跟随我从梅拉梅德与克拉维茨事务所到樱花黛尔谢尔公司，以其铁腕手段担任黛尔谢尔公司的首席运营官。她的协助确保了我在履行芝商所职责的同时，不必担心我个人清算公司的运营。她是在芝加哥最早一批做到企业高管的非裔美国人。后来，我又需要一名专家型秘书，于是找到了苏·查特勒（Sue Chattler），她是我从芝加哥期货交易所总裁亨利·霍尔·威尔逊（Henry Hall Wilson）那里挖来的。

在同一时期，阿利桑·波斯纳从芝加哥期权交易所离职成为我的行政助理。几十年来，阿利桑一直是我在芝商所和期货行业乃至所有事务上的得力助手。我以前未曾有过，以后也不可能再找到一位像她一样了解我的想法，并能为我下一步行动做好准备的人，她几乎是另一个我。更重要的是，阿利桑经常在我的想法的基础上加上一点儿她个人的理解，此举无疑优化了原来的想法。例如，20世纪80年代初，当我开始创作科幻小说《第十颗行星》时，波斯纳坚持让我学习计算机文字处理。我因此成了最早一批具备这项技能的企业高管之一，而这项技能也为我大量写作节省了很多时间。

同样，我还很幸运有帕特丽夏·赖菲尔的帮助。她是我的总务司令，几乎每时每刻都清楚我在干什么、在哪里可以找到我、我需要找谁谈话、和谁预约及推迟哪个预约，她始终心平气和，不带一丝沮丧情绪。帕特丽夏成为我助理的时机也很巧妙，那天是1987年10月19日，是我一生中最可怕、最忙碌的一天，她一直等到我凌晨回到办公室，手里记录了一堆需要回复的电话，平静地问我今天这样是不是一贯的工作状态。她刚开始是兼职，随后在接下来的30年里专职为我工作。

在她退休后，我的好友布赖恩·莫尼森的前助理南希·阿普尔亚德（Nancy Appleyard）填补了她留下的巨大空白，成为我的助手。由于我拥有无数的想法并承担着巨大的责任，担任我的助手非常困难。我非常钦佩南希的主动和才华，以及努力取得成功的决心。此外，吉尔·罗杰斯（Jill Rogers）在过去3年也一直忠实地为我开展交易相关的服务。

我还必须提一下卡萝尔·塞克斯顿，她后来接任能干的芭芭拉·理查兹（Barbara Richards）成为芝商所公共关系部门负责人。卡萝尔·塞克斯顿最早是由她姐姐（第一位美国主要城市的女性市长简·伯恩）介绍来芝商所的，时任芝加哥市长的简打电话给我，问我是否有适合卡萝尔的职位。结果证明，这是最好的安排。交易所遇到任何事情，无论好坏，无论何种形式，卡萝尔·塞克斯顿总能很好地处理。她时刻做好准备，还会用她丰富的想象力和天赋，让坏的变为好的、好的变为更好的。她成了芝商所的最佳代言人，并在芝商所声誉升至全球第一的过程中发挥了巨大的作用。

多年来，我和媒体打过很多交道，始终希望与媒体保持一种开放、积极、融洽的关系。这样的关系对我开展期货教育、推动各项举措落地发挥了重要作用。当然，也有很多人不理解期货行业背后的故事。对他们来说，我们之间不过是一次短暂的交流。幸运的是，有很多人记住了这些故事，并持续关注期货行业及我的职业生涯发展。其中包括特丽·萨维奇，我在本书第 38 章已经提过，她通过在芝商所交易池中的打拼赢得了业界尊重，后来成为杰出的全国商业新闻评论员，我在本书中对她进行了单独描述。此外，如果让我再提名一位关注期货行业且报道准确的新闻记者，那我会选择约翰·洛西恩（John Lothian），他曾是芝加哥期货交易所债券市场交易员，后来推出了全面覆盖行业信息的约翰·洛西恩新闻。

作为一家知名度很高的上市公司，交易所的公共关系管理在今天扮演着与以往非常不同的角色。在安妮塔·利斯基（Anita Liskey）的专业指导下，交易所通过成熟有效的方式在公共关系管理方面取得了成功。在我芝商所职业生涯的早期，全球最大的公关公司创始人丹尼尔·埃德尔曼（Daniel Edelman）就希望我成为他们的客户，对此我不太情愿，主要是因为当时我们真的没有钱做这些。但埃德尔曼在公关业务上富有聪明才智，对于我的不情愿，他表示"我不要钱，只要你的名声"。我非常钦佩他的坦诚，当下接受了他的提议。时至今日，我们仍然是埃德尔曼公司的客户，现在公司由他儿子理查德经营。理查德显然继承了他父亲的才能，而且还远不只如此。他们是能在困境中进行业务推广的佼佼者，无须深入解释期货运作的复杂性，就能非常巧妙地宣传芝商所对美国经济的重要性。

在我继续履行交易所荣誉主席职责期间，有幸能有科琳·拉扎尔这样的人才辅佐我。她可能并不总在交易所发展的聚光灯下，但她是实现芝商所形象和声誉提升这一艰难任务的重要一环。我与迈伦·斯科尔斯共同创建的芝商所竞争市场咨询委员会由科琳负责领导，委员会成员包括官员、学者及诺贝尔奖获得者在内的多位高级顾问，需要像科琳这样聪明能干的人来完成这项艰巨的任务。

此外，科琳还负责交易所与美国国家数学科学研究所的对接工作，该研究所是全球领先的数学领域合作研究中心和期货基础教育基地，很多美国高校都参与其中。最重要的是，科琳·拉扎尔还负责管理芝商所备受推崇的"梅拉梅德-阿迪蒂创新奖"。

此外，同样重要的还有芝商所的投资者关系董事总经理约翰·佩谢尔

（John Peschier），他的工作职责是确保投资者能及时了解交易所的发展动态。此外，我还非常欣赏芝商所集团现任董事总经理兼首席经济学家布卢福德·帕特南（Bluford Putnam）。帕特南负责领导交易所的全球宏观经济情况分析，以及对期货及期权市场价格模型、波动率及相关性演变的市场监控。他于2011年加入芝商所，表现始终非常出色。具有特殊意义的是，帕特南还承担竞争市场咨询委员会的管理职责，这可不是一件小事。此外，如果没有多年来芝商所驻日本办事处各位负责人的支持，包括久野喜夫（Yoshio Kuno）、早见白石（Hayami Shiraishei）以及和泉秋田（Izumi Kazuhara）博士的悉心协助，我们在日本市场不可能取得成功。

如果没有王端端的鼎力支持，我们也无法在中国市场取得如此成就。她是我在中国的得力助手。端端不仅熟知期货市场，还与她母亲在中国经营着一家成功的期货公司。她才华横溢、足智多谋，在中国政界和商界为人熟知。很明显，我们在中国的声誉很大程度上归功于端端的努力。

我想表达的重点是，在整个过程中我得到了很多的帮助！